服装高等教育"十一五"部委级规划教材

服装市场营销

(第三版)

刘小红　刘　东　陈学军　索　理　编著

中国纺织出版社

内容提要

本书遵循“实用性、实效性和实际性”的原则，系统阐述了市场营销的一般原理及其在服装市场营销实践中的运用。全书共十章，主要包括市场营销学的一般原理、服装消费者研究、服装产品研究、服装定价研究、服装销售渠道研究、服装卖场陈列研究、服装品牌策略、服装促销策略、服装市场的调查与分析、服装销售分析与预测等内容。本书适合服装高等教育、服装高等职业教育及成人教育等服装市场营销专业的教材，同时对从事服装贸易与零售的人员具有一定的实践指导作用，本书也是广东省《服装设计与工程》专业自考指定教材。

图书在版编目(CIP)数据

服装市场营销/刘小红等编著.—3版.—北京：中国纺织出版社，2008.4（2019.3重印）
服装高等教育“十一五”部委级规划教材
ISBN 978-7-5064-4825-3
Ⅰ.服… Ⅱ.刘… Ⅲ.服装—市场营销学—高等学校—教材 Ⅳ.F768.3
中国版本图书馆CIP数据核字(2008)第011813号

策划编辑：刘晓娟　　责任编辑：魏　萌　　责任校对：余静雯
责任设计：何　建　　责任印制：何　艳

中国纺织出版社出版发行
地址：北京市朝阳区百子湾东里A407号楼　邮政编码：100124
销售电话：010—67004422　传真：010—87155801
http://www.c-textilep.com
E-mail: faxing@c-textilep.com
中国纺织出版社天猫旗舰店
官方微博 http://weibo.com/2119887771
北京通天印刷有限责任公司印刷　各地新华书店经销
1998年8月第1版　2005年1月第2版
2008年4月第3版　2019年3月第20次印刷
开本：787×1092　1/16　印张：18.25
字数：307千字　定价：36.00元(附网络教学资源)

出版者的话

全面推进素质教育，着力培养基础扎实、知识面宽、能力强、素质高的人才，已成为当今本科教育的主题。教材建设作为教学的重要组成部分，如何适应新形势下我国教学改革要求、与时俱进，编写高质量的教材，在人才培养中发挥作用，成为院校和出版人共同努力的目标。2005年1月，教育部颁发了教高[2005]1号文件“教育部关于印发《关于进一步加强高等学校本科教学工作的若干意见》”（以下简称《意见》），明确指出我国本科教学工作要着眼于国家现代化建设和人的全面发展需要，着力提高大学生的学习能力、实践能力和创新能力。《意见》提出要推进课程改革，不断优化学科专业结构，加强新设置专业建设和管理，将拓宽专业口径与灵活设置专业方向有机地结合；要继续推进课程体系、教学内容、教学方法和手段的改革，构建新的课程结构，加大选修课程开设比例，积极推进弹性学习制度建设；要切实改变课堂讲授所占学时过多的状况，为学生提供更多自主学习的时间和空间；大力加强实践教学，切实提高大学生的实践能力；区别不同学科对实践教学的要求，合理制订实践教学方案，完善实践教学体系。《意见》强调要加强教材建设，大力锤炼精品教材，并把精品教材作为教材选用的主要目标。对发展迅速和应用性强的课程，要不断更新教材内容，积极开发新教材，并使高质量的新版教材成为教材选用的主体。

随着《意见》出台，教育部组织制订了普通高等教育“十一五”国家级教材规划，并于2006年8月10日正式下发了教材规划，确定了9716种“十一五”国家级教材规划选题，我社共有103种教材被纳入国家级教材规划。在此基础上，中国纺织服装教育学会与我社共同组织各院校制订出“十一五”部委级教材规划。为在“十一五”期间切实做好国家级及部委级本科教材的出版工作，我社主动进行了教材创新型模式的深入策划，力求使教材出版与教学改革和课程建设发展相适应，充分体现教材的适用性、科学性、系统性和新颖性，使教材内容具有以下三个特点：

(1)围绕一个核心——育人目标。根据教育规律和课程设置特点，从提高学生分析问题、解决问题的能力入手，教材附有课程设置指导，并于章首介绍本章知识点、重点、难点及专业技能，增加相关学科的最新研究理论、研究热点或历史背景，章后附形式多样的思考题等，提高教材的可读性，增加学生学习兴趣和自学能力，提升学生科技素养和人文素养。

(2)突出一个环节——实践环节。教材出版突出应用性学科的特点，注重理论与生产实践的结合，有针对性地设置教材内容，增加实践、实验内容。

(3)实现一个立体——多媒体教材资源包。充分利用现代教育技术手段，将授课知识点制作成教学课件，以直观的形式、丰富的表达充分展现教学内容。

教材出版是教育发展中的重要组成部分，为出版高质量的教材，出版社严格甄选作者，组织专家评审，并对出版全过程进行过程跟踪，及时了解教材编写进度、编写质量，力求做到作者权威、编辑专业、审读严格、精品出版。我们愿与院校一起，共同探讨、完善教材出版，不断推出精品教材，以适应我国高等教育的发展要求。

中国纺织出版社
教材出版中心

前言
Preface

20世纪80年代以来，我国服装行业抓住改革开放的机遇，在市场经济体制改革的大潮中得到了快速发展，先后经历了产量提升、品种提升、品牌提升三个重要的发展阶段。迈入21世纪之后，在纺织品服装配额取消的背景下，服装行业加快了国际化进程，到2006年，服装出口达到948亿美元，占纺织服装出口总额的64%左右。我国服装工业生产能力的快速增长，改变了我国服装生产能力短缺的现状，大大降低了服装生产成本，提高了服装消费成衣化的程度，国内服装市场也得到空前发展。同时我国服装对外加工贸易迅速发展，在规模效应的作用下，服装出口占纺织服装出口的比重也迅速提升到6成以上。国内服装消费者的服装个性化需求为服装企业发展带来了新的机遇，多品种、小批量的营销策略被广泛采用，改变了我国服装市场单品经营的局面，同时造就了一批早期的服装设计师，带动了服装品牌营销观念的发展，服装生产企业、服装中间商或零售商、服装品牌经营者通过资源重组，形成了以顾客为中心的、技术密集与资本密集相结合的、具有强大市场开发能力的服装产业链。不难看出，服装产业的迅速发展，离不开科学营销观念的指导，离不开营销理论的创新与实践。我们编著《服装市场营销》，旨在总结服装市场营销规律，打开从事服装市场营销理论与实践企业家及学者的沟通渠道，为我国服装事业的发展献计献策。

本书根据现代高等教育的特点，从服装企业营销实践的需要出发，将市场营销学的一般原理与服装市场营销实践有机结合起来，在内容的选择和取材上，突出“实用性、实效性和实际性”的特点，对服装市场营销的理论和实践都具有一定的指导作用，适合于服装高等教育、服装高等职业教育及成人教育等服装市场营销的教学，同时对从事服装贸易与零售的人员具有一定的实践指导作用。

本书由惠州学院服装系（原西纺广东服装学院）刘小红、刘东、陈学军、索理编著，其中第一章、第九章、第十章由刘小红编著，第二章、第三章由刘东编著、第四章、第五章由陈学军编著，第六章、第七章、第八章由索理编著。

由于编著者时间仓促，加之水平有限，难免存在缺点和不足，请读者批评指正。

编著者

2008年1月

第一版前言

服装文化是我国五千多年悠久历史的重要组成部分,为人类发展和社会进步做出了重要的贡献。丰富的服装文化是祖先遗留给我们的宝贵财富,继承和发扬我国服装文化,是我们每位服装教育工作者义不容辞的神圣职责,我们编著"服装高等职业教育教材",意在为发展我国的服装事业尽职尽责。

现代服装教学,已改变了传统、落后的师傅带徒弟的个体传授技艺方式和只讲穿针引线、缝缝烫烫的手工艺内容。一件优秀的服装作品,必然是现代实用艺术和现代科学技术的完美结合,而现代科技又需要赋予服装工业科学合理的经营管理。随着市场经济的发展,服装业已形成一个大的产业。所以,我们培养的目标也必须是会设计、懂技术、能管理、善经营并具有多方面知识和技能的复合型的服装专业人才。本教材正是为了培养既有服装专业基础理论,又具有实际动手能力,善于在现场组织指挥的高级服装专业人才而编著的。同时,本教材也可以作为在职服装专业技术人员的参考读物。

本教材由中国纺织总会教育部委托中国纺织出版社组织上海纺织工业职工大学服装分校、惠州大学服装分院等一批在教育第一线工作的同志编写的,并得到了中国纺织大学服装学院、上海纺织高等专科学校、上海纺织工业职工大学、上海工程技术大学纺织学院、天津纺织职工大学、武汉纺织工学院、江西纺织职工大学、惠州大学服装分院、上海服装研究所等单位的领导、专家和教授的热心指点,在此一并表示感谢。

本教材共11册,由冯翼主编,参加编写的人员有包昌法、濮微、苏石民、李青、刘小红、刘东、陈学军、万志琴、顾惠生、徐雅琴、沈六新、陈平、严国英等,主审人员有刘晓刚、张文斌、缪元吉、孙熊、金泰钧、宋绍华等。由于服装高等职业教育教材在我国尚属首次编著,缺少经验和资料,加之编者水平所限,不足之处在所难免,望有关专家、学者给予指正。

编著者

1997年11月

第二版前言

在全国教育事业迅速发展的形势下，为了适应教育体制和教学改革的需要，现对原中国纺织总会教育部委托中国纺织出版社组织上海纺织工业职工大学等6所院校编写的服装高等职业教育教材进行修订。

本套教材自20世纪90年代末问世以来，受到了服装专业广大师生的好评，在社会读者中产生了深远的影响，对培养服装专业人才起了积极的作用。随着教育改革的逐步深入，服装工业新技术、新设备、新工艺、新材料、新标准的不断应用，该套教材的内容已显陈旧，急需更新。为了满足教学需要，我们组织有关专家对教材进行了修改补充，力争使教材内容新，知识涵盖面宽，有利于学生专业能力的培养。

这次修订在原《服装市场营销》一书的基础上对书中部分内容、习题进行了修改和补充，使本书更具可读性。担任此次修订工作的主要有刘东、陈学军和刘小红。其中，第二章、第三章、第六章、第十章由刘东编写，第四章、第五章、第九章由陈学军编写，第一章、第七章、第八章由刘小红编写。

首批修订的教材包括：《服装结构设计基础》、《服装制图与样板制作》、《服装专业英语》、《服装市场营销》、《服装生产管理》5本。希望本套教材修订后能更受到广大读者的欢迎，不足之处恳请读者批评指正。

编著者

2003年

目录
Contents

营销基本概念与核心理论——

导论

本章内容: 1.市场营销概述

2.市场营销观念的发展

3.市场营销组合原理

4.市场营销战略

教学时间: 8课时

学习目的: 让学生了解市场营销的核心概念与一般原理,为他们在后续服装营销理论的学习中提供理论基础。

教学要求: 掌握市场及市场营销的含义,了解市场及市场营销的产生与发展;掌握市场营销观念,了解各种市场营销观念的产生背景及适用条件;掌握市场营销组合的概念,了解市场营销组合的风险及风险控制;掌握市场营销战略的概念,理解目标市场战略、市场竞争战略、市场发展战略;学会利用以上知识点观察、分析服装市场营销中的规律或实际案例。

第一章　导论

市场营销学是市场经济发展过程中逐渐建立起来的一门应用性学科，它既包含了从事营销理论研究学者对市场营销规律的研究成果，也凝聚了许多企业家在营销实践中积累起来的经验。在市场营销实践中，既有一些普遍的营销法则，也有一些行业性的营销方法，这是研究服装市场营销规律的前提和基础。

第一节　市场营销概述

一、市场的产生与发展

市场是商品经济发展的产物，也是商品经济发展的必备条件。随着社会分工和商品生产的发展，市场的范围日益扩大，在社会经济生活中的地位和作用不断提高，市场观念和市场研究的内容与手段不断丰富和完善，市场已成为企业经营的始点和终点，对企业的经营行为起着重要的导向作用。但是，人们对市场的认识，就像市场本身的发展过程一样，经历了一个从局部到总体、从零碎到系统、从经验到科学的发展过程。

1. 市场产生阶段

人们对市场的认识起源于商品交换，市场一词拉丁文的原意就是交换的意思。最初，市场作为商品的物物交换场所，并没有固定的场所，而作为经营者的商人一开始就没有地位，受到社会的歧视，以此为生的人也很少。正因如此，在市场的萌芽阶段，市场在人们的价值系统中，并不能作为一个独立的主体发挥其商业价值。从早期的市场形式来看，市场交易的场所具有不确定性，市场交易行为也不是连续的行为，参与市场的主体，无论是卖方还是买方，都没有明确的界定，也就是说没有分化出专门的市场卖家和卖家，比较典型的市场交易行为如庙会、集市等，作为商品交换的场所，市场的商业功能只是一部分，人们来到市场更主要的目的是观看和参与各种宗教活动、娱乐活动、与亲朋好友相会、进行思想文化交流等，商业意识比较淡薄。很显然，在轻商时期，市场的商业功能是在文化的背景下实现的，市场的商业功能只能以含蓄的方式表达出来。这种方式的最大优点是人们能在轻松愉快的方式下完成交易，但其交易的效率很低，而且缺乏竞争的意识。在现代商业社会，竞争日益激烈的情况下，很多企业和地方政府采用了这种早期的市场交易形式，如许多地方组织大型博览会，招商活动，习惯将商业活动与当地的传统文化结合起来，创造出和谐的、高雅的文化氛围，以达到促进商业活动的目的，从中可以窥见这种原始市场概念的雏形。

2. 市场发展阶段

随着商品经济的不断发展，市场成为丰富人们生活的一个重要场所，市场有了固定的场所，市场中也容纳了丰富多样的商品。由于生产力不发达，商品供给不足，市场中生产者占有主导地位，消费者只能被动接受生产者提供的产品，没有选择的机会，也就是卖方市场。这一时期的生产者关心的只是怎样将产品生产出来，然后通过市场将其换成万能的货币，这种原始的市场观念一直延续到20世纪初。第二次世界大战之后，人们开始认识到这种市场观念带来的灾难。创造了第一条工业生产流水线的美国著名汽车制造商亨利·福特，因为只生产黑色的轿车而一度陷入困境。当流行、舒适的便装进入人们的消费领域时，生产传统服装的成衣生产企业及有关的纺织企业的市场份额迅速降低，导致了服装经营方式的变革。针对市场需求变化快、市场竞争日趋激烈的情况，许多经营者开始将更多的精力放在顾客需求的变化上，经营者经营观念的变革，为买方市场的形成创造了条件。总体上看，在市场发展阶段，市场的商业功能不断加强，市场的主体不断增多，市场中用来交易的商品也越来越丰富，市场的竞争也不断增加，人们对市场规律的认识也在不断的市场营销实践中得以提升。但是，在市场发展阶段，还有几个重要的问题并没有得到很好的解决：一是缺乏对市场系统化的理论研究；二是市场体系并没有完全建立起来，因此市场功能还不完善；三是市场发展程度不均衡，起步早的资本主义国家的市场发展很快，市场体系很完善，而不发达国家的市场发展缓慢，阻碍了市场国际化进程。

3. 市场成熟期

资本主义工业迅速发展，市场概念也进一步扩展，市场不仅局限于以实物交易为主要内容的有形市场，还出现了许多灵活多样的市场交易形式，包括：

(1)定期不定地点的市场交易行为，如各种博览会、交易会等。

(2)不定期的合约交易行为，如贸易洽谈、合同订货。

(3)标准化的期货交易行为，这是与现货市场相对应的一种交易行为，期货市场的出现，大大增强了人们对市场价格的预测能力和市场风险的控制能力，克服了单一现货市场交易行为所产生的价格不确定性与巨大的市场风险，进一步完善了市场交易的内容和市场机制。

(4)虚拟化的交易行为，这是资讯科技迅速发展之后而产生的一种建立在资讯科技基础上的现代化高效率的交易行为，是市场交易手段创新的结果，如网上交易、虚拟营销等。

市场的成熟性还表现在商品交换的内容、范围的不断扩大，从商品交易扩大到所有生产要素的交易，如人才、劳务、知识、技术、商标、信息等无形商品，市场体系进一步完善，逐渐形成了完善的消费品市场和生产要素市场。

二、市场的含义

什么是市场呢？目前，有以下几种观点：

1. 市场是人们进行商品交换的场所

这种观点强调市场硬件的建设，如很多地方根据自己的产业优势群，建立大型专业化的商品市场，即所谓的政府搭台，企业唱戏。实际上这种观点还隐含着一个很重要的前提：作为成功的商品交换场所，不仅要有专业化商品的集散功能、品牌集聚功能，而且还有全面丰富的信息集散功能。有很多地方政府在建立大市场方面不成功的主要原因就是对该观念的表面理解，认为只要建立一个商品交易场所就可以了。

2. 市场是指产品的销路

在商业沟通中，市场一词经常用来反映商品的卖相，如客户经理会经常被问到“某一种商品有没有市场？”显然询问者关注的是该商品的市场行情，是对单一商品市场销售情况的预测或判断。在市场分析实务中，市场好坏的评价标准就是产品的销售量、销售渠道、赢利能力及发展潜力等。

3. 市场是指一类顾客群体

在商业沟通中，市场一词经常用来反映一类顾客群体，如休闲服市场、内衣市场、西装市场等，就是指具有该类服装消费欲望，且有购买能力的一群目标顾客群体。在进行营销数据的统计与分析、市场管理时，这种用法较为普遍。

4. 市场是商品交换关系的总和

这种观点是对市场概念的高度概括，属于政治经济学研究的范畴。形成商品交换关系的主体包括供给方、需求方以及为实现交易的服务平台。在市场营销实践中，这些市场主体在商品交换中形成的各种商业关系被具体化，如合同关系、资金关系、信息关系、对价关系、债权与债务关系等。

5. 市场的三个组成要素

市场是由生产者、消费者需求、消费者购买力三个要素组成的有机整体。现代社会，由于交通运输工具和信息网络的飞速发展，买卖双方及商品交易行为很容易实现时间和空间上的分离，作为商品交换的场所已不是限制人们交易行为的重要因素。市场营销人员研究市场时，更注重研究作为参与市场活动主体的生产者和消费者的构成,消费者的需求与生产者的供给,消费者的购买力。所以市场是由生产者、消费者需求、消费者购买力三个要素组成的有机整体。在分析和对比不同的市场时,必须全面考虑市场的三要素。

现代商业社会,市场已成为商品实体分销和商品信息沟通的枢纽,市场作为生产者和消费者的中间媒介,其作用主要表现在以下几个方面:

(1)渠道和贮水池的作用。在企业经营过程中,市场作为生产要素的输入端和生产成品的输出端,担负着商品流通渠道和贮水池的作用,是稳定商品物价、丰富人民的生活、促进社会再生产顺利进行的保证。

(2)向生产者和消费者提供商品供给与需求的信息。现代经营者视顾客为上帝,为了生产适应消费者的商品,企业必须组织力量进行市场消费结构调查和消费观念的调查,搜集顾客的需求信息,提高产品为社会服务的功能,保证社会资源的充分利用。

(3)市场对企业还具有调节与导向作用。市场需求的变动,促使企业进行生产结构的调整,这不仅保证了社会资源的有效配置和利用,也增强了企业对社会环境变化的适应能力。当然市场对企业生产活动的调节有一定的盲目性,政府职能部门也应该加强对企业的宏观调控与指导。

(4)市场竞争是企业发展的原动力。通过市场竞争,促使企业进行管理创新、技术创新、产品创新、市场创新、服务创新,从而使生产企业不断提高生产技术与产品质量,提高服务质量,降低产品生产成本,提高企业的社会效益。

三、市场的分类

市场是一个抽象的概念,企业如果要深入了解市场,就必须根据企业的经营特点、营销管理及营销决策的需要,对市场进行科学的分类。下面是根据市场区域范围、商品的性质与用途、消费者需求、市场经营模式等一般分类标准对市场进行的分类:

1. 按市场区域划分

按市场区域划分可分为国际市场和国内市场。我国在发布对外贸易统计数据时,常将国际市场又划分为亚洲市场、西欧市场、东欧市场、北美市场、南美市场、非洲市场、澳洲市场、拉丁美洲市场。国内市场通常划分为城市市场和农村市场。

2. 按商品的性质和用途划分

按商品的性质和用途划分可分为生产要素市场和消费品市场。

生产要素市场是为生产服务的市场,它又划分为工业品市场、资本市场、劳动力市场、信息市场等。工业品市场包括原材料、半制成品和零件、主要设备和次要设备、日常办公用品等。它是消费品市场的派生市场,往往缺乏弹性,产品的技术含量高,其购买是一种专家购买行为,决策时间长,购买频率低、金额大,需要较强的售后服务,通常是直接向生产厂家购买,受广告及宣传的影响较小。

消费品市场是为最终消费者服务的,即满足个人或家庭生活的需要。消费品市场的主要特点是消费者需求差异大,购买金额小,购买次数多,购买动机复杂。人们在研究消费品市场时,通常又将消费市场划分为便利品市场、选购品市场和特殊品市场,消费者在这些市场中购买商品时,在时间、地点、数量、金额、动机、偏好、受外界环境的影响等方面表现出不同的特点。

3. 按消费者需求差异程度划分

按消费者需求差异程度划分,市场可划分为同质性市场和异质性市场。

同质性市场指在一个市场里绝大部分顾客对特定产品的需要和爱好相同。如果市场上消费者的需求和爱好相同或相似,对市场营销刺激的反应基本一致,即市场的同质性较高,企业可以采用无差别营销策略。

异质性市场指在一个市场里绝大部分顾客对特定产品的需要和爱好不相同。如果市场上消费者的需求和爱好不相同,对市场营销刺激的反应不一致,即市场的异质性较高,企业应选择差别营销或集中营销策略。

4. 按经营的规模和经营方式划分

按经营的规模和经营方式划分可分为超级自选商场、厂家直销商场、连锁店、百货公司、专业批发市场、商业贸易中心、集市贸易市场、杂货店等。由于这些市场的规模、信誉、经营品种、价格及促销手段不尽相同,一般都拥有自己的顾客群,企业在选择自己的分销商时,往往会综合考虑这些差异,以确定合适的客户。

对于便利品市场,强调方便,网点多少及售货员态度对购买行为影响较大,如各种日常家用品商店。对选购品市场,产品的花色、品种、生产者信誉、商店的资信等对购买行为影响较大,如各种中高档服饰产品。对特殊品市场,产品的性能、品牌知名度等对购买行为影响较大,如各类奢侈品。

通过市场分类,一方面可以帮助企业研究各个分类市场的消费者构成、需求特点、市场竞争情况等市场特征,有利于企业选择合适的经营方法及制订适当的营销策略;另一方面可以帮助企业对各个分类市场的信息数据进行分析、整理,有利于企业对分类市场的经营预测、销售的管理与控制。市场分类技术,将是今后学习与应用市场细分理论的基本方法。

四、市场营销学的产生与发展

1. 市场营销的理论研究

市场营销学可以说是一门实践学科，它是通过对参与市场经营活动的成功企业家的经营思想和经营理念的概括和总结，在吸收管理科学、行为学、经济学、数学等理论基础上，形成的一门内容完整的、对企业的经营实践具有指导作用的、自成体系的一门应用性学科。它以满足消费者需求为前提，研究企业如何在特定的营销环境中，制订并实施以产品(Product)、价格(Price)、渠道(Place)、促销(Promotion)为核心内容的市场营销策略，从而实现企业短期的利润最大化目标和长期的可持续发展。市场营销学以赢利性的企业为主要服务对象，属于管理范畴。在市场营销实践中，需要研究的三个基本问题是消费者消费决策、生产者的生产决策、中间商销售决策。

市场营销学产生于20世纪初的美国，当时美国国内市场规模迅速扩大，大规模生产不断出现，商业得到迅速发展，市场分销渠道不断拓宽。同时由于市场中的产品越来越丰富，消费者的选择能力越来越强，卖方市场开始向买方市场转化，市场竞争开始加剧。这一时期，市场信息、市场促销对企业赢得市场变得越来越重要。企业经营者希望能有一门新的学科或理论来支持、指导企业的经营行为，以便更有效地指导其经营活动。1902年，威斯康星大学的教授爱德华·D.琼斯开设了"美国分销管理产生"的课程，被认为是在美国最早讲授的市场营销课。后来在美国出现了大量研究市场营销理论的学者，如加州大学经济学教授西蒙·李特曼在1903年开设了市场营销课程、伊里诺伊大学教授乔治·M.费斯克在1905年开设了市场营销课程、俄亥俄大学教授詹姆斯·E.海杰蒂在1905年开设了《产品销售学》。

1912年哈佛大学学者J.E.赫杰特齐(J.E.Hagerty)第一次出版了《市场营销学》，1932年克拉克和韦尔达出版了《美国农产品营销》一书，1942年，克拉克出版了《市场营销学原理》。不难看出，这些早期的市场营销研究，局限于广告、销售、营销功能的研究，但正是这些早期学者的研究成果奠定了市场营销学的理论基础。

第二次世界大战以后，随着主要西方国家经济的迅速恢复与发展，市场营销学的理论与实践创新不断涌现。1952年范利、格雷斯和考克斯合作出版了《美国经济中的市场营销》，梅纳德和贝克曼在出版了《市场营销学原理》，对市场营销理论进行了系统总结；1957年奥尔德逊出版了《市场营销活动和经济行动》，1960年E.J.麦卡锡(E.J.McCarthy)出版了《基础市场营销学》，提出了市场营销管理导向；1967年菲利普·科特勒(Philip Kotler)出版了《市场营销管理：分析、计划与控制》，全面、系统地发展了现代市场营销理论，成为最受欢迎的教材，受到世界各国管理学界和企业界的高度重视。1971年乔治·S.道宁(George S.Downing)出版了《基础市场营销：系统研究法》，提出了系统研究法。不难看出，这一时期，市场营销理论研究已成体系，许多企业已经认识到市场调研对企业经营实践的重要指导作用,市场营销理论在资本主义国家迅速传播,从而进一步拓展和深化了对市场营销学的研究。

20世纪80年代,尽管西方经济发展速度放缓,但市场营销学理论与实践研究仍然取得了丰硕成果。1981年莱维·辛格和菲利普·科特勒提出了市场营销战的概念,研究了军事理论在市场营销战中的应用;克里斯琴·格罗路斯提出了内部营销的概念,指出营销观念应在公司内部的全体员工中加以贯彻,营销工作不仅仅是营销部门的职责,而是公司全员的责任。1983年西奥多·莱维特提出了全球营销的概念,他呼吁跨国公司向全世界提供统一的产品,采用统一的沟通手段。1985年巴巴拉·杰克逊提出了关系营销的概念,指出公司不是在创造购买,而是要建立各种关系,对营销的认识更接近本质。1986年菲利普·科特勒提出了大营销的概念,指出当代的营销者越来越需要借助政治技巧和公共关系技巧,克服各种地方保护主义、政治壁垒和公众舆论方面的障碍等,以便在全球市场有效地开展工作。直接营销也在这一时期进入人们的视野,创造了在零售商店外向顾客销售的一种新方式,包括最初的上门推销和邮购到电话推销、电视直销和网上销售等。20世纪80年代也是市场营销学在世界范围内,特别是在社会主义国家普及与推广的重要年代。

20世纪90年代以后,随着互联网在市场营销领域的广泛应用,电子商务(简称EC)为全球化、全天候、个性化定制服务提供了技术保障,从根本上改变了传统的4Ps营销观念,市场营销行为不再有时空边界的限制,营销技术、营销决策、营销观念创新不断,定制营销、网络营销、营销决策支持系统、营销工作站等成为未来市场营销理论与实践的焦点。

2. *市场营销的实践探索*

从市场营销学的发展与传播过程来看,市场营销学离不开以市场营销活动为主体的市场营销实践,在市场理论形成与发展的过程中,企业家扮演着重要的角色,主要表现在以下几个方面:

(1)企业家的需要推动营销理论的应用。在商品经济发展初期,市场营销活动只有生产和销售,生产企业关心的只是产品能不能生产出来而不是销路问题。在计划经济体制下,销售被计划取代,企业只是一个生产单位。这时候,市场营销的观念十分简单:提高产量,降低成本。然而当越来越多的企业家参与市场营销活动,分享市场份额和市场利润时,激烈的竞争确立了消费者在市场中的主体地位,企业家不能再制造操纵市场的神话,消费者对市场的选择彻底改变了企业唯我独尊的垄断者形象,市场营销观念也发生了深刻的变化。企业家开始将注意力集中到消费者身上,"消费者需要什么"成为了市场营销活动的核心问题,企业的成功有赖于对市场需求的正确认识。因此,一个成功的企业必须加强与它的经销商及顾客的联系,通过深入细致的市场研究,了解市场需求的特点,运用市场促销的技术,对市场的需求加以引导和控制。这种营销观念逐渐被理论界和企业界认可和推广。

(2)消费者需求推动了营销理论的发展。在对消费者的研究中,人们发现,消费者购买的真正动机不是购买的商品,而是为了满足自己的需求。因此,如何让消费者的需求处于被激励的状态,从而产生强烈的需要与占有的欲望,已成为促销的重要手段。如银行贷款、分期付款,作为刺激消费者超前消费的促销手段。当一种消费观念通过促销活动,成为社会消费时尚时,与之相应的生产企业的产品,便会在个人的虚荣与从众的心理驱使下走俏市场;人们对新、奇、地位、个性的追求与崇拜,使市场需求进一步膨胀与分化。如何改变消费者需求、创造消费者需求、引导消费者需求和满足消费者需求,是现代市场营销学研究的起点,也是企业寻找和创造市场机会的有效方式,同时也使企业的经营注入了风险因子。风险与创新是现代市场营销的基本观念。在服装营销中,风险与创新的观念更为突出。

3. 现代市场营销观念

市场营销学的价值在于它对企业市场营销活动的指导作用。这种作用首先表现在它为企业开发了正确的市场营销观念。市场营销观念是指企业在参与市场活动过程中的基本指导思想。在市场经济条件下,企业应该树立以下几个方面的现代市场营销观念:

(1)风险观念。作为参与市场经营活动主体的企业,其经营目标就是赢利,利润会引来竞争,竞争就会有成功与失败。有的人甚至认为企业的投资行为就是对风险的投资,利润与风险正相关,风险既是压力,又是动力。企业经营的关键就是对风险的选择及风险水平的控制。企业对风险的选择和控制的基础工作就是市场的调查与分析,通过支付市场信息成本来控制风险水平。目前,我国企业正处于转轨建制的阶段,面对的首要问题就是如何进入市场?从生产要素的供给到产品的销售,都必须与市场接轨,完全将企业的利益和市场的风险联系在一起。观念守旧、缺乏风险意识的企业将被市场淘汰,运用最新市场营销观念的企业才会成为市场竞争中的最终赢家,现代市场的竞争首先是一种观念的竞争。

(2)竞争的观念。竞争是市场营销活动的基本前提,也是企业发展的动力。有的企业在竞争中繁荣,有的企业在竞争中衰落,这是市场经济的一般规律。企业在制订营销方针和策略时,必须要有竞争的观念。树立竞争观念有三个方面的含义:一是要防备竞争者以抢占市场份额为目的的市场渗透策略;二是要有向竞争者挑战,争取竞争者市场份额的策略;三是企业要有全面的竞争观念,竞争既可以采用传统的价格竞争方式,也可以采用间接的非价格竞争方式,如提高产品品质量、提高售后服务水平、增加产品品种规格、准时交货等,在生产、流通、销售及消费者的任何一个环节上进行竞争方式的创新。

(3)创新的观念。创新是企业家的本质特征,是推动企业发展的动力,是促进社会发展、创造就业机会的基本途径。有人把推进企业发展的动力形象地比喻为三个轮子:一个是管理,一个是技术,一个是经营。针对三个轮子,我们可将创新划分为管理创新、技术创新和经营创新。事实上,这三个轮子的分工是不相同的。管理和技术是企业内部资源环境,是企业的动力轮,而经营是将企业的内部资源与外部环境配合,以实现企业的经营目标,是导向轮。在企业内部资源环境一定的情况下,经营创新则显得更为重要。经营创新表现在产品创新、市场创新和服务创新三个方面。成功的企业家,首先要能操纵好企业的导向轮。

另外,市场营销学也为企业进行市场分析和市场预测提供了科学的手段和工具,为企业制订营销组合策略提供了基本的原理和方法。

五、市场营销的含义

1. 市场营销的定义

随着社会发展,人们对市场营销的认识也在不断演进。以美国市场营销协会(AMA)为例,1948年该组织首次发布了市场营销的官方定义:市场营销是引导货物和劳务从生产者流向顾客所进行的一切业务活动。1985年该组织对市场营销的定义进行了修订:市场营销是计划和执行关于商品、服务和创意的观念、定价、促销和分销方案,创造符合个人和组织目标的交换过程。2004年该组织对市场营销的定义再次进行了修订:市场营销作为一种组织职能,通过创造、传播、传递客户价值,管理客户关系等一系列过程来实现自身及利益相关者的利益。可以看出,每一次的修订,都吸收了营销学者研究的新成果,使市场营销概念的内涵与外延变得更加丰富,从而适应社会发展需要。

在市场营销理论发展的过程中,很多学者从不同的层面对市场营销进行了界定,体现了不同时期市场营销职能、营销技术及营销手段的演进。如E.J.麦卡锡(E.J.McCarthy)从微观和宏观两个层次来定义市场营销,他认为微观的市场营销是生产者通过顾客需求预测,将满足顾客需求的商品送到顾客手中,从而实现企业目标的各种活动;宏观的市场营销是为了有效地满足需要与实现社会目的,将商品从生产者转移到消费者手中的社会流通过程。菲利普·科特勒(Philip Kotler)将市场营销定义为个人和群体通过创造产品和价值并同他人进行交换以获得所需、所欲的一种社会和管理过程。E.J.凯利(E.J.Kelley)将市场营销定义为通过能够满足顾客要求的商品或劳务的流通,达到满足需求、取得市场效果所必需的全部商业活动。W.雷泽尔(W.Lazer)将市场营销定义为将现在的和潜在的需求变成企业能够生产与获利的产品和劳务、开拓能消化这种产品的市场、规划销售渠道的全部活动。

2. 市场营销定义中的核心概念

(1)需求、欲求、需要。需求(Needs)是一种因为缺乏或被剥夺后的状态，需求会直接引发消费动机,如生存需求激发人们去消费食物、服装、房屋等。显然需求是人类生存与发展的原动力,市场营销者可以利用它达成自己的营销目标,但不能创造这种需求。欲求(Wants)是消费者为实现需求而产生的指向明确的消费动机。如人饥饿后,就会产生吃的欲求,吃什么与个人的生活背景、经济环境、个人偏好等有关。因此欲求会因人而异,而且随着社会条件的变化而变化。市场营销者通过营销活动能够影响消费者的欲求。需要(Demand)是消费者为实现欲求而产生的指向具体、且有支付能力的消费对象。因此,消费者的欲求只有购买力支持才能变为需要。需求、欲求、需要这三个概念从抽象到具象,从无形到有形,揭示了市场营销活动指向的对象,是顾客需求分析的基础。

(2)产品、效用、费用。产品(Product)是指用来满足顾客需要的实物或服务，因此产品可以是有形的，也可以是无形的，包括实体产品（Goods)、服务(Services)、体验(Experiences)、事件(Events)、人员(Persons)、地点(Places)、所有权(Properties)、组织(Organization)、信息(Information)、概念或创意(Ideas)等具体形态。效用(Utility)是消费者对满足其需要的产品的全部效用的评价。费用则是为获得效用需要支付的代价,选择效用高的产品,通常需要支付更高的费用。消费者必须权衡效用与费用,选择适当的产品以满足其需要。

(3)交换、交易、关系。交换(Exchange)实际上是消费者通过向生产者支付等价物取得产品所有权来实现需要的过程。如果人们通过自给自足、乞求等方式获得产品来实现需求,就不存在市场营销行为,只有通过等价交换,买卖双方彼此获得所需的产品,才产生市场营销。交易(Transactions)是指一次具体的交换事件,一般是通过协议来完成的,一份交易协议应明确规定交易的等价物、双方同意的条件、时间、地点、承诺及相关法律依据等。关系(Relationships)是交易双方在交易中建立起来的一种长期的、相互信任的、互惠互利的关系,这种关系要靠不断承诺、提供高质量产品、良好服务、公平价格、经济技术合作及社会联系来实现。交易协商成为惯例之后,可以大大减少交易费用和时间。

(4)顾客价值、顾客满意、顾客价值让渡。顾客价值(Total Customer Value)包括产品价值、服务价值、人员价值和形象价值等。顾客成本(Total Customer Cost)包括货币成本、时间成本、精神成本和体力成本等。顾客让渡价值(Customer

Delivered Value)是指顾客价值与顾客成本之间的差额部分。由于顾客实施某一消费行为时，总希望把有关成本降到最低限度，而同时又希望从中获得更多价值，以使自己得到最大限度的满足。因此，顾客在选购产品时，往往从价值与成本两个方面进行比较分析，从中选择"顾客让渡价值"最大的产品。

(5)市场、市场营销者、市场营销管理。市场是指一类具有特定需要并具有支付能力的顾客群体集合。市场营销者是指在交换双方中积极主动寻求交换的一方，而在交换双方中消极被动实现交换的一方称为潜在顾客，因此市场营销者可以是卖主，也可以是买主。市场营销管理是通过对理念、产品或服务构思、定价、分销、促销等的规划与实施，为满足顾客需要和组织目标而创造交换机会的过程，因此，市场营销管理的核心任务是刺激、创造、适应及影响消费者的需求。

3. 市场营销的职能

根据美国全国市场营销教师协会1934年给出的定义，市场营销的职能包括商品化、购买、销售、标准化和分级、风险管理、集中、融资、运输和储存等九项。而著名管理学者克拉克在《市场营销原理》(1942年)一书中，将营销职能归纳为三类，即交换职能(购买和销售)、物流职能(运输和储存)、辅助职能(融资、风险承担、沟通和标准化等)。在市场营销实践中，市场营销职能被赋予给市场部、销售部、业务部或客户部等营销部门，以期解决企业所面临的以下几个基本问题，进而实现企业的营销目标：

(1)企业现有的顾客、潜在的顾客、未来的顾客在哪里？顾客需要有哪些特点？

(2)企业用什么产品组合来实现顾客的需要？

(3)企业的产品组合以什么价格、什么形象进入市场？

(4)企业的产品选择什么渠道进入市场？

(5)如何激发、创造、维护顾客需求？

(6)企业在目标市场的竞争力如何？目标市场的发展潜力如何？

六、市场营销学研究的内容

服装市场营销学以服装市场作为研究对象，具有明显的行业性特点。它采用了市场营销学的一般研究方法和一般原理，注重配合服装行业营销的特点并加以分析和利用。其主要内容包括以下几个方面：

(1)市场营销学的一般理论与方法。市场营销学的一般理论与方法不论行业、营销环境的变化都具有普遍的指导意义，如市场需求分析方法、市场营销组合原理、市场细分、产品寿命周期理论、市场营销观念等。

(2)服装消费者研究。包括服装消费者细分研究、人体体型分布规律、服装消费者购买行为分析等。

(3)服装产品研究。主要包括服装产品的细分、服装品牌寿命周期及流行、服装与人体和环境的配合等。

(4)服装产品定价。包括服装产品定价的方法与策略。

(5)服装销售渠道策略。包括渠道的构成、选择、管理与控制、零售渠道。

(6)服装卖场陈列研究。包括卖场规划、陈列方法及技巧等。

(7)服装品牌研究。包括品牌理论、品牌价值、品牌定位及策略。

(8)服装促销策略。包括广告、销售促进、公共关系、人员推广等。

(9)服装市场的调查、分析与预测。包括服装营销环境分析与服装市场调查、服装销售分析与预测的方法。

第二节 市场营销观念的发展

市场营销观念是企业进行经营活动的基本指导思想，对企业的市场经营活动起着导向作用。企业能否树立与营销环境相适应的营销观念，直接关系到企业营销的成败。因此，现代企业十分重视市场营销观念的开发和运用。现代企业的竞争，首先是营销观念的竞争。市场营销观念不是一成不变的，它总是随着社会发展而变化。在市场营销理论演进的过程中，市场营销观念也发生了深刻的变化。市场营销观念的发展大概经历了以下阶段。

一、生产导向观念

生产导向观念是商品经济发展初期的基本经营指导思想。在这一时期，生产力水平较低，消费品不丰富，消费品的供给不能满足消费者的需求，消费者只能被动接受市场上的商品，从而形成了卖方市场。在卖方市场条件下，生产者不用担心产品销售不出去。因此，经营者关心的主要问题不是销售而是生产。经营者采取的基本策略就是“以产定销，降低成本”策略。管理机构的职能就是生产管理，以生产为中心，通过提高生产效率，从而达到提高产量、降低产品成本、增加赢利的目的。尽管生产导向观念在商品经济发展初期形成，缺乏整体营销意识，但对刚刚起步的中小企业而言，仍然是其主导的营销观念。我国服装工业起步较晚，服装品牌竞争力不强，许多中小服装企业采用了“三来一补”的经营模式，为外商或国内一些大的服装集团公司进行来料加工。对于这些处于发展初期的中小型服装企业，采用“生产导向”的经营模式，量力而行，更能发挥它们灵活经营的优势。

二、产品导向观念

随着商品经济的发展,生产力水平不断提高,供给逐渐超过需求,生产者为了提高竞争力,争取更多的市场份额,开始重视产品质量,采取"以质取胜"的策略,这一时期的质量偏重于提高产品的耐用性。由于市场中出现了质量不同的商品,消费者在购买时可以从价格和质量两个方面进行选择,从而形成了不完全的买方市场。买方市场的出现加速了产品导向观念的形成和运用,可以说产品导向观念是生产导向观念的进一步完善和提高。由于产品导向的观念开始注重长期性的经营行为,克服短期性的经营行为,这一观念被市场中的消费者和经营者广泛接受,曾一度成为企业经营的主导观念。然而,产品导向观念存在着一个致命的弱点,即它不能预防和避免生产与需要之间的矛盾。

三、推销观念

产品导向观念并没有解决因为市场激烈竞争导致的商品积压问题, 于是企业开始把注意力转移到如何刺激消费者的购买欲望及购买数量上。采取的措施就是加强销售部门的力量,如培训推销人员、加强广告宣传、增加销售网络、采用灵活多样的短期促销措施等。这些手段和措施都基于一个假设:刺激能激起消费者的购买欲望。这一时期销售部门的地位受到重视,从事产品推销的专职队伍得到空前的发展,企业从扩大销售网络的活动中取得了可观的经济效益,销售部门及销售人员的形象得以提高,地位得到加强。推销观念重视解决企业短期的销售目标和销售问题,但对于理性的消费者,这种经营理念就显得苍白无力了。

四、营销观念

消费者作为市场主体之一,并不总是被动接受企业推销的产品,消费者对非必要产品的抵制,打破了"促销万能"的神话,也暴露了以往营销观念的致命弱点,这就是"以生产为起点"经营观念。当企业认识到这一点,并开始把经营的起点转移到消费者身上时,营销观念便逐渐形成了。营销观念是指经营者通过对消费者需求的分析,确定产品开发的方向,从而保证产品适销对路的经营观念。营销观念的核心思想就是"顾客中心、整体营销和长远利益"。也就是说,营销观念以市场作为起点和终点, 它把影响企业经营活动的诸要素作为一个系统进行分析和研究, 在此基础上制订市场营销方案。市场营销目标的着眼点不是短期利益,而是长期利益,完全克服了短期的经营行为。这种营销观念已成为大中型集团企业的基本经营理念。

与推销观念相比，市场营销观念在四个方面做出了重要的变化：一是出发点不同，推销观念以企业为中心，推销已经生产出来的产品，而市场营销观念以市场为中心，经营的起点是顾客的需要；二是市场导向不同，推销观念仍然以产品为导向，而市场营销观念以顾客需要为导向；三是营销手段不同，推销观念强调业务人员的推销，而市场营销观念强调整体协调营销；四是目标不同，推销以赢利为唯一目的，而市场营销的目标包括短期利润目标与长期发展目标。因此，市场营销观念是一种以顾客为中心的营销观念，并重视消费者权益。

五、生态营销观念

这一观念是对营销观念的进一步发展。它强调企业内部资源与外部环境的协调和配合。其基本的观点就是企业要根据市场需求，结合自身的优势，确定企业的营销策略，即适者生存策略。企业要经常监测市场环境与需求的变化，对营销策略进行及时调整以适应市场环境和需求的变化，即进化策略。根据生态营销观念，企业经营过程中要善于集中优势资源，发挥自己的优势和特长，在市场营销中能避虚就实，不要盲目发展自己的弱项。服装营销的主要特点是品种多、批量小、时间性强，对不同季节的服装、不同面料的服装、不同款式的服装，生产工艺、生产设备、生产管理、市场营销等方面都存在着较大的差异。中小服装企业对服装品种的适应能力有限，在开发服装新品种时，更应该注意把本企业的优势与市场顾客需求有机结合起来，不要盲目增加或减少生产服装的品种，追赶服装消费热点。企业的目标市场过宽，易分散企业的实力，发挥不出自身的优势和特长。

六、社会行销观念

由于企业的市场营销观念都建立在赢利基础上，并没有考虑到社会利益。因此，在企业不断推出新产品迎合消费者的需求时，社会运行成本却因过度消费而不断增加，同时还出现了一系列难以解决的社会问题。如消费结构不断膨胀，导致生活垃圾困扰消费者；产品更新加快，导致社会资源浪费；资源过度开发，环境污染加重，导致生态环境遭到破坏，人类生活环境异化，生活质量下降等问题。服装营销也遇到了类似的问题。与其他消费品相比，服装商品的消费不仅仅是一种功能性消费，也体现了服装消费者的人生价值观、文化价值观、道德伦理观。我国服装款式从封闭到开放，服装面料及颜色从单一向多元化转变，促进了服装消费市场及服装消费观念的多元化，这不仅刺激了服装需求，扩大了服装消费市场，也给服装企业带来了挑战和机遇。面对服装消费者需求的差异性，服装企业在选择目标市场和开发服装产品概念时，往往只注意到短期的赢利，忽视了服装产品的社会效益，导致面市的服装产品良莠不齐。有些服装企业的服装产品只是为了迎合青少年的猎奇心理，粗制滥造，违背了社会传统伦理道德和审美观念；有些服装企业在广告宣传上大做文章，哗众取宠，盲目拉动高档服装消费；有些服装企业仿冒名优产品，坑害消费者；对于一些赢利不大的服装，细分市场则出现产品空白，如老年人服装、中小学生的服装及广大农村消费者的服装。面对企业强大的营销攻势，许多消费者开始觉醒，并对企业的营销活动进行抵制。企业经营开始面临来自维护社会利益的各种社会团体的压力，如消费者协会、绿色和平组织、环境保护组织等。为了减轻来自于外界团体的压力，企业开始自觉承担一部分社会责任，同时从产品开发着手，研制“绿色”商品或“环保”商品，树立企业的环保形象，在企业的市场营销观念中注入了“社会利益”这一因素，形成了社会行销观念。

七、后市场营销观念

进入20世纪80年代后期，资讯科技开始迅速发展，高科技形成了新的产业链，产品市场变得非常丰富，并逐渐步入生产过剩时代，市场竞争也日趋激烈。企业要在市场竞争中保存优势，就必须将其营销行为与市场消费行为更加紧密地结合起来，从而大大增加了市场营销的变数。尤其是建立在资讯科技平台基础上的虚拟营销模式出现以后，市场经营理念开始发生重大的变化，许多处于理论层面研究的营销理论被广泛应用到营销实践，传统的营销观念已不能完全概括新经济时代的营销行为特征，从而促生了大量的后市场营销观念。

1. **大市场营销观念**

20世纪80年代在西方资本主义国家开始出现新贸易保护主义，许多外国企业在经营过程中遇到了越来越多的政治壁垒和公众舆论方面的压力。如何应用政府权力和公共关系，取得有影响力的政府官员、立法部门的支持，并在消费者中树立良好信誉和品牌形象，从而打开市场，成为许多企业面临的重要问题。这一变化，很快被营销理论研究学者所察觉。1986年，市场营销领域的权威学者菲利普·科特勒提出了大市场营销观念，他将传统的、建立在企业内部可控营销因素基础上的营销4Ps（产品、价格、渠道、促销）组合进行了扩展，引入了另外两个外部营销要素：政府权力（Political Power）和公共关系（Public Relations），成为营销6Ps。后来他又进一步扩充，增加了另外5个营销要素：探查（Probing）、分割（Partitioning）、优先（Prioritizing）、定位（Positioning）、人（People），构成大营销观念中的11个营销因素。

1992年菲利普·科特勒对大市场营销观念进行了重新整合，提出了整体市场营销（Total Marketing）。他认为企业市场营销活动的对象应包括供应商、分销商、最终顾客、职员、财务公司、政府、同盟者、竞争者、传媒、一般大众等所有利益相关的群体，营销的最终目的是使这些群体形成一个整体的利益同盟，都能享受到企业发展的成果。如企业应将供应商看做合作伙伴，设法帮助他们提高供货质量和及时性，搞好经营管理，而不是让他们之间进行价格竞争来减轻自己成本上升的压力。

1994年菲利普·科特勒进一步提出了“顾客让渡价值”的新概念。他认为顾客在消费过程中是为了获得“顾客让渡价值”，这一价值取决于顾客购买某一商品的总价值与为了实施这一购买行为而付出的总成本之间的比较。顾客总价值包括产品价值、服务价值、人员价值和形象价值等。顾客总成本包括货币成本、时间成本、精神成本和体力成本等。由于顾客实施某一消费行为时，总希望把有关成本降到最低限度，而同时又希望从中获得更多价值，以使自己得到最大限度的满足。因此，顾客在选购产品时，往往从价值与成本两个方面进行比较分析，从中选择“顾客让渡价值”最大的产品。不难看出，这一观念将消费成本进一步扩大，从而要求企业在设计经营成本时，应将顾客的主观成本作为营销成本的项目，实质上要求企业产品成本设计往消费行为中延伸。根据这一观念，企业要在竞争中战胜对手，吸引更多的潜在顾客，就必须根据不同顾客群的需求特点，有针对性地设计和增加“顾客让渡价值”更大的产品。为此，企业可从两个方面考虑：一是通过改进产品、服务、人员与形象，提高产品的总价值；二是通过降低生产与销售成本，减少顾客购买产品的时间、精神与体力的耗费，降低货币与非货币成本。

2. 绿色营销的观念

20世纪以来，西方经济的高速发展，导致大规模开发利用自然资源，形成高消费、高生产、高耗竭（自然资源）的社会发展模式，这种以市场为导向的经济发展模式在创造了巨大的物质财富的同时，也将人类与自然关系的矛盾推向了极端，并开始出现人口爆炸、生态环境恶化、资源耗竭等生态危机。社会行销观念的出现，在一定程度上缓解了这一矛盾的加剧，但没有从根本上解决经济增长与环境保护之间的矛盾，可持续发展成为人类共同关注的问题而不只是企业经营的问题。应用现代高科技的成果，并通过法律手段，推动一场大规模的绿色革命，成为发达国家解决环保问题的重要举措。企业只有加入到绿色行动中，才能获得重生的机会，绿色营销观念是企业营销观念的一次深刻的变化。这种变化表现在以下几个方面：

（1）改变了短期的赢利模式。绿色营销观念的产生不是市场竞争的结果，而是源于人与自然关系冲突，使原来的赢利模式中加注了一个前提，即在人与自然关系和谐共处的前提下，实现消费者利益和企业赢利。

（2）高科技成为企业的核心竞争力。利益追逐是导致环境问题的社会机制，而传统的工业与技术是导致环境问题的技术原因。政府环境保护立法只能解决机制问题,而技术是解决环境问题的最根本的手段。在实施绿色营销的过程中,由于发达国家与不发达国家之间技术差距很大,绿色营销成为了一种技术壁垒。

(3)绿色营销进一步加强了国家对市场的干预。绿色营销不仅是一种市场行为,而且是一种政府行为。政府通过建立绿色标准,实际上是制订了市场准入制度。如发达国家所建立的绿色标准,往往成为不发达国家产品进入该国市场的障碍。

3. 4Cs营销观念与4Rs营销观念

当消费者的消费行为变得更加成熟、理性与个性化之后,任何一个企业想要掀起某种消费热潮越来越难。市场营销要素变得更加复杂与模糊,许多从事市场营销理论研究的学者或从事市场营销实践的企业家开始对经典的营销4Ps提出挑战,并对营销要素进行了一些新的划分,4Cs营销观念与4Rs营销观念就是在这种背景下产生的。

(1)4Cs营销观念。4Cs是美国营销大师劳特朋所提出来的,他将营销要素划分为消费者(Consumer)、成本(Cost)、便利(Convenience)和沟通(Communication)四个因素。显然4Cs是对4Ps的进一步发展,其强化了以消费者需求为中心的营销组合,但仍然没有处理好顾客个性化问题、建立长期的顾客关系问题、市场竞争导向问题、企业稳健赢利问题等之间的关系。

(2)4Rs营销观念。4Rs理论由美国的Don E. Schultz提出,在其营销新理论中指出,企业的营销要素包括:与顾客建立关联、提高市场反应速度、关系营销和适当回报等四个方面。显然,4Rs更加强调了营销中关系的重要性,更有利于企业进行长期营销目标的规划与实施。

4Cs营销观念与4Rs营销观念虽然对经典的营销4Ps进行了改进,但从营销理论的研究来看,经典的营销4Ps仍然是构成营销理论框架的核心理论,其地位不能被替代。

4. 基于资讯网络的营销观念

20世纪末期,资讯科技的迅速发展与应用,大大增强了企业的市场营销能力,并出现了基于资讯网络的营销观念。

(1)电子商务。互联网迅速发展,为商业提供了高效率的信息沟通平台,从而导致大量的商业需求,并形成电子商务的经营方式。电子商务最显著的特点就是利用电子手段,提高商业信息的传递和利用效率,从而大大提高企业的市场反应能力。

(2)虚拟营销。传统的经营理念是产、供、销一体化模式,并因此形成了大量的大而全或小而全企业,从而导致生产能力过剩,企业之间的竞争局限于生产方面的竞争,无法形成核心的竞争能力。生产能力的过剩为虚拟营销观念的形成创造了客观的条件。虚拟营销的核心思想是:突破传统企业的职能界限,以企业专利、专有技术、企业品牌、企业营销网络、企业管理能力、市场开发能力和产品开发能力等核心竞争力构建企业的内核,而把社会上非稀缺的必要资源作为企业的外核,内核是企业自己保留的实体部分,而外核是通过整合社会资源而形成的非实体部分,即被虚拟。虚拟经营是在企业资源有限的条件下,为了取得竞争优势而采取的一种浓缩的、精华的经营方式。虚拟经营大大拓宽了企业的管理视野,使企业的资源运筹能力从企业内部延伸到外部,从而大大增强了企业的发展能力。虚拟经营在实际操作中有虚拟生产、虚拟营销和战略联盟等方式。

(3)虚拟市场。电子商务的出现,突破了传统市场的时空限制,为构筑全球统一市场网络提供了技术平台,开辟了一个崭新的市场空间。对市场的理解,不再是空间有限的有形市场,而是一个空间无限的、虚拟化的无形市场。虚拟市场主要表现在以下几个方面:

首先,通过互联网,可以形成全球高度统一的虚拟市场,各个子市场之间信息沟通时滞可以被忽略。如订单、发票、提货单、海关申报单、进出口许可证等日常往来的经济信息,通过电子商务,其效率可以大大提高。其次,市场营销规律可在全球范围加以应用,充分挖掘市场机会。再次,数字化分销渠道大大缩短了生产与消费之间的距离,节省了商品流通成本,增加了消费价值。最后,信息网络系统本身的缺陷导致市场营销风险增加,市场风险控制与管理能力成为企业面临的新问题。

(4)网络营销。网络营销是数字经济时代产生的一种营销理念,是对传统经营观念通过数字化技术的整合而形成的综合概念。网络营销作为一项系统工程,其显著的特点是在市场营销过程中,全面采用现代信息技术,对传统的营销系统进行重组。在网络营销中,营销流程变得更有效率,与顾客和分销商的关系变得更加紧密,营销数据分析变得更加重要,营销组织结构变得更加扁平而有效率,企业的赢利模式也发生了变化。

第三节　市场营销组合原理

市场营销组合是现代市场营销活动中常用的一个重要概念。它是指企业为了实现其营销目标,将影响市场营销的各种可控的营销因素进行组合,以确定最佳营销方案的过程。

一、营销四要素

1960年,E.J.麦卡锡提出了著名的4Ps组合。营销4Ps是指产品(Product)、价格

(Price)、分销渠道(Place)和促销(Promotion)。不难看出,这四个要素是影响企业市场营销的可控因素,各个要素都有许多次级因素,每一个次级因素有不同的水平。如产品因素包括产品质量、特性、商标、包装、规格、维修、服务等;价格包括基本价格、定价方法、折扣与折让、付款方式、卖方信贷、补贴等;分销渠道包括销售渠道的长短宽窄、销售地域、中间商或代理商等;促销包括广告、人员推销、公共关系、促销措施等。后来菲利普·科特勒对4Ps组合进行了扩充,提出大营销概念。但从目前市场营销理论研究与教学来看,营销4Ps仍然被认为是对市场营销要素最具概括性的描述。

二、市场营销系统

一个完整的市场营销系统是由物流、货币流、信息流及其赖以生存的外部环境组成的具有实现企业营销目标功能的开放网络。物流是指商品流通,它是由产品、实体分销及流通渠道构成的。货币流是指企业在供销活动过程中发生的货币流动,它是由产品价格、价格条件及结算的手段等因素决定的。信息流是指与企业营销有关的市场信息,包括商品销售信息、消费者需求信息、市场竞争信息等。外部环境是指企业目标市场的政治、法律、经济、文化等宏观因素,是企业不可以控制的,而企业市场营销方案必须与之配合适应的因素。企业的营销目标既有长期目标,也有短期目标,其内容包括:利润目标、市场占有率目标、市场维持目标等。市场营销组合是针对影响企业营销系统的各种可控因素而进行的决策,如产品组合、流通组合、信息组合等。企业在制订营销组合方案时,通常要对市场营销的四要素进行分析,并确定市场营销四要素的内容及各因素的水平。

三、市场营销组合中的风险控制

市场营销组合的风险是指企业在实施市场营销组合方案后,实现市场营销目标的概率,即被消费者接受的概率。每个市场营销方案都是由营销四要素组成的,而各个因素又是由若干个次级因素组成的,如下图所示。

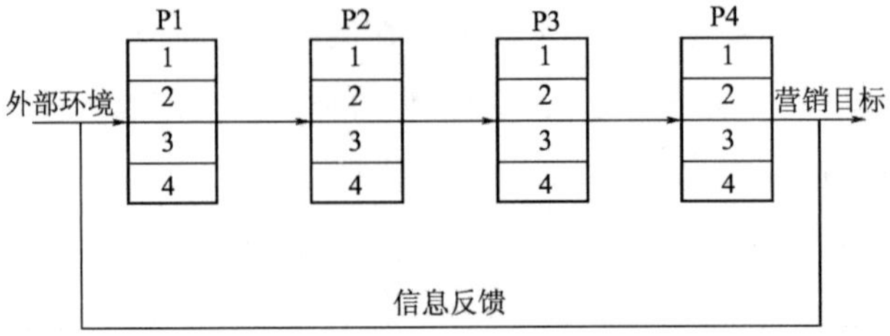

营销因素组合系统

由于市场营销的四个要素是影响消费者购买行为的主要因素,它们相互制约和影响,可以认为是影响消费者购买行为的一个串联系统。在这一串联系统中,任何一个营销要素不被消费者接受,该营销方案就不被消费者接受。也就是说,如果要使得企业的营销方案被消费者接受,必须做到四个要素同时被消费者接受。

消费者购物时对每一个营销要素的次级因素都有不同水平的选择，这种选择往往因人而异。因此,每一个要素的次级因素具有相对独立性,对消费者购买行为的影响力也具有相对独立性，每个营销因素都是由它们的次级因素并联而成的子系统。在这一并联的子系统中,任何一个消费者,只要能接受其中一个水平,该营销因素的设计方案即被消费者接受,也就是说,企业在设计某一个营销要素的水平时,如果设计的选择水平越多,被消费者接受的可能性就越大。

根据以上的说明,不难推出这一营销系统被消费者接受的概率为：

$$P_i=1-\prod(1-R_i)$$

$$P=\prod P_i$$

式中:P_i为第i个营销要素被消费者接受的概率,R_i为第i个次级因素被消费者接受的概率,P为整个营销方案被消费者接受的概率。

从上面的公式可以看出，如果要提高整个市场营销方案被消费者接受的概率,则必须尽可能提高每一个营销要素被消费者接受的概率,而要提高每一个营销要素被消费者接受的概率,则需尽可能增加次级因素。

例如,某服装企业开发服装新产品,制订市场营销方案时应考虑的因素有以下几个方面：

(1)产品因素。包括服装的款式、面料、色彩、工艺、洗水五个次级因素。假定服装消费者对这五个次级因素的认识及偏好因人而异，确定这五个次级因素被消费者接受的可能性为50%,则产品因素被消费者接受的可能性为98.5%。

(2)价格因素。假定价格水平确定为中高档,被目标顾客接受的可能性为95%。

(3)销售渠道。采用连锁经营的方式,建立连锁专卖店,被目标顾客接受的可能性为95%。

(4)促销因素。采用电视、路牌广告、公益活动等组合促销方式,被目标顾客接受的可能性为95%。

根据以上假定,可以推测这一营销方案被目标顾客接受的可能性为85%。

四、控制市场营销组合风险应注意的问题

(1)营销外部环境是不断变化的,市场营销组合也应随环境变化而调整。

(2)风险控制目标必须与成本投入及市场营销总目标一致。不难看出,如果

采用增加次级因素的方法提高某一营销因素被目标顾客接受的可能性时，营销费用预算将会增加。

(3)营销组合是一个系统,各个因素之间会相互影响和制约,不能孤立地考虑一个因素而忽视其他因素的影响。例如,在确定价格水平时,必须考虑组合促销的方式。通常促销费用预算较高时,会抬高目标价格的水平。

第四节　市场营销战略

战略一词最早用于军事,是指导战争全局的谋略,军事战略对战争的胜负成败起到了关键性作用。在激烈的市场中,越来越多的企业开始认识到市场营销战略的重要性。如何结合企业内部营销资源与外部环境特点,按照科学的程序,制订企业市场营销战略,加强市场营销战略实施过程的管理与控制,成为企业高速成长过程中面临的共同问题。

一、市场营销战略的含义

市场营销战略指企业为了取得长期稳健的发展，根据外部环境的变化和内部环境条件制订的、全局性的、整体性的营销计划与谋略。市场营销战略以顾客需求为基础，规划了企业未来业务的发展方向，勾画出企业持续成长的蓝图愿景。制订和实施正确的营销战略是企业成功经营的关键,也是企业高层决策者最根本的任务。市场营销战略具有以下几个特点：

1. 全局性与整体性

战略研究的是全局问题,不是某一个功能领域或某一项业务。战略的实现需要企业各个职能部门协同作战,不是单一部门、单一功能就能实现的。战略追求的是整体效益而不是单一部门或单一环节的效益。

2. 长远性

战略着眼于未来5~15年的长远目标,而不只是谋划企业眼前的目标。因此，市场营销战略把握企业经营大方向和基本发展趋势，保障企业持续成长与长远利益。

3. 科学性与现实性

营销战略的制订,必须有科学的理论与方法支持,同时需要充分分析企业营销的内部资源与外部环境。

4. 稳定性与灵活性

在环境与资源不变的条件下,企业的营销战略具有稳定性,但由于未来环境的不确定性及企业内部资源变化，企业的营销战略也会根据外部环境与内部资源的变化进行适用性调整,尽可能使战略风险降到最低。

二、制订市场营销战略的一般过程

1. 界定战略问题

战略制订过程是一个不断提出问题、分析问题和解决问题的过程,战略是针对问题而制订的,界定问题是制订战略的核心和基础。在界定问题时,需要分析的问题很多,下面列出了战略问题分析过程中的一般问题:

(1)本企业的战略业务是什么?

(2)本企业的经营资源是什么?要回答这一问题,必须了解企业过去的主要业务、最高管理层的发展意图、企业的资源情况和企业的核心能力等。

(3)本企业的经营环境是什么?要回答这一问题,必须了解宏观环境、企业所涉及的行业环境、企业所涉及的市场竞争环境等。

(4)企业的优势与劣势是什么?这是对以上两个问题的综合分析,是将企业的外部环境与内部资源结合起来,分析企业市场机会和可能面临的威胁,为企业战略的制订寻找适当的切入点。

2. 战略问题的评价与选择

明确了企业面临的若干问题之后,需要对这些问题进行评价,以确定首要的战略问题。在对战略问题进行评价时,应遵循以下几个原则:

(1)科学性。对战略问题的评价一定要建立在科学的分析基础上,应避免个人崇拜主义。

(2)实践性。企业的经营不能搞本本主义,必须借鉴成功的经验。

(3)风险性。企业的战略决策总会存在一些不确定性,必须充分考虑到实施战略过程中可能出现的问题、产生的影响及可能的应对措施。

一个好的市场战略,应该以市场为导向,充分考虑企业资源与环境的配合,做到切实可行,同时要克服保守思想,制订富有鼓动性的战略,才能充分调动全员的积极性。

3. 规定企业的使命

企业的使命是企业存在和发展的理由,需要回答“企业的业务是什么”的问题。企业的使命应能阐释企业一整套的价值观、信念和行为准则,明确企业的经营宗旨和经营方针，能将个人的愿景与企业的愿景有机结合起来形成共同的愿景,并成为强大的凝聚力和士气。

4. 建立企业营销目标

企业的目标规定了企业在履行其使命时所达到的预期成果，包括长期目标和短期目标。企业战略目标的内容一般包括赢利目标、市场与销售目标、生产目标、产品开发目标、财务目标、人力资源开发目标、顾客服务目标和社会责任目标等方面。企业在制订具体目标时,通常是将这些目标根据企业发展的需要进行组合,并规定一些具体的指标。对于企业的具体目标应具有以下几个方面的特点:

(1)层次化。企业的经营目标应能按一定的结构进行分解,形成完整的、系统化的经营指标体系,为指标的归口管理和建立分级责任制提供条件。

(2)数量化。这是实行目标管理的基本条件。

(3)可实现。要求企业制订的经营目标能根据市场机会和企业的资源条件,规定适当的目标水平,也就是经过努力可以达到的水平。

5. **实施市场营销战略**

战略制订出来以后,必须建立相应的组织结构,全面实施营销战略,并对整个营销过程实行有效率的监控。战略管理的组织结构一般包括以下五个层次:总部、分部、经营单位、计划单位和生产单位、从上到下,战略目标层层分解;从下到上,战略目标层层保证。

三、战略业务单位划分

战略业务单位是指拥有单独的任务、目标和特定市场,并可以单独制订计划而不与其他业务发生牵连的业务单位。下面以波士顿咨询集团法为例介绍战略业务单位的划分。

波士顿咨询集团法(BCG Approach)又称波士顿矩阵、四象限分析法、产品系列结构管理法等,是由美国大型商业咨询公司—波士顿咨询集团首创的一种规划企业产品组合的方法。该方法的基本思路是:根据公司各战略业务单位的市场增长率与市场占有率两个指标水平,将这些战略业务单位分为以下四种类型:

1. **问题业务**(Question marks)

此类战略业务单位是高市场增长率和低相对市场占有率组合。当企业想进入一个有市场领先者的快速成长市场时,通常要大量的资金支持来与市场领先者抗衡,从而增加投资风险。如果企业不是市场的领先者,其大多数的业务通常是从问题业务开始的。

2. **明星业务**(Stars)

此类战略业务单位是高市场增长率和高相对市场占有率的组合。问题业务如果经营成功,就会转入明星业务。明星业务仍然是烧钱的业务,但竞争对手的势力得到有效遏制,公司的业务也已经有利可图了。

3. **金牛业务**(Cash cow)

此类战略业务单位是低市场增长率和高相对市场占有率的组合。明星类的战略业务单位的市场增长率下降到10%以下,就会转入金牛业务。金牛业务处于投资的收获期,大量的现金净流入,支持公司发展新的问题业务及明星业务。

4.*瘦狗业务*(Dogs)

此类战略业务单位是低市场增长率和低相对市场占有率的组合，赢利少或有亏损。

企业对战略业务单位分类与评价之后，就会对各类战略业务单位做出以下战略选择:对问题业务,要么进一步发展,提高市场占有率,要么放弃;对金牛业务,要维持市场占有率;对远景不佳的金牛业务,以增加短期现金收入为主;对于瘦狗业务,应及时出售或清理业务,将资金转移到其他业务。

四、目标市场战略

市场是由商品、生产者、消费者共同构成的一个庞大实体,任何一个企业都不可能提供满足整个市场需要的全部产品或劳务，尤其是当消费者的消费行为个性化之后,企业经营的市场变数进一步增加。为了发现市场机会,更好地利用优势资源来满足顾客的需要。通过对市场进行细分,选择目标市场成为企业营销战略的重要组成部分。

1. *市场细分*

市场细分是由美国市场营销学家温德尔·史密斯(Wended Smith)在20世纪50年代中期首先提出来的。市场细分是指将市场按一定的细分标志，如人口特征、地域特征、心理特征、行为特征等,将市场划分成若干个子市场,每个子市场中的顾客需求具有相似性,而子市场之间的需求具有差异性。一个有效的市场细分应具备市场容量足够大、可衡量性、可进入性、可获利性等特点。

市场被细分之后,各个子市场的需求特点、市场容量均存在差异。如果市场空间最大的子市场被多数企业关注并选中,就容易产生激烈竞争,出现多数谬误的局面。如果很多较小的子市场没有被企业关注,就会产生市场机会,企业可以将这些狭小的子市场组合起来,以较低的价格去满足这一市场的需求,称为“反市场细分”战略。

2. *目标市场*

目标市场是企业从细分的市场中选择出来的、决定进入的细分市场。一般来讲,企业所选择的细分市场,通常是自己擅长的市场,并且有足够的赢利空间。由于竞争的存在,原有的竞争优势和赢利空间会收缩,从而导致企业目标市场的转移。

3. *目标市场的选择战略*

企业在选择目标市场时,有以下几种战略可供选择:

(1)产品市场集中化战略。只选择最小单元的一个子市场,企业刚进入一个新的市场领域时,采用这种战略比较稳健。

(2)产品专业化战略。通过提高产品的深度,进入到一个产品深度系列化的子市场。当企业的产品市场集中化战略非常成功之后,可考虑进一步实施产品专业化战略。

(3)市场专业化战略。通过提高产品的宽度,进入到一个产品宽度系列化的子市场。

(4)选择性专业化战略。以企业现有的优势,选择若干个子市场,子市场之间没有太大的关联性。

(5)全市场战略。将所有的子市场纳入到目标市场中,这种战略是很难实施的。

4. 市场定位

市场定位就是根据竞争对手在市场上的位置,结合顾客对产品属性的重视程度,决定本企业产品相对于竞争产品的独特形象。定位实质上是企业为了迎合顾客特定的消费偏好而设计的、有别于竞争对手的本企业产品属性组合及营销策略,以确保企业为自己的产品找到一个适当的位置。如真维斯根据年轻消费者既期望消费名牌,又期望便宜的消费心理,制订了大众化名牌战略,将其产品组合定位在大众化名牌的位置上,取得了成功。

5. 目标市场的经营战略

企业在进入目标市场时,有以下三种战略可供选择:

(1)无差异化战略。不考虑目标市场个别化需求特性,只针对目标市场中顾客共性的需要,推出产品或服务,这种战略的优点是产品或服务具有高度的统一性,有利于标准化与大规模生产,降低生产、存货、运输、研究、促销等成本费用,成本优势明显。

(2)差异化战略。在为几个子市场服务时,企业必须设计不同的产品,并在渠道、促销和定价方面采取差异化的做法,以适应各个子市场顾客的需要。对同一子市场提供产品或服务时,也可考虑顾客存在的差异性,提供差异化的产品或服务。差异化营销能更好地满足顾客需要,降低产品进入市场的风险,提高企业产品的竞争力,但营销成本会增加。需要注意的是,每个子市场顾客需要的相似性是针对细分标准而言的,事实上,每个子市场的顾客需求属性是很多的,这是市场实行差别化战略的基础。有些企业在实行差异化战略时,采用了超级细分战略,将市场划分很细。尽管这种做法能充分实现不同特性消费者需要,但由于市场被过度细化,导致产品价格与成本上升、利润下降。

(3)集中市场战略。为一个或少数几个性质相似的子市场提供产品或服务,试图在较少的子市场中获得较高的市场占有率。

上述三种目标市场的经营战略各有利弊,企业需要考虑自身的资源、产品同质性、市场同质性、产品生命周期、竞争对手等因素加以选择利用。

五、市场竞争战略

竞争是市场经济的基础,也是企业成败的关键。企业要想在激烈的市场竞争中立于不败,就必须树立竞争观念,制订更有利于其经营优势发挥的谋略。竞争战略的选择包括以下两个方面的问题:一是所处行业的吸引力或发展前景,二是企业在该行业竞争中的地位。两个问题不同水平的组合,可形成多种不同的竞争战略。

1.企业竞争类型

从顾客消费偏好来看,企业面临的市场竞争有以下四种类型:

(1)愿望竞争(Desired Competition)。这种竞争源于消费者对不同商品在需求欲望的强烈程度上存在差异,消费者通常会首先购买能满足优势需要的产品,从而对实现次级需要的产品构成了竞争压力。如消费者在支付能力一定的情况下,可能更想买一只足球而不是一件服装。

(2)一般竞争(General Competition)。这种竞争源于满足消费者相同需求的商品效用存在较大差异,效用高的商品需要较高的成本,消费者通常会首先选用与其支付能力相适应的产品,从而形成了产品之间的竞争关系。

(3) 产品形式竞争(Product form Competition)。这种竞争源于满足消费者相同需求的商品属性上存在差异,消费者会优先选用规格、型号、款式与自己相适应的产品,从而形成了产品之间的竞争关系。

(4)品牌竞争(Brand Competition)。这种竞争源于满足消费者相同需求的商品品牌偏好上存在差异,消费者会优先选用自己偏好的品牌,从而形成了不同品牌之间的产品竞争关系。

以上这些不同的竞争关系形成了企业的竞争环境,它们的变化直接影响着企业的市场营销活动。为了制订正确的竞争战略,企业必须全面分析竞争对手的营销目标、竞争者的营销战略、竞争者的优势和弱势等。

2. 一般市场竞争战略

(1)成本领先战略。指企业在提供相同的产品或服务时,其成本总是低于竞争对手。成本领先的战略意义在于:当市场处于成长期时,能获得更多的利润,积累更多的发展资金;当市场处于下降期时,比竞争对手有更多的价格谈判空间。成本领先战略主要依赖于规模经济、专利技术、管理技术及低价的生成要素。成本领先战略要求企业是行业中唯一的成本领先者,如果存在多个领先者或只是相对领先者,可能产生严重的竞争后果,除非形成战略联盟。

(2)差异化战略。差异化战略强调企业通过向顾客提供与众不同的产品或服务来获得竞争优势，很显然差异化的重点不是在低成本，而是在产品的差异化，其经营成本可能会比成本领先战略要高很多。产品的差异化因素很多，如产品属性差异化、销售渠道差异化、销售服务差异化等。差异化战略建立在技术创新、经营创新、产品创新、管理创新等基础上，如果在创新方面不能形成绝对的优势，这种战略将是十分危险的。

(3)重点战略。作为企业的经营者，如果不能在成本领先或差异化战略上取得绝对的竞争优势，重点战略将是最好的选择。重点战略的目标很清楚，就是在特定的目标市场上建立低成本优势或产品差异化优势，并能在竞争中建立次优的地位。这一战略的假设前提是竞争对手在满足特定的市场需求方面做得不是很好，或者其差异化战略过细导致成本太高，从而为其他企业实施重点战略留下了空隙。

企业在选择竞争战略时，必须选择其一，而不能兼而有之。在许多行业里，只要企业能坚持自己的竞争战略，这三种战略都可能获得发展的机会，但是如果很多企业都采用相同的竞争战略，将可能出现激烈的市场竞争。

3. 企业竞争位置与竞争战略的选择

根据企业在竞争中进攻方式或强硬程度的差异，企业竞争战略可分为进攻型、防御型、攻守兼备型和撤退型四种。对于实力较强的企业，在制订竞争战略时，可能具有更强的攻击性。在选择竞争战略时，根据企业在市场的竞争地位不同可分为市场领导者战略、市场挑战者战略、市场追随者战略、市场补缺者战略四种类型。

(1)市场领导者战略。指在某行业中市场占有率最大的企业，在新产品开发、资源条件、技术力量、分销渠道、促销力量等方面处于领先地位。领导企业最容易受到竞争对手的攻击，要随时防范其他竞争对手的挑战，维持其领导地位，通常采取“不断扩大市场需求总量、稳步扩大市场占有率、巩固品牌地位”等积极的竞争战略。

(2)市场挑战者战略。指在某行为中居次要地位的企业。这些企业在竞争战略上有较大的灵活性，主要表现在以下三个方面：一是能主动的选择竞争对手，可根据自己的实际情况选择比自己强的对手，也可选择比自己弱的或者与自己实力相当的对手；二是能随时把握进攻战略，根据竞争对手的具体情况，寻找竞争对手顾及不到的目标市场或销售弱势地区，发起进攻，或者通过价格、强化促销及中间商联合方式等实施迂回进攻战略；三是可随机运用竞争战略，当企业实力明显优于对方时，可采用积极的进攻型战略，而当企业实力不及竞争对手时，可采取保守的防御型策略。

(3)市场追随者战略。市场追随者是指大多数的中小型企业。对于市场追随者,应尽量避免与市场领导者及挑战者正面竞争,开辟一条能发挥自己优势的道路,灵活选用全面仿效战略、有限模仿战略、改进战略。

(4)市场补缺者战略。市场补缺者指那些为缝隙市场(指被大企业所忽略或放弃的、市场空间较小的细分市场)提供配件生产、小商品生产、小批量定制等专门化服务的企业。补缺战略的基础就是专业化市场营销,它可以通过市场细分,渗透到市场、顾客、产品、渠道、服务等各个方面,发挥补缺作用,从而获得一个既安全又能赢利的细分市场。几乎每个行业都有让市场补缺者生存的缝隙市场,补缺者应尽量避免与领导者或挑战者发生冲突,必要时可建立合作关系。

六、市场发展战略

企业为了谋求长期的生存和发展空间,取得长远利益,必须根据企业外部环境和内部环境的变化,结合企业的成长过程及实力,制订企业全局性的、长远性的发展规划,即企业成长的阶段性市场发展战略。企业成长的阶段性发展战略是高层性的营销战略,能结合企业成长过程中形成的市场优势,具有远见性、风险性和可变性等特点。一个企业在成长和发展的不同阶段,应选择不同的市场发展战略。

1. 集约化发展战略

集约化发展战略的核心思想是集中企业的优势资源,加强和充实现有的产品和市场。对一个处于发展初期的企业,经济实力比较单薄,没有能力涉及太多的领域或市场,通常选用这一战略。实施这一战略的措施有以下几种:

(1)市场渗透。即利用现有的产品和市场,通过各种促销手段,争取扩大市场份额和市场占有率。具体的方法包括以下三个方面:

①稳固现有顾客,提高现有顾客对本企业产品的忠实度和购买频率。

②争取竞争对手的顾客,以降价为手段的市场渗透策略往往会招致竞争对手激烈的对抗,使用时要慎之又慎。若采用非价格的渗透策略,如加强宣传,提高售后服务水平等,具有较强的隐蔽性,而这种策略一旦发生作用,将会给竞争者以沉重的打击。

③发展潜在顾客,这是一种中性的市场渗透策略。

(2)市场开发。市场开发是通过开发新的消费者,达到扩大市场销售量的目标。具体方法包括以下两个方面:

①市场区域性扩张,通常是选择一些有市场潜力的国家或地区,开发本企业产品新的销售地区。

②目标市场的扩张,即扩大本企业产品的目标顾客的范围,也就是细分市场

的扩大,从而增加本企业产品的销量。企业往往采用改进产品、增加产品的功能和服务范围,利用原有产品的声誉,开发新的目标市场。

(3)产品开发。产品开发是针对顾客的需要,对原有产品的性能、外观、款式、品种和规格进行改进和提高。一方面,提高企业产品的竞争力;另一方面,刺激消费品的更新,扩大市场需求,从而达到提高市场份额及市场销量之目的。对服装企业来讲,有计划地淘汰旧产品、开发新产品、促成成衣生产时装化是维持市场销量和活跃市场消费的重要手段。

2. 一体化发展战略

一体化发展战略的核心思想是通过发展企业上游产业或下游产业,减少企业的市场交易成本,增加规模效益,提高竞争实力。当一个企业具备了一定经济实力,需要进行战略扩张时,通常选用这一战略,这也是企业迈向集团化经营的第一步。实施这一战略的措施有以下几种:

(1)后向一体化。企业通过全额投资、参股或控股、兼并、联营、租赁等形式,向上游延伸至原材料供应系统。这种供产一体化的模式,不仅扩大了现有业务的范围,也有利于保证原材料的稳定供应,保证原材料的质量。

(2)前向一体化。它是将企业向下游延伸至销售系统。这种产销一体化的模式,将企业纳入了市场,不仅能取得更多的商业利润,也能使企业进一步了解市场,保证企业的产品适销对路,增强竞争实力。

(3)横向一体化。它是同行业之间的兼并和联合。一方面,可以通过规模化经营提高经济效益;另一方面,也可减少同行业之间的竞争导致的成本上升;同时在兼并与联合之后,还可充分利用企业的无形资产,如商誉、管理、技术等,取长补短,提高企业的经营素质。

3. 多元化发展战略

多元化发展战略的核心思想是通过在不同的市场领域投资,进行资产组合,为企业开辟新的利润增长点。同时,也可以分散在单一市场中经营的风险,达到风险组合之目的。实施这一战略的具体措施有以下几种:

(1)技术延伸型。即企业利用现有的技术、设备生产用途不同的产品,分散目标市场过于集中的风险。

(2)市场延伸型。即企业利用原有的市场和销售渠道,开辟新的经营项目。这种战略的前提条件是企业已形成了良好的商誉,利用商誉的光圈效应,进行系列产品的开发和经营。

(3)集团型。即企业在新的市场和行业中寻找利润增长点。这种经营战略具有跨行业、跨地区的特点。集团经营可以充分利用自身的资源优势、技术优势、人才优势,通过资产的流动,资产在不同地区或行业进行组合,最大限度地降低市场经营的风险。

本章要点

市场的发展经历了市场的产生、发展与成熟三个不同阶段,各个时期人们对市场的认识不尽相同。市场的三要素包括生产者与消费者、消费者购买欲望、消费者购买力。市场可以按市场区域、商品的性质和用途、经营的规模和经营方式、消费者需求差异程度等标准进行分类。

菲利普·科特勒(Philip Kotler)将市场营销定义为个人和群体通过创造产品和价值并同他人进行交换以获得所需所欲的一种社会和管理过程。在市场营销定义中包括以下几组核心概念:需求、欲求、需要;产品、效用、费用;交换、交易、关系;顾客价值、顾客满意、顾客价值让渡;市场、市场营销者、市场营销管理。市场营销学是一门实践性很强的应用性学科,它是通过对参与市场经营活动的成功企业家的经营思想和经营理念的概括和总结,在吸收管理科学、行为学、经济学、数学等理论基础上,形成内容完整的、对企业的经营实践具有指导作用的、自成体系的一门应用性学科。在市场经济条件下,企业应该树立风险观念、竞争的观念、创新的观念。

市场营销观念是企业进行经营活动的基本指导思想,对企业的市场经营活动起着导向作用。在市场营销理论演进的过程中,市场营销观念的发展大概经历了以下几个阶段:生产导向观念、产品导向观念、推销观念、营销观念、生态营销观念、社会行销观念、后市场营销观念。

市场营销组合是指企业为了实现其营销目标,将影响市场营销的各种可控的营销因素进行组合,以确定最佳营销方案的过程。营销4Ps是指产品(Product)、价格(Price)、分销渠道(Place)、促销(Promotion)。一个完整的市场营销系统是由物流、货币流、信息流及其赖以生存的外部环境组成的具有实现企业营销目标功能的开放网络。市场营销组合的风险是指企业在实施市场营销组合方案后,实现市场营销目标的概率,即被消费者接受的概率。如果要提高整个市场营销方案被消费者接受的概率,则必须尽可能提高每一个营销要素被消费者接受的概率,而要提高每一个营销要素被消费者接受的概率,则需尽可能增加次级因素。

市场营销战略指企业为了取得长期稳健的发展,根据外部环境的变化和内部环境条件制订的、全局性的、整体性的营销计划与谋略。市场营销战略的特点有全局性与整体性、长远性、科学性与现实性、稳定性与灵活性。

制订市场营销战略的一般过程有界定战略问题、战略问题的评价与选择、规定企业的使命、建立企业营销目标、实施市场营销战略。

战略业务单位是指拥有单独的任务、目标和特定市场,并可以单独制订计划而不与其他业务发生牵连的业务单位。波士顿矩阵是根据公司各战略业务单位的市场增长率与市场占有率两个指标水平,将这些战略业务单位分为问题业务、明星业务、金牛业务、瘦狗业务等四种类型。

市场细分是指将市场按一定的细分标志,如人口特征、地域特征、心理特征、行为特征等,将市场划分成若干个子市场,每个子市场中的顾客需求具有相似性,而子市场之间的需求具有差异性。一个有效的市场细分应具备以下几个特点:市场容易足够大、可衡量性、可进入性、可获利性等。选择目标市场的战略有产品市场集中化战略、产品专业化战略、市场专业化战略、选择性专业化战略、全市场战略。进入目标市场的战略有无差异化战略、差异化战略、集中市场战略。

企业面临的市场竞争有愿望竞争、一般竞争、产品形式竞争、品牌竞争等四种类型。一般市场竞争战略有成本领先战略、差异化战略、重点战略。在选择竞争战略时,根据企业在市场的竞争地位不同可分为市场领导者战略、市场挑战者战略、市场追随者战略、市场补缺者战略等四种类型。

一个企业在成长和发展的不同阶段,可选择的市场发展战略有集约化发展战略、一体化发展战略、多元化发展战略。

思考题

1. 试述市场概念的形成和发展过程。
2. 试述学习市场营销学的意义。
3. 试述市场营销组合的含义。
4. 试述目标市场战略的内容。
5. 试述市场竞争战略的内容。
6. 试述市场发展战略的内容。

消费理论及应用——

服装消费者研究

本章内容：1.服装消费者细分

2.服装消费者与服装的关系

3.服装消费者的购买行为分析

教学时间：6课时

学习目的：让学生了解服装消费者细分的标准及差异性分析，消费者需求的特点，购买行为的因素分析。

教学要求：掌握服装消费者细分的标准及差异性分析，了解服装消费者细分的概念及意义；掌握消费者与服装的配合关系，了解服装号型系列标准及消费者体型分类；掌握服装消费者需求特点及影响消费者购买行为的因素分析，了解服装消费者需求意义；学会利用以上知识点观察或分析服装市场消费者的需求情况或实际案例。

第二章　服装消费者研究

服装企业一切生产经营活动的目标是满足消费者的需求。消费者是市场的主人,是企业开展营销活动的最终对象。研究市场需求及其影响因素,是保证服装企业的产品能够满足消费者需求的前提,也是有效开展市场营销活动,制订市场营销计划的依据。服装市场十分广阔,竞争对手林立,服装企业要拓展生存和发展空间,必须对消费者进行分析研究,在市场上找到一个适当的位置,企业产品定位也要围绕着这个适当的市场位置展开。

第一节　服装消费者细分

目前,市场细分方法已被广泛应用于市场营销及市场决策中,但其内涵及外延却更加丰富了。市场细分标准除了消费者特征之外,还包括产品特征、价格水平甚至消费观念等。服装消费者细分是指根据服装消费者的特征对服装市场进行的一种市场细分,它是企业研究服装市场的一种基本的市场细分方法。

一、服装消费者细分的概念

市场细分这个概念是由美国市场学家温德尔·史密斯在20世纪50年代中期首先提出来的。市场细分化就是根据消费者对产品欲望与需求的差异、购买行为与购买习惯的差异,将全部消费者划分成若干个消费者群体,每个消费者群体构成一个细分市场,每个细分市场的消费者群体具有相同的需求。

将整体市场划分成若干个细分市场,这首先是由消费者需求的差异性决定的。在服装市场上,每个消费者由于各自经济条件、所处的地理环境、社会环境、文化教育以及自身特有的心理素质和价值观念等的不同,他们购买服装在动机和需求上总是存在一定的差异。如消费者对服装品牌、款式、颜色、面料和价格等需求的不同,其购买时间和要求也会有所不同。由于消费者需求客观上存在着差异性,企业就应把需求相似的消费者划归同一群体,并制订相应的营销策略来满足该消费者群体的需求。

其次，服装消费者市场细分，是由消费者需求的相似性所决定的。由于在同一社会环境、同一民族文化传统的熏陶下，人们在生活习惯、社会风俗、节日礼仪和价值观念等方面会出现同化现象，而在服装消费行为方面则会表现出大致相同的爱好。这种消费行为的趋同性形成了需求相似的消费群体，构成了具有一定个性特征的细分市场。在每个细分市场中，消费者群体有着比较稳定的、相似的购买行为和购买习惯。

服装市场细分同时也受企业营销能力的影响。任何服装企业，其生产范围、生产能力是有一定限制的，企业不可能提供所有消费者需求的全部服装品种，只能生产和经营若干品种的服装，满足部分消费者的需求。如生产针织布料的服装企业，不适合直接转产机织布料服装。这就要求企业必须将整体市场进行细分，发挥自身的优势，更好地满足消费者需求。

总之，市场需求的差异性和相似性，企业经营能力的局限性，是市场细分的客观基础。市场细分，不是对服装产品进行细分，而是对不同消费者进行细分。企业把整体市场划分为不同的细分市场，选择其中一个或几个细分市场作为目标市场，采取相应的市场营销组合策略，集中优势力量为目标市场服务。满足目标市场消费者多方面深层次的需求，是企业进行市场营销的基本思想。

二、服装消费者细分的意义

消费者对服装的需求是千差万别的，有的消费者为了追求时尚和品牌，不惜高价购买时髦或名牌服装；有的消费者为了显示自己的身份和社会地位而购买高品质、好布料、雅致且价高的服装；有的消费者则追求朴素自然而购买大众化的服装。企业面对消费者不同的需求，由于人力、物力及财力的限制，不可能生产所有的服装来满足所有消费者的需求。为了提高企业的经济效益，有必要确定自己的细分市场。通过市场细分可起到以下几个方面的作用：

1. 有利于企业发现新的市场机会，开拓新的目标市场

市场机会是指市场上客观存在的未被满足或未被充分满足的消费者需求。企业可以对每个细分市场进行分析，掌握不同市场消费者的需求，从中发现哪些需求已获得满足、哪些需求未满足。同时，分析和比较不同细分市场中竞争者的营销状况，着眼于未被满足需求而竞争对手又较弱的细分市场，寻找有利的市场营销时机，开拓新的目标市场。

2. 有利于企业提高经济效益

市场细分对提高企业经济效益的作用主要表现在两个方面。一是在市场细

分的基础上，企业可以集中人力、物力、财力投入目标市场，发挥在局部市场上的相对优势。这一点对于竞争力弱小的服装企业更加重要，企业可将全部力量集中于某一市场，把自己的劣势变为局部市场上的优势，从而提高企业的竞争能力，取得良好的经济效益。二是在市场细分以后，企业可以面对自己的市场，生产出适销对路的服装，既能满足消费者的需求，又可增加企业的赢利。如有些灵活性大的企业专门生产流行性强的服装，就应针对流行信息、流行款式、流行色等特点设计生产时髦服装，这样可以加速产品流通，有效地使用企业的资源和发挥自身特长，提高企业的经济效益。

3. 有利于企业及时调整营销策略

市场细分后，每个市场变得小而具体，企业比较容易了解消费者的需求，并制订合适的销售策略，满足不同目标市场消费者的需求。这样就可以有针对性地了解各细分市场需求的变化，迅速而准确地反馈信息，使企业有比较灵活的应变能力，制订出相应的对策以适应消费者变化和需求，更好地提高企业的经营管理水平。

4. 有利于满足消费者的潜在需求

企业的服装取得一定的市场占有率以后，要想继续在原有市场上扩大营销，需要付出很大的努力。消费者的需求总是没有止境的，只要设计的服装适合他们的心理需求，就是可以找到市场尚存的空隙。通过市场细分，企业就可在原有市场的基础上去开拓新的市场，通过满足那些未被满足的消费者需求去提高市场占有率，为企业发展提供方向。

三、服装消费者细分的标准及差异性分析

服装消费者市场细分标准很多，根据影响消费者需求差异性的因素细分，归纳为地理因素、人口因素、心理因素和行为因素四大方面，见下表。

服装消费者需求差异性因素细分表

地理因素	人口因素	心理因素	行为因素
地理位置 城市规模 人口密度 气候条件	性别 年龄 经济收入 家庭生命周期 职业 文化教育水平 种族与信仰 民族	生活方式 个性 社会阶层 品牌偏好	购买频率习惯 购买时间习惯 购买地点习惯

1. 地理因素

地理因素主要是指消费者所处的地理位置、城市规模、人口密度和气候条件等因素。同一地区,由于地理环境、气候条件、社会风俗、文化传统等方面对消费者的影响是相同的,消费者消费需求具有一定的相似性;而不同地区消费者消费需求具有明显的差异,这就是地理因素成为细分市场标准的客观依据。根据消费者所处的地理位置,可以把市场划分为国内市场和国际市场。在国内市场上,我国可分为华北、华南、华东、西南、西北等地区市场。由于我国是一个农民人口众多的国家,将农村市场从整个国内市场中划分出来具有重要意义。在服装方面,南方不同于北方,城市不同于农村。地理位置的差异对消费者需求的差异性影响很大,应作为市场细分的主要标准之一。

此外,不同地区有不同的气候特点,而服装的需求与气候关系密切。以我国为例,气候分为热带、亚热带、温带和寒带等。北方属寒带气候,由于气温较低,消费者对棉衣、毛衣和皮衣等防寒性好的服装需求量较大,服装多为深色;而南方属亚热带和热带气候,由于气温较高,对单衣的需求量大,服装颜色浅色较多。因此,企业应根据细分市场的气候情况,为不同气候条件下的消费者提供适销的品种。

2. 人口因素

人口是构成市场最主要的因素,它与消费者的需求、购买特点及频率等关系密切。我国人口分布不均,人口密度很不平衡,而人口密度决定着某一地区服装市场规模。如东南沿海地区人口密度较大,而西北地区人口密度很小。按人口因素细分市场还应考虑许多内容,主要包括性别、年龄、经济收入、家庭生命周期、职业、文化教育水平、种族与信仰及民族等。

(1)性别。男女性别不同,在购买种类、购买行为和购买动机等方面差别很大,这是由于自然生理差别而引起消费需求的差异。男性服装趋向同中求异,而女性服装在款式、颜色方面变化较大,这种差异应在服装品种设计和营销策略等方面体现出来。

服装企业在采用性别标准划分市场时,不应局限在男装市场和女装市场的表面,还要进一步考虑市场内部的差别,采用适当的细分标准对男装市场或女装市场进行再细分。这方面成功的例子有“奇妮孕妇装”和“胖夫人”服装店。前者以高中档孕妇装为主打,使坚持工作的“准妈妈”们也能漂漂亮亮地上下班;后者以中老年及身材肥胖的女性为服务对象,生产精工细做的高中档时装,以美化这些虽体型有变但对美仍有很高追求的女性。

(2)年龄。服装市场可按消费者的年龄划分为不同的细分市场,这是因为不同的年龄阶段,经济状况、生理、性格、爱好等不同,对服装的需求往往有很大的差别。如童装设计讲究新颖,服饰图案应有趣味,颜色要鲜艳,适合儿童心理特点;青年人性格活跃,多讲究服装的时尚性,能表现个人修养,较偏重服装的品牌,喜欢鲜艳色、多装饰、能体现身体曲线的、富有朝气的式样;中年人讲究服装的布料、品质及舒适,款式较朴素、保守,喜欢典雅、温和的色彩和协调大方、庄重的款式;老年人则喜欢稳重、和谐、沉着的色彩和舒适、庄重的款式。从传统审美习惯看,从幼年到老年,服装的色彩犹如一条光带,随年龄的增长,色彩逐渐由明到暗。但在西方,中老年人则出于对青春的怀恋,服装也常用各种鲜艳的色彩,这种心理状态,也在逐渐影响着我国中老年人的穿着观念。服装企业应掌握市场的年龄结构,各档次年龄占总人口的比例以及不同年龄消费者的需求特点,制订相应的市场营销策略。

国内著名内衣企业"三枪"集团自成功地占领了成人内衣市场后,又注意到了儿童内衣市场。他们发现,长期以来,我国童装存在着内外衣不分的现象,夏天当外衣,冬天当内衣,特别是11~16岁的"小大人"更是没有适合的内衣。根据人口统计资料显示,我国11~15岁的少年儿童占总人口的26.81%,是一个很大的市场。但由于少儿内衣分档细,加之性别、款式、颜色的要求,给厂家开发和生产这类产品带来了困难。"三枪"集团经过市场调研,认为依靠自己的规模生产和科学管理,有能力填补这个市场空缺,并且以"三枪"的品牌效应和价格优势同外来品抗衡,在竞争中取胜。于是,"三枪"集团从1996年开始进行试制、试销少儿内衣,并大批量投放市场。为了使"三枪"少儿内衣品牌深入儿童心里,"三枪"集团还成功地策划了一系列品牌宣传活动。如"征选吉祥物"的活动,在短短1个月里就收到了来自全国20个省市的近3万封儿童来信,在此基础上选出了"三枪"少儿内衣的吉祥物——"三枪虎"。随后,又配之以广告舆论的宣传,"三枪"少儿内衣脱颖而出。1996年底,"三枪"针织精品展在上海展览中心举行。在这次展销会上,"三枪"集团集中推出了少儿内衣系列,在参展的14个系列5千多个品种中成为最热销的产品。

(3)经济收入。这是细分市场的最重要依据。企业可以根据消费者的收入水平、家庭收入总额及人均收入状况,分析收入高低对消费者需求的影响,在此基础上对服装市场进行总量预测,制订营销计划。

据《星期日时报》的一项调查发现,在伦敦的拉尔夫·劳伦的新店,邦德街分店中的一些商品的价格比纽约麦迪逊分店中的价格平均高出40%。一双女式高跟鞋在纽约的价格为130英镑,而在伦敦的售价却是195英镑。一件纯棉白衬衫,在美国的价位为37英镑,但在英国却翻了近一倍,为70英镑。拉尔夫·劳伦马球系列的一件羊皮衣,在纽约标价为564英镑,可在伦敦则高达775英镑。欧洲的不动产和劳动力价值很高,高收入阶层的工资使得欧美服装价格差异很大。另外更重要的是,在欧洲高价格与用语言做广告和搞促销活动具有等同意义。

(4)家庭结构。主要研究家庭成员构成或家庭规模、家庭收入情况及家庭结构变化。随着我国市场经济发展与经济生活水平的不断提高,我国家庭结构呈现多元化特点,三口之家所占比例较大,丁克家庭、单身、单亲家庭、老两口家庭也越来越多。近年来,家庭在房子、汽车、休闲娱乐、子女教育等方面的开支也越来越大。由于人们的活动空间不断增加,消费层次不断提高,服装消费概念正在发生变化,如户外服装开发、休闲服装开发、商务服装开发、童装开发等,不断融入更多的文化元素与新型的家庭价值观。

(5)职业。按消费者的职业不同来划分细分市场是基于职业不同会引起消费行为差异的假设为前提的。每个人在交往的朋友中多数是与他的职业层次相似的阶层,所以同一职业阶层的人其价值观、审美观较为相似,而不同职业阶层的人对服装需求就完全不同。一般知识阶层女性的着装特点总是文雅大方、色彩柔和、款式简洁,但品位较高,较讲究面料的质地和服装的做工,她们一般对流行服装都有自己的评价,因而不是流行的积极追随者,始终处在流行的边缘,以体现出职业女性特有的素质和修养。又如教师的穿着打扮对学生有潜移默化的影响,服装太花哨会分散学生的注意力,太陈旧又会产生距离感。所以,教师的服装既要得体大方,又应有点时代感。工人一般喜爱豪爽大方的服装,农民喜爱朴实自然的服装,文艺工作者则崇尚时兴和华丽的服装。不同职业的服装很大程度上受到职业环境和职业团体的影响,一方面,一个人的穿着向人们提示了他的职业与身份;另一方面,社会习惯也要求人们穿着的服装与他的职业、身份、地位要适应。

(6)文化教育水平。消费者接受文化教育的程度会影响个人各方面素质,对服装品味、偏好及审美标准自然不同。按消费者所受教育程度不同可将消费者划分为初等教育、中等教育、高等教育三大类。由于教育程度不同,消费者的爱好和审美标准也不同。

(7)种族与信仰。按不同种族和宗教信仰来划分市场,种族与宗教的不同影响着消费者购买的动机与行为,造成购买差异。种族分黄种、白种、黑种和棕色人种。宗教分基督教、天主教、佛教、道教和回教等。

(8)民族。按消费者的民族差别划分市场,如我国有56个民族,由于各民族的生活习惯、文化风俗和地理位置不同,因此他们的需求差异也很大,特别在服装和服饰等方面。

3. 心理因素

在地理环境以及收入水平等基本相同的条件下,不同的消费者消费习惯与特点也会有差异,这是由消费者心理差异引起的。心理因素包括消费者的生活方式、个性、社会阶层及品牌偏好等内容。

(1)生活方式。消费者的生活方式不同,对服装的需求也就不同。如有的人崇尚时尚,追求新潮时髦的时装;有的人生活朴素,则喜欢素雅、清淡大方的服装。针对消费者生活方式不同,有的服装企业把产品生产分为"朴素型"、"时髦型"、"男子气型"等,并以此为设计原则来满足不同的消费者需求。

(2)个性。消费者的个性特点对服装的偏爱有很大的影响。如"外向型"的消费者,往往好表现自己,自然喜欢购买流行性强、颜色鲜艳、造型独特的时髦时装;而"内向型"的消费者则喜欢购买大众化、较朴素的保守型的服装。因此,有些企业针对个性化要求分别设计"新潮"、"保守"、"豪华"、"朴素"等类型的服装,以迎合吸引与其个性相同的消费者。对于这些不同的消费者群,服装设计应有所不同,而且在价格制订、广告宣传和经销商店方面也应采取差异化策略。

皮尔·卡丹自从步入法国时装业,就以服装设计敢于突破传统、富于时代感和青春感而著称。早在1955年,他就因标新立异而不融于同行,被逐出巴黎时装协会。然而,他的服装设计并未因此而停步,反而加速发展了。他在厚呢料大衣上打皱褶;用透明的面料做胸前打褶的上衣;给新娘穿上超短裙;让模特穿上带网花的长筒袜。他还设计出"超短型"的大衣、气泡裙;用针织面料为男士做西服……他在20世纪60年代末推出的一套女式秋季服装,就是以式样新颖、面料柔软、做工精细而成为时髦女郎和年轻太太的抢手货,一时轰动了巴黎。由于他的设计刻意追求标新立异,充分展现个性气质,因此,在法国的时装界"卡丹革命"的旋风劲吹。

(3)社会阶层。在消费者心目中,往往把自己视为某一阶层的人。因为,社会阶层的高低取决于地位、职业、教育程度和收入等因素,而这些因素影响着消费者对服装的不同需求。企业可以根据不同社会阶层的消费者设计不同的服装品种,如为上层阶层的消费者提供高档布料的名牌服装,为低层阶层的消费者提供廉价的、档次低的大众化服装,使服装品种和各社会阶层的需求特点相适应,以满足不同阶层的消费者需求。

(4)品牌偏好。品牌偏好程度又称为品牌忠诚性,消费者一般可分为专一品牌忠诚型、几种品牌忠诚型、无品牌忠诚型三类。第一类消费者在任何时候和地区都只买自己喜欢的一种品牌服装,通常是到服装专卖店购买。第二类消费者对品牌的忠诚并不专一,但偏爱少量几种品牌。第三类消费者不存在品牌忠诚性,在购买实践中无品牌可循。

4. *行为因素*

消费者的购买行为,就是指消费者的购买习惯,包括消费者购买频率、购买时间及购买地点等。

(1)消费者购买频率的习惯。消费者购买服装的频率受季节、气候和收入水平等制约,即使收入水平相同的消费者购买服装的频率也会不同。如有的消费者每季大约购买多少服装会有一定的习惯;有的消费者则喜欢反季节购买服装;还有的消费者在某些节日,如春节、元旦、国庆、儿童节前后去购买服装。企业可以根据这些传统假日进行促销活动。

(2)消费者购买时间的习惯。消费者购买服装的时间受其工作时间的制约,但习惯也是一个重要因素。如有的消费者喜欢将购买活动集中于节假日,有的则习惯于分散购买,有的按季节性购买。消费者的生活习惯不同,服装的购买时间、数量和方式等也不相同。

(3)消费者购买地点的习惯。按照传统的观点,大众日用商品消费者一般就近购买。而购买服装,有的人喜欢某一品牌,习惯去专卖店购买;有的人喜欢到服装集市购买;有的人喜欢光顾大店名店;有的人喜欢大众商店或有折扣的商店。根据消费者购买地点不同,企业可依此选择适合的分销地点。

由于不存在统一的市场细分方法，在实际应用时，企业应根据市场的特点,选择合适的市场细分标准,从四个大类的市场细分的标准变量来看,人口因素与地理因素是比较容易分清市场界线和定义市场容量的，但目前的大趋势是,越来越多的企业不再满足于仅仅使用这些简单的变量,而走向尝试使用购买行为因素与个性心理因素,虽然使用这些变量的难度要大很多,但它们更加贴切,更加深刻地划分了市场与消费者。例如年龄变量是比较容易使用的,年轻人更喜欢时尚的装束,但这个“年轻”是不能仅仅用年龄这个人口学标准来衡量的,很多人虽然在年龄上年轻,但心理上并不年轻,而还有很多年龄很大的人,其心理仍很年轻,其对时尚的装束也仍然会有很大的兴趣。所以目前最佳的组合是几个类型的变量同时使用，只用一个标准变量去区分市场已经很少见了。但也要认识到使用过多的标准变量,也会造成过度细分市场,也称市场碎化,这也是不值得的。

第二节　服装消费者与服装的关系

服装与消费者之间是一种动静配合的关系。服装商品本身是一种静态的功能性商品,而消费者的生理条件及价值观则因人而异,导致需求的差异性与可变性。因此,并不是每一件服装都适合每一个消费者或任何的穿着场合。在进行服装设计时,应把消费者和所要设计的服装视为一个统一的整体加以通盘考虑,这样才能使设计的服装发挥最佳效果。一件服装产品的优劣,是通过消费者穿着进行检验与评价的。一般来讲，作为服装应该合体、美观，就是要使服装与消费者体型特征相适合，穿在身上应该使消费者感到舒适并能突出和增加消费者的外表美，同时还能对身体起到保护作用。要实现这些要求，就必须对消费者的体型特征有所了解，对服装号型系列有所了解，才能更好地为消费者服务。

一、消费者体型分类

消费者体型就是消费者的外形轮廓，由于种族遗传、发育情况、性别、年龄以及职业等因素，形成了不同的体型。消费者体型一般可分为正常体和非正常体两大类：凡胸、背、肩、腹、臀、四肢等发育均衡者，均称为正常体。凡人体全身或局部长度、宽度不符合正常比例，某些部位外形生理表现异常、左右不对称、前后不均衡等，均为非正常体。非正常体的表现形式是多方面的，常见的有如下几种：肥胖体、瘦形体、挺胸体、驼背体、凸肚体、凸臀体、落臀体、前倾体、后倾体、耸肩体、坍肩体、高低肩和长短腿等。我国制定的服装号型系列标准按照人体的胸围与腰围的差数，将成年消费者体型分为Y、A、B、C四类，其中Y为较瘦体型、A为标准体型、B为稍胖体型、C为较胖体型。儿童则不划分体型。

企业生产的服装，应能让不同体型的消费者穿着后舒适合体、美观大方。要做到这一点，就必须按照消费者体型的分布规律设计和生产服装。目前，我国服装企业在设计和生产不同规格的服装产品时，统一使用国家技术监督局发布的成年男女服装号型系列标准GB 1335.1~1335.2—1997及儿童服装号型系列标准GB/T 1335.3—1997。

二、服装号型系列标准

1. 服装号型系列标准的定义

服装号型标准规定：号是指人体的身高，以厘米为单位表示，是设计和选购服装长短的依据。型是指人体的胸围或腰围，以厘米为单位表示，是设计和选购服装肥瘦的依据。服装企业生产的服装，必须标明号型，号型之间用斜线分开，后接体型分类代号，如170/88A。号以5cm分档，组成系列；型以4cm、2cm分档组成系列。由不同的号型相互搭配组成号型系列。

2. 服装号型系列标准的意义

我国服装号型系列标准制定较晚，许多服装企业也不重视服装号型系列标准，导致我国服装市场上的服装规格标志十分混乱。有的企业以大、中、小为规格代表，有的企业以L、M、S为规格代表。规格标志相同而生产的服装企业不同，其尺寸也不相同。消费者在选购服装时无所适从，生产者也只能根据自身的营销经验制订粗略的服装规格标准，很难满足全国各地服装消费者的需求。通过推广服装号型系列标准，可以起到以下几个方面的作用：

(1)方便消费者购买合体的服装。

(2)方便企业进行服装的设计和生产。服装号型系列标准制定了各种号型服装的统一尺寸，为服装设计提供了尺寸依据。

(3)方便服装销售。有了统一的服装号型系列标准，营业员和消费者之间就能更好地进行沟通。

(4)有利于我国服装事业的发展。服装号型系列标准是在对我国消费者进行调查和统计分析的基础上制定出来的，具有广泛的代表性和适应性。按照服装号型系列标准生产的服装，能保证服装规格齐全，符合广大消费者的需要，对我国服装业的发展起着重要的指导作用。

(5)有利于服装设计、服装生产、服装销售等方面对外进行交流。

三、消费者与服装的配合

服装主要作用是保护和美化人体。对一些体型不够完美的人，如何借助服装有效地达到遮掩缺点、美化体型的目的，就要根据自己的体型特点选择适当的服装，依靠服装造型、色彩、线条、细节装饰等来掩盖不完美的部位，有效地增添自身形体和气质等更多的美感，使服装与人成为一个美的整体。这便是消费者选择服装的首要标准。

1. 肥胖和瘦形体型

肥胖体型的人选择服装不应贴身或太宽松，造型以简洁、明快为宜。面料颜色多选视觉收缩的深色较理想。如穿条子服装应采用直条，避用横条；图案用中等大小，大花纹显得矮，小花纹感觉胖；装饰品的选用应以上装为重点，不可太多，肩部不宜太宽。

瘦形体型的服装造型要有舒展感，廓形略宽松，色彩方面多用亮而暖的色调，面料图案宜大不宜小，用横的条子可增加宽度，用褶裥增加围度。矮而瘦的体型由于感觉单薄，宜采用能衬出腿长的服装，避用重感质料和重厚的装饰，太多的装饰和太宽松的服装都不宜。

2. 颈部粗短和颈部细长型

颈部粗短者宜选用低领圈的款式，如V形领、U形领、低胸领等，以造成颈部增长的感觉。长细颈的人可选用宽松的高领以及高而紧的领型，如中山装领、衬衣领、樽领等立领。

3. 耸肩和垂肩型

耸肩体型可根据耸肩程度选择无垫肩或薄垫肩的上装，衣领造型多用大圆领、深V形领、坦领和海军领为宜。衣袖造型选择低肩袖、连肩袖和插肩袖作为遮掩。不宜选择强调肩宽和肩形的直形领、船形领和封闭颈底的高领，也不宜选择横条纹的T恤和夸张肩部的蓬松袖、灯笼袖和泡泡袖。垂肩体型服装与耸肩体型服装相反。

4. 胸部过大和过小型

东方女性较西方女性胸部扁平，胸过大和过小的体型都不应穿贴身服装。胸大的掩遮，上装应选用较松身造型，在肩部以下束褶，胸前拼接线，可用直线形的胸饰，领线宜用V形领、开领和T恤领，面料避免用紧绷有弹性的，宜用松而下垂的，如绉纱等；下装宜用厚质料，用开散或束褶有容量感的裙或裤取得平衡，回避使用突出胸部的波浪形褶边装饰服装。

胸小体型的服装应采用细腰线的设计，上装以松身舒缓，低肩多点束褶，胸前用波浪形褶、饰带之类的装饰改善效果，衣领可用高领型的，上衣外加小背心，裤裙用苗条造型，使上、下装容量感对比调和。

5. 腰部过粗和过细型

腰的粗细与胸臀大小对比有关，是一个整体的印象。腰粗或腰细的人不宜将上衣塞进裙和裤腰里面，应选择让下摆散开或束摆的短上衣。腰粗不宜穿腰部有束褶的裙子，宜选用与衣服同色或近色绱腰头的裙子，裙腰头不宜太宽；腰细固然好看，但过分细的腰从整体看就不太协调，可以用掩盖腰线的方法，宜用厚粗的腰带或用围巾包卷缠腰线也可。

6. 臀部过大和过扁平型

臀部过大可选择臀部略松的下装，裙子选用裙摆开散的波浪形款式。用增加上装外衣长度来掩盖臀部，或用宽的外衣增加上装容量感来取得平衡。上装用亮色强调，下装用暗色。应避免选用束褶裙、百褶裙，紧身裤和短上衣。

臀扁平的人缺乏曲线美，可选用臀线宽松的束褶裙和百褶裙，以长外衣遮掩为宜。选用束腰或锥形裤都合适，不宜穿着贴臀的紧身裙和宽脚裤。

7. 凸腹体型

下腹突出，掩盖方法与粗腰相似，穿有束褶的裙或裤，可掩住腹部的腆起，穿臀围松的下装亦能有效掩盖。应避免穿紧贴身的裙和裤，针织面料的服装容易显出身体的缺陷，不宜选用。此外，走路应注意收腹挺胸。

8. 腿部粗短型

腿部粗短的人不应穿贴体的下装，如紧身裤、紧身裙、短裙，应选用长的多层裙、束褶裙和波浪裙等各种长宽松裙和裤掩盖粗腿。腿粗短的人一般上身感觉长，可把下装腰线提高，上装不要太长，色彩和图纹可选比下装的强烈和华丽些，同时用上装的装饰品将人的视线引向上方。长袜的色彩与裙的相近，避免对比，最好不用横条纹的下装。

9. 脸型与领型

由于领子位于服装最上端，是人们视线比较集中的部位，因此接近脸部的衣领对脸型影响很大。一般来说，长形脸的人，宜选用圆弧形领，领口不要过深；方形脸的人，宜选用小圆角领、青果领和翻领等领型；圆形脸的人，宜选用方形或尖形领，领口可开低些；尖脸型的人，宜选用圆形、方形领以及立领，也可选用大翻领，通过外翻的领式增加宽度，以弥补尖下巴的缺陷。总之，根据自己的脸型，运用"相辅相成"的原理去选择合适的领型，以起到美化人体的作用。

由于人的爱好、性格、生活方式等各不相同，审美观点亦不同，不能绝对地以体型来分出人的优缺点，服饰的协调搭配也没有绝对的协调程序。只有因人而异灵活变化，并在此基础上逐步按不同场合和状态进行感觉印象上的判断，才能显得千姿百态，丰富多彩。对于特殊体型的消费者，服装不应对其特殊部位消极地做出简单的增减处理，而应兼顾全面，调整局部，巧妙施以掩饰。一般常用调整比例、填平补充、转化对比等处理手法进行弥补。

第三节　服装消费者的购买行为分析

市场营销的核心是满足消费者的需求，由于消费者不同，其购买行为也有其自身的特殊规律。市场营销者要围绕满足消费者需求这一核心开展调查、研究，并掌握消费者需求与购买行为的特征及其发展变化规律，相应制订或调整营销计划，才能有效开拓市场，不断提高经济效益和社会效益。为了能更全面、更准确地揭示影响消费者行为的因素，除了从经济角度考虑外，还必须从心理学和社会学角度综合地分析。研究消费者购买行为已经成为市场营销学的重要内容。

一、服装消费者需求

服装消费者需求分为生理需求和心理需求。生理需求也称本能需求或天然需求，是人自身发展过程中，为了维持生命、保持人体的生理平衡而形成的需求，如穿服装为了保暖或保护身体。而心理需求是为了提高物质和精神生活水平而产生的高级需求，它受历史条件、社会制度、民族和风俗习惯等的制约，反映了人的社会性，是随着人类社会的发展而日趋深化和提高的。

消费者需求按其是否在购买行为中表现出来分为显性需求和潜在需求。显性需求是指消费者意识到，并有能力购买且准备购买某种服装的有效需求。潜在需求是指消费者由于某种原因而没有意识到，或已意识到但还没有形成购买欲望的需求。潜在需求存在两种情况：一是消费者客观上存在的，但尚未意识到的需求；二是消费者已意识到，但由于服装还未生产出来或供不应求，还不能实现的需求。潜在需求实际上是潜在市场，对于企业来说，开拓潜在市场的需求，更具有战略意义。

二、研究消费者需求的意义

研究消费者需求，对企业生产何种式样的服装，如何满足消费者需求，有效地开展市场营销活动具有重要的意义，也是企业获得长期稳定发展的重要保证。

1. **有利于企业正确判断市场**

企业生产何种款式、颜色、面料的服装才能较好地满足消费者需求，使服装不会长期积压滞销，造成资金、资源的浪费？只有通过对消费者需求及市场上的有关服装信息进行分析，才能生产出适销的服装。

2. **有利于服装及时更新换代**

服装流行性和面料的不断更新，消费者需求也会不断发生变化。企业只有及时根据流行信息，了解消费者需求及其变化趋势，才能掌握生产经营的主动权，生产出新式样的服装，满足消费者新的需求。

3. **有利于提高服务水平，实现企业生产经营目的**

服装消费者对服装的需求，包括服装品种、款式、颜色、面料以及服装是否舒适合体、售后服务是否到位等。如有的服装企业生产的西裤，可根据消费的长短需要在售后进行折脚口，有些服装可根据消费者要求进行修改。这种售后服务更好地满足了消费者的要求。

4. **有利于广告和广告媒体的合理选择**

作为现代企业拓展市场营销，所用广告要取得理想的促销效果，有两个基本条件：一是合理的广告设计，二是媒体的合理选择。通过对消费者需求进行分析研究，针对不同消费者的心理特征，设计出能激发人们购买欲望的广告形式，选择人们喜爱的广告媒体，才能充分发挥广告的作用，提高品牌知名度和企业声誉。

半个世纪以来，法国服装设计大师克里斯汀·迪奥（Christian Dior）的旷世辉煌似乎再次印证了分析和掌握消费需求的重要性。迪奥创立名牌之路始于20世纪40年代末，当时整个西方国家刚刚饱尝了第二次世界大战的洗礼，人民生活动荡不安、物价飞涨、商品供应紧缺，人们靠定量供给的食品和日用品维持生活。英国、德国、法国的服装厂家在忙于生产体现战争风貌、无性别差异的粗糙服装。但爱美之心是人的本性，和平的来临再次唤醒了人们对美好生活的向往与追求。迪奥就是准确地抓住这一契机，以其大胆的构思和设计复苏了第二次世界大战以来一直为女人们刻意压抑又始终幻想的华丽之梦。在1947年的时装发布会上，迪奥强调丰胸、窄腰、宽肩的形象设计，一扫战争的丑恶与残酷，冲淡了战争以来巴黎服装界的沉闷。用简单优美的线条和华丽高档面料构成的迪奥时装是“年轻、希望、未来”，它给被战争硝烟缭绕过的女性充分展示优美身段、高贵典雅和重新塑造自己的机会，对战后仍旧贫困不已的社会产生了巨大的冲击。

这场被称为革命性的“新风貌”，很快就迎来了消费者和国际服装界的强烈反响与迅速认同。旧时的服装被迫沦落到了廉价市场，而站在流行前沿的厂商们强烈意识到服装领域全新时代的开始，他们争先恐后地加入“新风貌”的行列。此后，迪奥在世界名牌的霸主地位越来越稳固，其服装的出口额曾占法国总出口额的5%，是法国服装出口额的75%。如今，迪奥的产品遍布全世界，产品也从高级女装延伸到高级成衣、针织服装、内衣、各式香水、化妆品、珠宝和饰件等。几十年来，迪奥人延续着迪奥品牌的精神与风格，不断创造着新的机会。

三、服装消费者需求的特点

市场消费者需求是随着流行趋势、社会经济等因素变化而不断地产生和发展的，虽然受到各种因素的影响而变化，但总是存在着一定的趋向性和规律性。从总体上分析，服装消费者需求一般具有以下特点：

1. 消费者需求的时尚性

消费者的消费行为是一种社会现象，虽然它的内容千变万化，但在一定时期会表现出普通的共性，这就是需求的时尚性。服装讲究流行性，追随时代潮流，模仿时尚是大多数人购买服装的倾向。这种时代性的特征，往往通过流行现象体现出来。如“文化大革命”时期流行的草绿色军装，20世纪70年代流行的喇叭裤、紧身衣服，80年代流行的牛仔裤等。

2. 消费者需求的多样性

消费者的消费行为受民族习俗、收入水平、文化程度、职业、年龄和爱好等的影响，服装的需求也会表现出差异。如对同一式样的服装，消费者在选购时对颜色、面料的反应会表现出差异性，这是人们需求的多样性在服装消费的具体表现。随着服装产品不断丰富，人们购买力越强，这一多样性越明显。

3. 消费者需求的无限性

随着社会经济不断发展和人们的生活水平不断提高，对服装的需求，不论是从数量上还是从质量或品种上，都在不断地提高。当一种需求被满足了，另一种新的需求又会产生。总的趋势是由低级向高级发展，由追求数量上的满足向追求质量上的充实发展。某些服装开始时受欢迎，过了一段时期后会因过时而被淘汰，这是因为人的欲望是永无止境的。

4. 消费者需求的层次性

消费者的需求是有层次的，一般总是由低层次向高层次逐渐延伸和发展的，其包含两种不同的含义：一是指不同消费者所从事的职业、经济收入和审美观念的差别，消费需求的层次自然是不同的；二是指不同消费者在较长时间内，其需求水平不会总停留在一个档次上，它会随着社会的发展、生活水平的改善，不断由较低的层次向较高的层次过渡，这就形成了消费需求的层次性。

5. 消费者需求的伸缩性

消费者需求一般易受外因和内因的影响，具有一定的伸缩性。内因是指消费者自身的需求欲望特征、购买能力和喜爱程度等；外因是指服装的价格、款式、广告宣传等。两个方面因素可能对消费者需求产生促进或抑制作用。服装由于选择性强，消费者需求的伸缩性就比较大，往往随服装价格的高低而转移，随购买力水平的变化而变化。

6. 消费者需求的可诱导性

消费者的需求不是先天就有的，是可以引导和调节的。企业通过成功而有效的市场营销，可以引导、诱发或刺激消费者的需求，使无需求变为有需求，使潜在需求转为现实的购买。企业不只是生产消费者需求的服装，还要做好各种营销工作，诱导消费者的需求，使其实现购买行为。

7. 消费者需求的互补性和互替性

消费者的服装需求具有互补性特点，在市场上，人们常常看到某种服装的销量减少而另一种服装销量在增加。如天然纤维面料服装的销售增长会使化纤面料服装的销售相对减少。又如长裙的流行会影响短裙销量。这就要求企业及时根据市场发展趋势，适应市场需求变化，有目的、有计划地根据市场需求信息生产适销的服装。

四、影响消费者购买行为的因素分析

在社会生产和消费水平达到一定程度时，分析消费者的购买行为会变得越来越复杂，不仅从经济角度上分析，还应与社会学、心理学和美学等角度综合考虑。这些因素对消费者的影响程度有所不同，对服装消费而言，影响面最普遍的应是个人的心理因素。企业应依此正确制订市场营销策略。

1. 社会因素

消费者生活在一定的社会环境里，其购买行为与价值观念会受到许多社会因素的影响。这些因素主要包括社会文化、社会阶层、相关群体等。

(1)社会文化。社会文化是指社会发展过程中形成并流传下来的风俗习惯、生活方式、伦理道德规范、价值观念、行为准则等。每个社会都有与其相适应的社会文化，不同国家、民族、地区都有自己独特的文化，这些直接影响到人的世界观、人生观和审美观。审美观的不同，反映着人们生活习惯与购买习惯的倾向，从而影响购买行为的差异。

我国是一个历史悠久富有民族传统的东方文明古国，同西方文化有着较大的差异。在这种文化背景下，人们的着装除了讲究体面、端庄外，也会受儒家、道教思想的支配，其服饰崇尚含蓄、自然、严谨和大方的风格特点。体现了中国人追求和谐美与“天人合一”的宇宙观。而日本、韩国、印度等亚洲国家的传统服饰基本是“宽”的文化展现。他们的服饰多用文样、刺绣、镶边等传统工艺点缀，以服装本体的美来代替和修饰人体的美。虽然这种服装是平面的，但通过材质、颜色、纹饰可恰当地显示出着装者的社会地位和尊卑贵贱。东方女性受传统文化的教育和熏陶，认为女性应有坚韧、服从、善良、贤惠和谦和的美德，在着装上严谨守规，衣领紧扣，长裙曳地，不多露肌肤，可见东方女性服饰多注重服装表面上的装饰与美化。

反观西方，受希腊、古罗马雕塑和绘画的影响，着装讲究比例、匀称、平衡、和谐的整体感，追求人性美、人体美和个性美。他们运用自然悬垂褶皱表现自然形体，用藏胸、卡腰和蓬松裙身等立体造型方式重塑人体，以曲线美来突出西方服饰文化特点。西方女性的着装讲究体饰美，认为服装是装饰、美化人体的，她们崇尚人体精确和谐的美。因此，西方女装变化丰富，可以满足不同女性表现个性的需求。

由于国内的消费者有一些独特的民族心理特点和购买行为方式，反映在服装消费中较明显的有以下三个方面：

①朴素的民风和节俭心理。我国生产力水平一直不太发达，人们一向以勤俭为荣，以挥霍浪费为耻，崇尚节俭是我国传统民风和民族意识的一个方面。节制被视为美德，表现在消费方面，花钱较为节省，长于计划，精打细算，用于购置生活必需品方面较多，而用于享受方面的奢侈品较少。随着改革开放，人们的收入水平不断提高，生活水平大为改善，开始讲究穿得要漂亮、时尚，对服装消费支出也大幅度提高，使服装业大为发展。

②含蓄的民族性格和审美情趣。中国民族性格与西方民族性格相差较大，西方民族性格大多表现较为外向、直率、务实等，而中国人大多表现较为内向、含蓄、重理念等。这一特点表现在服装审美标准上，西方人的衣着以选用色彩鲜艳、热烈、款式较裸露的装束见多，显示出西方人开放及追求个性主义的思想；而中国人多喜欢色调柔和、淡雅、朴素而庄重的服装。

③求同心理。东方民族于百年来习惯于求同，每个人都习惯与周围的环境和人保持相似，不愿太突出，这种心理状态，使得人们在生活方式、服饰打扮等方面受外界影响较大。在消费上，从众心理和求同心理较为明显，人们很少脱离周围的环境而单纯从个人的需要和爱好出发，总会考虑社会的风俗标准。但近些年，

随着经济发展和对外开放，人的这种观念有了很大的改变，特别是青年人，穿戴敢于标新立异、敢于表现自己，对新潮时髦的服装亦能大胆接受。但总体来说，太时髦、太夸张、太裸露的服装还是不被大多数人接受。

(2)社会阶层。阶层的形成是由人的职业、收入、教育程度等方面存在差异而形成的，社会上每个成员都生活在一定的阶层之中。在国内根据职业、文化程度等不同划分成三个阶层：温饱型、小康型、富裕型。温饱型的人喜欢讲究服装的实用、体面，不太追求华丽、时髦，多光顾大众商场或有折扣的商店；小康型的人较喜欢服装时尚、庄重、舒适；而富裕型的人较喜爱质好、档次高的名牌服装。其实服装服饰是一种非语言的社会经济信息载体，具有较强的实用价值、文化价值和社会价值。服装能体现不同阶层人的修养、爱好、文化品位以及审美情趣等内容。国际名牌服装正是以社会阶层作为市场细分的要素之一来确定其特定的目标消费群的。图2-1中，列举了几个世界知名品牌及其相应的目标消费者群。

古奇 ——→ 崇尚奢华生活的高消费阶层

范思哲 ——→ 贵族以及高品位的中上阶层

巴黎世家 ——→ 上层社会的贵族妇女及社会名流

马球 ——→ 趋于保守的上层社会男士

贝纳通 ——→ 大众消费阶层，重点是青年和儿童

波士 ——→ 工薪白领阶层和中产阶级男士

图2-1　服装知名品牌及其相应的目标消费者群

由于人们的消费需求是各种各样的，企业可以根据自己的资源，选择一定的社会阶层作为目标市场，并根据目标市场的特点安排生产、制定价格、选择市场销售地点，努力满足目标市场的需求。而消费者个人，在服装方面实现力所能及的消费，不要盲目追求高价的名牌及不切实际的过分消费。

(3)相关群体。这是指消费者的社会联系，是影响消费者行为的个人或集团等。相关群体分为主要的相关群体和次要的相关群体。一个人的家庭成员、朋友、邻居和同事会对这个人发生直接的影响，这是主要的相关群体，他们会直接影响消费者的购买行为；而其加入的职工协会、宗教组织等，由于其成员之间相互联系较少、影响亦少，是次要的相关群体，他们会间接影响消费者购买行为。此外，还有对某个人并无社会关系但有较大影响的群体，如电影明星、体育健将、歌星等，对充满理想憧憬的青年人，这种向往的心理就更为明显。如当年里根总统穿上牛仔服，为美国牛仔服装赢来了更多的顾客与更广阔的消费市场。好莱坞影星嘉宝的服饰也曾在20世纪30年代盛行一时。而长盛不衰的鳄鱼衫却是20世纪20

年代法国著名网球明星拉科斯特的穿着而闻名的。所以服装无需刻意地做广告，一个明星偶像的新款服装就可以引发一次流行。

相关群体影响着消费者的生活方式和购买行为。消费者心理往往存在“意向领导人”，他们的服装、发型等会被许多崇拜者所模仿。由于这种影响与消费者的内在渴望相一致，其影响效果是很大的。一般相关群体对消费者购买行为的影响主要有：

①使消费者改变其原有购买行为或产生新的购买行为。

②影响消费者对服装款式、颜色以及品牌的选择。

③影响消费者的审美观念、价值观念以及消费态度等。

如某些“意向领导人”(被消费者崇拜的人，他们的穿着打扮对消费者有潜移默化的影响)有众多的崇拜和欣赏者，企业应努力寻找并确定目标市场的“意向领导人”，了解他们经常接触的公共传播观众和其服装特点，在可能的情况下，可直接邀请其参与营销活动。

家庭成员对消费者购买行为影响不仅是直接的，而且有种潜意识，不管自觉不自觉，也无论在什么场合，家庭成员的影响总会体现出来。一般，妻子在服装采购时往往有很大的决策权，不论丈夫或孩子的穿戴都受妻子影响，而且有些丈夫和孩子的服装全部由妻子购买。由于每个家庭的情况不同，形成了不同家庭特有的消费态度和消费习惯，而且这种态度和习惯形成的价值观念、行为方式还会直接传给下一代。企业应有针对性地选择广告媒体，运用广告语言和其他有效的市场营销手段向购买服装的决策者传递服装信息。

2. 心理因素

现代服装流行与人的心理因素关系密切，人们对服装的选择，在很大程度上受心理活动的支配。服装的款式通过视觉感官能使人产生心理活动，从而表现出对服装的欢迎程度。如在同一时期内对同一款式的服装，有些人非常喜欢，争相穿着，有些人却不屑一顾。这是因为不同的人，他们各自的心理活动是有差异的。有的人心理特征表现为“模仿”、“趋众”，喜欢随大流，不愿突出自己；另一些人喜欢追求个性化，希望自己与众不同，引人注目。总之，人们在服装消费的心理方面有共性也有个性，具体表现在以下几方面：

(1)需要。需要支配人的行为，人在任何时候都有很多需要。有些是生理上的，如饥饿、寒冷、口渴、不适等。有些则是心理上的，如对知识的渴望、希望被人尊重、实现理想等。这些需要促使人采取满足需要的行动。而当人的需要得到满足时，紧张感便会消失。人的多种需要并不都产生购买动机，需要只有强烈到一定的程度才会变成购买动机，即优势动机导致购买行为。如一个财力有限的人，既想购买套装，又想购买首饰，还想购买羽绒服等，结果决定购买行为的只是那种最强烈和最可能实现的需要。购买行为来源于需要，经营者必须研究消费者的需要，并据此设置营销刺激，激发足以引起消费购买的行为。但在实践中，研究消费者的需要并非易事。例如，当今消费者对服装的真正需要已不仅仅停留在功能上，而更多地包含了文化、社会、心理等复杂而丰富的内涵。男士穿西装，是因为西装可展示他们充满自信与洒脱的阳刚之美；女士穿半透明时装，是因为薄衣令女性美好的身材若隐若现，使人产生纯洁和富于性感的诱惑。因此，营销者只有了解消费者的真正需要，才能在产品设计、宣传、推广等策略的选择上有的放矢，获取竞争优势。

美国著名心理学家马斯洛提出的需求层次论对分析消费需求有特殊的含义。马斯洛认为人们在特定阶段其需求是不同的，这就构成不同的动机，由此他提出了著名的需求层次金字塔，如图2–2所示。

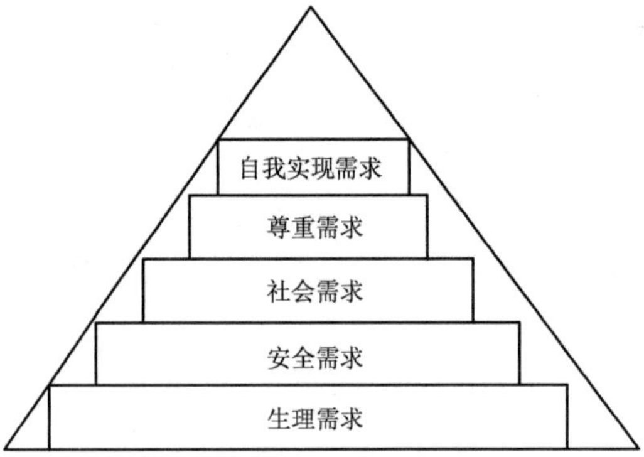

图2–2　马斯洛需求层次

因为人的需求是有层次的，按照从最迫切到最不迫切依次排列为生理需求、安全需求、社会需求、尊重需求和自我实现需求。人类的需求和欲望随时有待于满足，只有当低一级的需求得到满足后，才转向高一级的需求，未被满足的需求才会形成，从而引起购买的行为。当一个穷困潦倒、衣不遮体、食不果腹的人，其最强烈的需求应是有衣穿、有饭吃，以维持生存。他绝不会对高档名牌服装感兴趣，也不会注意别人对他的看法。但随着生活水平的提高，人不再仅仅满足于服装遮体避寒的基本功能，而越来越追求服装的美学功能，讲究着装舒适、美观和自我实现。力图通过服装展示个人的品位、身份、地位等。可见，服装的价值随着社会价值观的变化其内容更为丰富。由不同层次的需求所引起的服装购买行为可归纳为求廉需求、求实需求、求同需求、求新需求、求奇动机、求名需求和求美需求几种类型。

(2)审美。对美好事物的向往和追求是人类的天性，而服装则是消费者物质生活和精神生活的重要内容。一件服装所涉及的问题,不仅是制作工艺、舒适性、透气性和吸湿性等方面的问题,还涉及款式、结构线条、色彩等美学问题。服装穿着十分注重外衣、内衣以及上下装的配搭和颜色的协调,并要与自己的体型、肤色相配合。所有穿着者都希望通过服装把自己打扮得美些,对服装在装饰人体、美化人体的艺术功能方面的要求要比实用功能更高。但由于消费者的自身条件不同,各人对美的理解和认识也不同。如消费者有的以国际流行的服装为美,有的以名设计师和名牌服装为美,有的以具有个性化的服装为美,还有的以价高、稀珍的服装为美等。

(3)时尚需求。人对服装的审美标准与其他需求一样是在不断发展变化的,过去认为具有较高审美价值的服装款式,现在也许被视为落伍的,应当淘汰的东西,这在时装潮流的涨落、兴衰中表现得最为明显。一位国外服装学者经过多年的研究观察认为:时装款式的兴衰有一定的规律可循,如果一个人穿上离时兴还有5年的时装,会被认为是怪物;提前3年会被认为是招摇过市;提前1年穿上,会被认为是大胆、前卫;正当时尚之年,穿这种服装会被认为是非常得体;1年后再穿,会显得土气;5年后再穿,就成了古董;10年后再穿,只会招来耻笑;可是过了30年后再穿,人们又会认为很新奇和富有独创精神。可见,人的消费总是自觉或不自觉地反映着该时代的印记。

(4)社会象征性的需求。服装的社会象征性,是人们赋予服装一定的社会意义,使拥有某种服装的消费者得到某种心理上的满足。每个人都具有某种性格、气质及独特的自我形象,都希望扩大自我影响,被人重视和渴望提高声誉、地位等,这种心理需求往往是通过着装的社会象征性得以满足。如有的人希望通过购买某名牌的服装表现他的社会地位和身份, 有的人会购买昂贵的服装显示其优越的经济地位。消费者总是购买那些与自我形象相一致的服装,虽然有时在别人看来这种服装对他不合适。其实服装本身并不具有社会象征性,只是由社会化的人赋予它特定的社会意义。服装的社会象征性还表现在着装能体现消费者的文化教养及个人风度。如在会见贵宾或参加喜庆时,服装应该高雅庄重,过分的装束和随便的服装是不尊重别人的表现。

(5)个性化的需求。个性是指消费者的性格和气质,不同性格和气质对服装的款式、颜色等会表现出差异性。性格与气质既有联系,又有些区别。性格偏重社会因素,气质则带有更多的生理色彩。

①人的性格一般可分为以下五种:

外向型:这类性格的人心理活动倾向于外部,开朗活泼,善交际,勇于接受时髦的、花哨的服装。

内向型:这类性格的人感情不外露,少言语,丰富的思想集中于内心,对新时装接受速度慢，一般喜欢购买大众化的服装。

理智型：这类性格的人善思考，做出决策要做各种权衡。

意志型：这类性格的人比较主观，购买目的明确，决策比较果断。

情绪型：这类性格的人容易冲动，购买服装往往带有浓厚的感情色彩，易受外表包装、商店的布置情调、旁人的评价等影响，也容易受到流行趋势的左右。

②人的气质一般可分为以下四种：

多血质：这类气质的人好动、灵敏，喜欢与人交往，对事物的注意力和兴趣容易产生也易消失，他们一般喜欢时尚服装，且易受宣传影响。

胆汁质：这类气质的人热情、直率，情绪容易冲动，购买服装时愿花时间选择比较。

黏液质：这类气质的人冷静、善于思考、善于忍耐、自制力强，他们讲究服装的实用、得体、款式较保守。

忧郁质：这类气质的人多疑、谨慎、孤僻、行动迟缓，对流行趋势反应迟钝，不在乎别人的评价，不喜欢引人注目的服装，款式上不喜欢过多变化，服饰品也用得少，他们的打扮与一般人相比有一定的距离感。

由于现代社会人性趋向多元化方向发展，人们比任何时候都更加向往自我的实现和个性的表达。反映在服装上，有的喜欢新潮，有的喜欢文雅，有的喜欢庄重，有的喜欢大方朴素。正因为人的个性，使得我们的社会万紫千红、丰富多彩。其实，服装的流行和个性化追求是对立统一的。流行一般表现为趋同，反映人们从众的社会心理；而个性化表现为标新立异，反映人们求新求变的心理，满足个人的自尊心和自我实现的需要。两者是对立统一的。现在服装流行周期短、变化快、种类多，可以满足不同个性需求。每年世界各地的服装式样层出不穷，风格各异，流行的特点在不同的地区有很大差异，流行只能看做是一种大趋势，一个模糊的概念。

五、服装消费者购买过程分析

消费者购买过程分析的基本思路是视消费者的购买为一个由系列不同程度的决策所构成的一个过程，认真分析这个过程，研究如何在消费者需求帮助的时机提供帮助或各种提示，以方便其完成购买决策，促使消费者的购买行为向有利于企业的方向发展。

1. 购买过程的构成

服装消费者人多面广、不同的消费者对服装有不同的购买决策过程，典型的消费者购买行为模式如图2-3所示。消费者的购买过程分为唤起需求、收集信息、对比评价、购买行为、购买感受等五个前后相继的阶段，如图2-4所示。实际

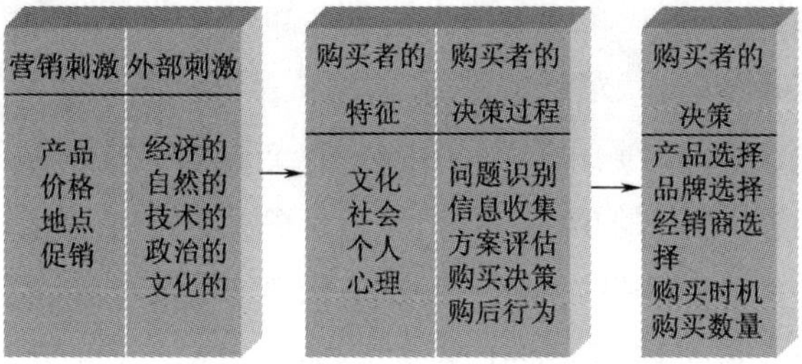

图2-3　消费者的购买行为模式

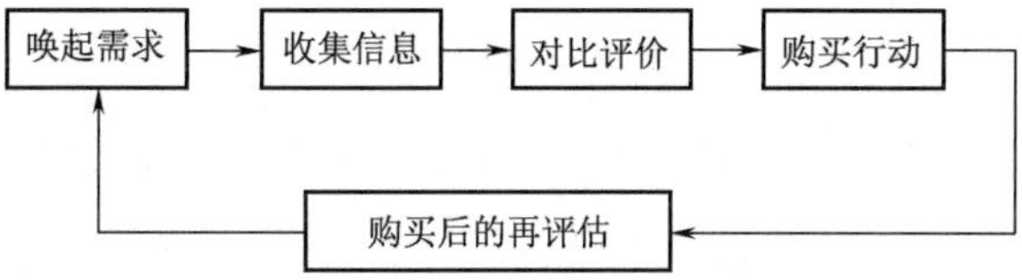

图2-4　消费者的购买过程

上，只有复杂型购买行为才经历这样完整的五个阶段，在其他购买类型中，消费者往往省去其中的某个阶段，有时也颠倒它们的顺序。

(1)唤起需求。有需求才会有购买行为，需求可以是内在的自发结果，如消费者很久没购买服装或对服装有需求时，就会产生购买欲望。外部刺激影响亦会产生需求，如看到别人穿着的服装感到很好，或受服装店人模、杂志、广告等媒体的影响，唤起消费者的兴趣，产生需求，购买决策过程就开始了。来自内部和外部的刺激都可能引起需要和诱发购买动机。因为天气寒冷，会想到购买一件保暖的大衣；将出席重要活动，亟须选购一件适宜的套装。经营者应了解消费者比较迫切的需求是哪些，它们由什么因素引起的、程度如何以及如何将潜在的需求引导到特定的产品上，从而成为购买动机。据此，企业应制订相应的营销策略，有目的地诱导消费者，并激发其购买动机。

(2)收集信息。消费者认识到某种需要后，在采取购买行为前可能要寻找信息，了解哪些地点有此服装或类似的服装售卖。也可能不寻找信息，当需求强烈时，就会马上购买。但在一般情况下，特别是一些价高、档次高的服装，消费者的需求有一个从弱到强的变化过程。这样，消费者在采取购买行为前往往有寻找信息的过程，为了买到称心如意的款式、颜色等，就会多走些服装店，看看有无相同、相似或更好的式样。当对市场上某种服装的面料、做工、颜色等有一定对比后，才决定购买合心意的服装。

(3)对比评价。消费者收集到各种信息资料后，就会对服装进行分析对比、评价和试穿，最后做出选择。由于每一个消费者都有一个评价过程，很难找出一种能适合所有消费者的评价过程。一方面，营销人员必须了解消费者对本企业服装最关心的特点是什么，在所有的特征中哪一个或哪几个特点是最重要的；另一方面，企业要注意增加服装的规格、品种、花色、面料等，为消费者的充分选择提供条件，促进消费者对本企业的品牌产生偏爱及重复购买行为。

(4)购买行动。消费者通过对比评价后，就会对某一品种服装产生购买行为。但有时也会受到他人态度的干扰。如丈夫要购买一套西装，受到妻子反对时就易改变或放弃购买，同时还会受到推销人员态度的影响。因此，销售服务工作特别重要，服务工作做不好，会挫伤消费者的购买积极性，削弱或打消购买欲望；而服务工作做得好，还会使没有购买欲望的人产生购买行动。决定实现购买意向的消费者往往还要做出以下一些具体的购买决定：购买哪种品牌？在哪家商店购买？什么时间购买？购买多少？在某些情况下，还要决定付款方式。

(5)购买感受。消费者购买服装后的评价关系到再次购买行为，也决定企业的形象和声誉。如消费者对购后服装评价好，会将这个品牌介绍给别人，自己也会重复购买此品牌的其他服装。相反，如果对服装不满意，就会产生抱怨情绪，要求退货，或不再购买此品牌的服装，并会影响他周围的人。因此，购买后的感受对消费者的购买行为有很大影响，企业必须重视。正如有些市场学家说："最好的广告就是满意的消费者"。企业必须积极采取措施，把消费者的不满意感降到最低限度。如对于售出的服装发现问题后，要及时做出更换或退货的处理，保证消费者的利益不受损害，巩固企业形象，增加消费者的回头购买率。对经营者来说，若想获得长期的销售增长，认真了解消费者购买商品后的满意程度，并尽可能使不满意的顾客恢复满意是非常关键的。

2. 两种不同的购买过程

消费者的购买过程是由多个环节构成的，也是一个不确定的过程，它将视消费者对购买的重视程度而有所不同，但从大类来看可以分成两种购买过程。

第一种情况是，当消费者只是进行非常简单而又十分频繁地购买行为，如购买一些日常的必需品、低值易耗商品的时候，由于其价值比较低，或购买比较频繁，或产品与品牌消费者比较熟悉了解，他们无须投入过多的精力和时间，所以其购买过程可以迅速完成。购买过程各个步骤不是非常明显，但并不意味着没有这个过程，只是每个步骤的完成非常简短。例如对于一件棉毛衫的购买，一个消费者可能在逛超市的时候由于看见了棉毛衫而即时产生购买需求，并随手拿起一件他所认可品牌的棉毛衫而完成购买。第二种情况是，消费者在购买比较重要的或比较高档的产品时，如时装、首饰等，他们会投入非常多的精力和时间去进行各种各样的比较选择，所以其购买过程比较缓慢，各个步骤也比较明显。

对于购买过程的这种分类，其对市场营销的意义在于：要分析企业的目标消费者在购买过程中的投入程度，因为投入程度是因人、因时不同的，一个消费者可能为了购买一双袜子进出好几家商店，进行原料、颜色或品牌的比较，而另一个消费者可能在几分钟内购买了一件昂贵服装。而对于服装的营销者来说，其目标消费者如果对其产品的购买非常随便，那么企业应该更多地注意卖场促销，而无须投入太多的资金去做广告。

具有近百年历史的国际顶级女装夏奈尔(Chanel)品牌，从“当你找不到合适的服装时，就穿夏奈尔套装”这句至今仍在欧美上流女件间流传的衣经名言中，不难看出其品牌服装的超凡魅力，从中能感悟到夏奈尔为使顾客满意所做的不懈努力以及由此而取得的巨大成就。其实从巴黎夏奈尔服装名店为高级顾客服务的全过程，就可窥视其中的奥秘。每年的巴黎高级定制服装展刚一落幕，一些欣赏过精彩服装展的世界各地的富豪名流会走进夏奈尔服饰店试衣间，定制喜欢的款式。在贵宾接待室，她们首先会受到优厚的礼遇，夏奈尔的首席打板师会亲自为客人量身，这是高级定制服装非常关键的一步，贵宾们之所以肯花费比高级成衣贵上数倍的费用定制服装，除名店的设计、做工等品质保证之外，独一无二的、可裁制出准确而完美的合身服装的“量身定制”服务就是其中另一魅力所在。在量身服务中一项最基本的服务项目，就是向客人提供真诚的建议。“客人会比较担忧，我们则尽可能让她们放松，并且提供中肯的意见，宁可损失一笔交易，也不会任意制作不适合客人的款式。”从定制服装的第一步量身开始，很多顾客的身材尺寸就被详细记录，而且从她们第一次成为夏奈尔顾客时，这里就留下了她们的人体模型，包括杰奎琳、梦露、麦当娜等。

本章要点

服装消费者细分是指根据服装消费者的特征对服装市场进行的一种市场细分，它是企业研究服装市场的一种基本的市场细分方法。市场细分这个概念是由美国市场学家温德尔·史密斯在20世纪50年代中期首先提出来的。市场细分化就是根据消费者对产品欲望与需求的差异，购买行为与购买习惯的差异，将全部消费者划分成若干个消费者群体，每个消费者群体构成一个细分市场，每个细分市场的消费者群体具有相同的需求。服装消费者细分的意义是有利于企业发现新的市场机会，开拓新的目标市场；有利于企业提高经济效益；有利于企业及时调整营销策略；有利于满足消费者的潜在需求。

服装消费者细分的标准及差异性分析从四方面进行分析：地理因素、人口因素、心理因素和行为因素。同时，在按人口因素细分市场还应考虑许多内容，如性别、年龄、经济收入、家庭生命周期、职业、文化教育水平、信仰、民族及社会阶层等。按心理因素细分市场也应考虑消费者的生活方式、个性、社会阶层及品牌偏好等。按行为因素细分市场也要考虑消费者的购买频率的习惯、购买时间的习惯及购买地点的习惯。市场细分标准的选择原则是在确定使用的市场细分的标准变量后,市场自然已经分割成几个部分,市场细分的下一步就是选择一个或若干个子市场作为企业产品的目标市场。

消费者体型分类可分为正常体和非正常体两大类。非正常体的表现形象是多方面的,常见的有:肥胖体、瘦形体、挺胸体、驼背体、凸肚体、凸臀体、落臀体、前倾体、后倾体、耸肩体、溜肩体、高低肩和长短腿等。我国制定的服装号型系列标准按照人体的胸围与腰围的差数, 将成年消费者体型分为Y、A、B、C四类,其中Y为较瘦体型、A为标准体型、B为稍胖体型、C为较胖体型。儿童则不划分体型。服装号型标准规定:号是指人体的身高,以厘米为单位表示,是设计和选购服装长短的依据;型是指人体的胸围或腰围,以厘米为单位表示,是设计和选购服装肥瘦的依据。服装企业生产的服装,必须标明号型,号型之间用斜线分开,后接体型分类代号,如170/88A。号以5cm分档组成系列。型以4cm、2cm分档组成系列。由不同的号型相互搭配组成号型系列标准。服装号型系列标准的意义是方便消费者购买合体的服装;方便企业进行服装的设计和生产;方便服装销售;有利于服装事业的发展;有利于服装设计、服装生产、服装销售等方面对外进行交流。

服装消费者需求分为生理和心理需求。生理需求也称本能需求或天然需求,如穿服装为了保暖或保护身体。而心理需求是为了提高物质和精神生活水平而产生的高级需求。消费者需求按其是否在购买行为中表现出来分为显性需求和潜在需求。显性需求是指消费者意识到,并有能力购买且准备购买某种服装的有效需求。潜在需求是指消费者由于某种原因而没有意识到,或已意识到但还没有形成购买欲望的需求。研究消费者需求的意义有利于企业正确判断市场;有利于服装及时更新换代;有利于提高服务水平,实现企业生产经营目的;有利于广告和广告媒体的合理选择。服装消费者需求的特点是消费者需求的时尚性、消费者需求的多样性、消费者需求的无限性、消费者需求的层次性、消费者需求的伸缩性、消费者需求的可诱导性、消费者需求的互补性和互替性。影响消费者购买行为的因素分析是社会因素和心理因素两大方面。社会因素是消费者生活在一定的社会里,其购买行为与价值观念会受到许多社会因素的影响,如社会文化、民族、社会阶层、社会群体、家庭等。心理因素包括消费者的基本需求、审美需求、时尚需求、社会象征性的需求及个性化的需求等多方面。掌握美国著名心理学家马斯洛提出的需求层次论。

消费者购买过程分析的基本思路是视消费者的购买为一个由系列不同程度的决策所构成的一个过程。购买过程的构成依次由唤起需求、收集信息、对比评价、购买行动、购买感受组成。购买服装的两种不同的购买过程：第一种是当消费者只是进行非常简单而又十分频繁地购买行为，如购买一些日常的必需品，他们无须投入过多的精力与时间。第二种是消费者在购买比较重要的或比较高档的产品时，如时装、首饰等，他们会投入非常多的精力与时间去进行各种各样的比较选择。

思考题

1. 什么是服装市场细分？
2. 如何应用消费者细分标准进行市场细分？
3. 试述市场细分对企业拓展市场的作用。
4. 试述服装消费者需求的特征。
5. 联系实际分析影响消费者购买行为的因素。
6. 个性不同的消费者在购买行为上的差异性表现在哪些方面？
7. 简述消费者的购买过程。

产品组合与生命周期——

服装产品研究

本章内容：1.服装产品开发
2.服装产品的细分与组合策略
3.产品生命周期
4.服装产品流行性

教学时间：8课时

学习目的：让学生了解产品生命周期、服装产品流行性和服装品牌，掌握服装产品开发、服装产品的细分与组合策略。

教学要求：掌握服装新产品的开发程序，了解服装产品的概念和产品开发的意义；掌握产品细分的方法和服装产品组合策略，了解服装产品细分的意义和产品组合概念；掌握服装产品生命周期各阶段的特点和策略，了解服装产品生命周期；掌握服装流行趋势的预测，了解产品流行特征和流行的生命周期；掌握服装品牌策略和品牌管理，了解品牌的含义和品牌生命周期；学会利用以上知识点观察或分析服装产品开发情况或实际案例。

第三章 服装产品研究

企业经营活动的中心是满足消费者的需要，而如何来满足特定的需求，需要企业提供特定的产品和服务。对服装企业来说，在市场竞争中有无生命力，关键在于其产品适应市场的程度。服装产品特色鲜明，流行性强、变化快，消费者对于服装的需求千差万别。同时，服装生产技术日新月异，服装市场竞争日趋激烈，服装产品生命周期也越来越短，服装产品的种类、款式设计和推广已成为营销者的重要目标和内容，所以服装企业的产品策略至关重要。

第一节 服装产品开发

服装在人类社会发展的过程中始终是一种引人注目的必需消费品，亦是人类文化的一个组成部分，这种文化随着社会历史的进步和生产力水平的提高也不断地在发展和变化。服装具有时尚性，这种时尚是某些团体或个人进行选择的行为，亦是一种有节奏的模仿和革新。服装穿着，时而相似，时而变化，相似和变化并不受实用原则的控制，可以说服装是特定的审美意念和功利目的的统一体。服装只有同社会文化环境结合起来，才能发展和繁荣。

一、产品的概念

产品是企业经过生产过程而产生的有形物品，用以满足消费者的需求和欲望。产品含义一般理解为具有某种使用价值的实体，如衬衫、连衣裙、西装等具有一定的形状，并各自具有不同的使用价值，能满足消费者某一物质内容的消费需要。

1. 产品的内涵及意义

按照市场营销观念，完整的产品是一种能提供给市场，用于满足人们某种欲望和需求的物质产品和非物质形态的服务，是一种有形与无形的各种物质的综合体，称为产品整体化。物质产品包括实体及其品质、特色、款式、品牌、包装、商标，即产品实体和产品外观，是可以触摸的有形产品，是一种自然属性。它能满足消费者对使用价值的需要，非物质形态的服务，包括不提供物质产品而能使需求得到满足的劳务和各种服务，以及能够给消费者带来心理上的满足感和信任感的产品形象等。这些反映人们主观印象上的象征性价值,能给消费者带来有形和无形的利益,是一种社会属性。

(1)产品的实质。是消费者购买某种产品时所追求的利益,是消费者真正购买的东西,是产品整体概念中最基本的层次。如购买高档、价格昂贵的服装,并不只是购买其式样,而是购买满足其“富有”和“高贵”的需求。产品实质是产品整体概念的核心,是消费者需求的中心内容,是通过有形产品提供给消费者的基本效用或利益。

(2)产品的形体。即有形产品,是直接提供给消费者的产品形体或外在质量。服装产品的有形特征可以分成四个基本部分,即面料、色彩、板型和款式。通过这四个部分,服装才有了其基本的有形外观,构成一个基本的产品,并提供了产品的核心特征。例如一件女西装,设计师既要考虑其基本的款式,如领型、袖型、袋型等,还要考虑服装的颜色必须符合流行趋势,再要决定服装的面料是否符合款式的要求等。在当代市场竞争环境下,服装产品的有形特征内容还在不断增加。如产品的质量水平、品牌与包装水平,等等,这些新的有形因素正在不断提升产品的形象,给予产品新的竞争能力。同时,国内服装企业对产品的包装投入越来越多的注意力,不遗余力地研究设计产品的包装袋、吊牌等,都是产品有形特征正在向外延伸的经典写照。

(3)产品的附加利益。是消费者购买产品形体所获得的全部附加服务和利益,给消费者需求以更大的满足。它泛指产品知识、使用方法的介绍、提供信贷、免费送货、保养、投诉等销前销后服务,是来源于人们对市场需求认识的深化。可见,新的竞争不是发生在企业生产什么产品,而是发生在其产品能提供何种附加利益。

产品整体化表现了以满足消费者需求为中心衡量某一产品效用价值好坏的标准,不是掌握在生产者或经营者手里,而是掌握在消费者手中。随着生产的发展和消费结构的变革，产品整体概念所包含的三层含义之间的比重必将发生变化。也就是说,企业的产品要赢得消费者的好评,在激烈的市场竞争中求得生存和发展,提高企业的经济效益,除了生产适销对路、质优价廉的产品,使消费者得到物质的满足外,更重要的是在于满足消费者需求的程度及提供的服务。善于开发适当的附加产品,使消费者得到精神的满足和心理上的享受,就必定能在新的竞争中立于不败之地。

2. 产品整体概念对市场营销活动的意义

产品整体概念的三个基本内容,是一个有机的整体。服装企业要搞好市场营销活动,制订合理的产品策略,这三个层次的基本内容都不可忽视。因此,产品整

体概念实际上是产品的系统概念,对开展市场营销活动具有重要意义,主要表现在以下几个方面:

(1)强化了企业以顾客为中心的观念。产品整体概念的三个层次,自始至终强调要根据顾客需求设计,要满足顾客需求。

(2)扩展深化了产品内涵,开辟了市场竞争的新领域。根据产品整体概念,如果产品的实体部分的性能相同,而随实体产品所提供的服务有差别,那么在满足顾客需要的程度上也会出现差别。因此,实体部分相同或类似的产品之间的竞争,其胜败在相当程度上取决于随同实体产品所提供服务的优劣。

(3)开拓了企业进行产品开发的新思路。根据产品整体概念进行产品开发,首先考虑的是产品实质部分,即开发出的产品应具有怎样的效果,才能最大限度地满足顾客的要求。在此基础上,再考虑产品形体与附加利益部分。对于目标市场上的顾客,其所要求的产品的基本效用尽管一致,但对其形体和附加部分的要求可能千差万别。如人们购买服装的基本目的是遮体避寒,但对服装的款式、面料、做工等要求却完全不同。因此,企业进行产品开发时,应根据产品的整体概念,在对实体部分准确把握的前提下,通过有针对性地对产品实体与附加利益部分的不同变化和组合,创造出更多有差别的新产品,以满足市场的多样化需求。

二、服装产品的概念

服装是文化的外溢,是时代精神的反映,服装行业经营者对服装产品内涵及外延的正确把握尤为重要,是其能否成功的关键。

1. 服装

服装是日常穿着的各类衣、裤、裙、袍的总称。

2. 时装

时装是使用较广泛的一个概念,是属于服装大类中的一个分支,指在一定时期、一定的地区最流行、最新颖的装束,不论其款式造型、面料的色彩和纹样、附属品的配搭,都应能反映当时、当地的社会潮流和穿着风貌,富有浓郁的时代气息;是一种时尚的,具有时代感的服装。时装必须突出时间概念,有非常强烈的时代气息,并与当地的客观环境密切吻合。时装的款式经常变换,甚至年年翻新。“新颖”和“时髦”是时装的生命力,而造型款式则是它的灵魂。

时装一般可分为高级时装和普通时装。高级时装是指由高级时装店制作的时装。如欧洲高级时装店,通常拥有专门的设计师,如夏奈尔(Chanel)、克里斯汀·迪奥(Christian Dior)等开设的工作室,由他们的设计师设计作品,雇用专门的裁剪师和缝制师制作。其制作方式多为手工精做,数量极少,主要购买者是显耀的上流社会或富人。普通时装是指一些厂家根据新产品发布会,从中选择或根据自身地区的民俗风尚进行设计改良后，认为能代表当地时代精神，能引起流行的款式进行大批量生产的成衣。

3. 成衣

成衣是指按标准号型、尺码规格大批量生产的成品服装，是服装生产工业化的结果。服装商店中出售的服装都是成衣，成衣包括传统款式造型的服装，如西装、衬衣等；也包括时髦款式的流行时装。

三、服装产品开发的含义

企业生存和发展的关键在于不断开发服装新产品，不断开拓新市场。在激烈的市场竞争中，在服装工艺技术、服装面料日新月异的时代，一个企业如果不积极发展新产品，就没有能力适应环境的变化，就不可能在竞争中取得优势。因此，许多企业采取了“生产一代，开发一代，储存一代”的产品策略，把新产品的开发看做是企业生存和发展的首要条件。在生产时装的企业，服装的造型款式是其灵魂，也是时装适销的首要条件。时装造型款式虽然可以千变万化，但由于时装是给人穿的，必须符合时代潮流和人们的心理要求，这是时装造型变化的基本要求。对于生产传统款式的服装企业，由于服装的款式变化不大，但服装材料和面料在不断改良和更新，企业也要注意即将流行的面料和流行色，以最快时间生产出新产品，满足消费者需求。

1. 服装产品开发的时间表

服装产品的开发，由于涉及很多环节，从流行色的确定，经过纺织到服装，最后到消费者手中，这是一个漫长的过程，可以分成以下四个阶段：

(1)流行色确定。国际流行色协会每年两次在法国巴黎召开流行色会议，聚集国际上著名的纱线、面料和服装的设计师、色彩顾问及流行预测机构代表。他们将讨论确定两年以后的主要色彩流行趋势，最后以深色、亮色、粉色和中性色的主题形式发布。然后，服装工业的各种机构再根据自己的行业特色，在此基础上，发布各自的色彩流行趋势预报，如国际羊毛局、国际棉花协会等国际行业组织以及中国流行色协会等地区性行业协会。

(2)面料与纱线确定。各地都有一年两次的纱线与面料展，将一年以后的纱线与面料的结构、色彩和图案以纱样与布样的方式展出，接受服装企业的订货。如法国的Premiere Vision面料展，德国的Interstoff面料展以及中国的Intertextile面料展。各地的服装设计师都将在这样的展览上，确定自己下一年度的服装主要面料选择。

(3)服装确定。一年两次的国际服装展将最后以服装成品的形式，向商界展示半年后的服装主要流行趋势。目前，大型的国际性服装展示主要有：德国杜塞多夫的服装展(男/女装)、法国巴黎的国际女装展和国际时装周、美国拉斯维加斯的服装展,等等。中国北京的中国国际服装服饰博览会是中国最具影响力的服装展。

(4)媒体的宣传。当代社会媒体的力量日益强大,上述的专业化的活动举办之后,媒体的宣传将完成最后一道对产品开发的影响。一方面,专业媒体通过对上述活动的介绍与报道,最终影响商界投入生产的决策;另一方面,大众媒体的宣传与报道,最终影响消费者的购买决策。

2. 服装新产品开发的意义

发展新产品是企业制订产品组合的重要途径之一, 企业的生存与发展关键在于是否重视产品创新。随着市场需求的变化和纺织科学技术的不断发展,服装产品也会不断地得到更新和改良。对于企业来说,服装新产品开发具有极其重要的意义:

(1)开发新产品,避免服装因过时而被淘汰,始终保持与市场需求相一致,更好地满足现在和潜在的消费者需求。

(2)开发新产品是提高企业市场竞争能力的重要保证,企业只有不断地推出服装新造型、新颜色、新品种等,才能在满足市场消费者需求的同时,增加企业赢利,增加企业的竞争能力和经济实力。否则就会被竞争者挤出市场,遭受失败或被淘汰的命运。

(3)开发新产品,可以降低企业的风险。一个企业经营多品种的产品,并推出有较高创利水平的新时装,满足各种消费者的需求,有利于分散企业的经营风险。同时,也可增加企业的市场开拓能力,扩大产品的销售,提高市场占有率。

(4)有利于树立企业的形象,主导市场的流行潮流。同时,增强企业内部的凝聚力,增强员工的归属感。

3. 服装新产品的类型

服装新产品的类型大体上包括以下三类:

(1)新设计服装。指在预测流行的新款式和流行色的基础上,采用新材料、新技术设计出的流行时装,这类新时装与现流行的服装无雷同之处,是一种全新服装产品。

(2)换代服装。指采用新材料、新生产工艺或新技术对原有服装的外观、装饰等进行改良,如西装、衬衣、西裤等传统式样服装,由于其款式造型变化不大,有时会按当时的流行情况改变一些细部设计,使之符合流行趋势要求。

(3)模仿与改进服装。服装的改进和仿制在市场竞争中是不可能避免的,开发模仿新产品有着积极的意义。特别是对先进国家已经推出的流行时装,而在我国还没有生产出来，企业进行模仿或改进制作，对服装的结构、材料、花色品种等方面做出改进，使服装号型、颜色、款式等适合当地的风俗习惯和审美标准。或对一些名牌服装进行仿制，对其造型、工艺技术等进行吸收，对于提高企业的技术水平，增强竞争意识、扩大销售都有很大的作用。

四、服装新产品的开发程序

服装新产品开发是一项难度大的工作，需要掌握流行信息，运用灵感和想象，从设计造型到选择材料、颜色等整体配合。另外，还要考虑消费者的心理需求、当地的风俗习惯和审美标准，服装企业的生产条件等。从确定开发方向到组织实施，到最后开发完成，要经历以下六个阶段，如图3-1所示。

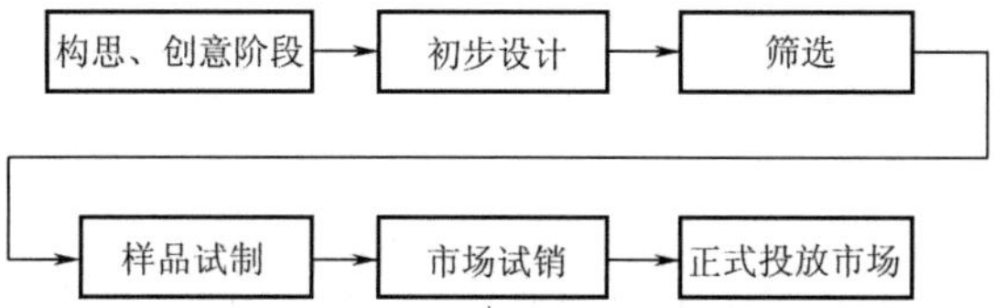

图3-1　服装新产品的开发程序

1. 构思、创意阶段

新产品的设想即构思，指在预测服装流行信息的基础上提出新产品的设计方向和设想。在构思时，企业设计人员应采取各种办法，集思广益，尽量多地收集将流行的造型、颜色、面料等资料，绝不能"闭门造车"设计新产品，要根据收集的信息，从中选出有价值能形成批量生产的构思方案来。

设计新产品的目的是满足消费者需要，由于消费者审美标准千差万别，在这种情况下，设计人员要把自己设计风格制作给特定的消费者，必须集中精力调查消费者的消费习惯、消费模式和消费心理。服装消费的多层次化、个性化的趋势，决定了服装需求差别大、款式变化快、流行周期短等特点。这就要求设计人员在选定设计方向时，应该不断地调查研究，对消费者提出的要求和市场反馈的信息要认真分析和总结。通过调查研究，收集消费者的需求特征和即将流行的造型款式、颜色和面料、当地的风俗习惯、服饰配件、体型特征等信息，进行产品构思。另外，在构思过程中还要注意收集以下几方面的资料：

(1)明确新产品的消费者。

(2)消费者在什么时候、什么地点、以什么形式穿此服装。

(3)消费者的消费水平，市场相似服装供求情况。

(4)自己企业的技术情况、生产能力等。

2. 初步设计

根据收集到的资料,设计人员对即将设计的服装款式、结构、颜色、装饰物、配件等进行全盘考虑,设计出既能适合消费者需求又能与流行趋势相适应,并具有自己特色的新服装。为了便于有关方面进行评审筛选,服装初步设计包括以下几个方面内容:

(1)绘制服装效果图。服装效果图是展示服装作品在人体上的效果,其中包括配件、面料、穿着场合、背景等,不论采用何种画法、何种颜料,都要求画得比例基本准确、结构表达清楚。服装画一般应以正面或正侧面为主,并加画后背图,有时还应根据款式特点加画侧面图和部件特写图,以便全面、准确、清楚地表达服装的款式结构。有的企业用画服装外形图代替效果图,其特点是不用画人体。

(2)产品外形结构。用文字简述产品设计构思、外形结构、造型特点、销售对象等。

(3)工艺制作说明。用文字或图表示出服装各部位的缝制方法、制作要求等。初步设计时的工艺要求说明可以不必像生产工艺制造单那样详细、具体,但对某些结构比较复杂的服装,对于设计效果关系密切的关键部分和特殊要求必须写明。

3. 筛选

筛选指对构思的许多设计图进行选择和改进,其主要目的是在尽可能短的时间内发现和放弃不好的设计作品。但对构思进行筛选时,会出现两种问题:一是对某些好构思的潜在价值估计不够,以致漏选,失去赢利机会;二是误选了没有很大市场的新作品,仓促投产,造成浪费。在选择评审各种设计方案时,其具体标准可归纳为希望成功的评定和风险分析两个方面:

(1)希望成功的评定标准主要有:

① 设计构思是否符合市场需求。

② 款式是否符合当前潮流,选料和配色是否恰当。

③ 结构及工艺是否合理。

④ 加工技术条件是否合理,成批生产原材料供应有无保证。

⑤ 结算成本,制订初步价格,分析产品的经济效益。

(2)风险分析主要包括:

① 销售风险和供应风险。

② 市场消费者接受的风险,市场占有率风险。

③ 被新的竞争产品取代的风险和被仿制的风险等。

4. 样品试制

经历了以上几个阶段，企业选定最佳产品概念后，就可以将抽象的产品转化成实际的产品。然后，正式判断产品概念在技术上和商业上是否可行，同时考查产品结构、工艺，并进行合理修正。为新产品制作提供全套的技术文件。在样品试制过程中，不必强求一次成功。一件完美的作品常常要不断修改，对其分割线的位置、弧度曲直以及每个部件的大小、形状、位置等都要反复修改、试穿，以便观察实际穿着的效果，以及活动是否方便、穿着是否舒适等。在样品完成后，应再进行一次技术经济分析，检查其是否具有产品概念所规定的所有特征，同时在经济上、技术上是否可行。

5. 市场试销

市场试销是企业有计划、有目的、有组织的市场营销活动，它必须在一定的市场条件下，即在限定市场范围、严格控制产品价格、促销等条件下向市场提供产品。市场试销是一种最可信赖而有效的检查产品方法。当企业把少量产品试投入市场时要做好以下决策：第一，确定试销的范围和时间；第二，选择市场销售途径；第三，在试销过程中广泛听取意见，收集好资料，试销后改良产品，为正式投放市场做充分准备。当然，不是所有服装产品都要进行试销，如对于一些流行性特强的时装不要进行试销。但对一些款式变化不大的服装，如西装、西裤、男式衬衣等，进行试销效果最好。试销的目的，能大致了解市场潜在需求和消费习惯，据此可做出相应的决策。另外，通过收集资料可为选择各种有利的市场营销策略提供依据，如质量标准、价格水平等。

6. 正式投放市场

新产品经过市场试销后，发现是成功的，就应以最短时间投入批量生产，满足市场消费者需求。在新产品正式上市时，不同的消费者对新款服装的接受时间、程度会有所不同。对于最早期接受者，他们特别乐于接受新鲜事物，敢于冒险，追求时尚的东西，敢于表现自己，即使没有促销活动，他们也会主动接受新的产品消费观念，这类消费者被视为消费先驱。对于早期接受者，虽然能较早接受新鲜事物，但行动较为谨慎。一般来说，这类消费者在其所属的社团或领域中是有影响力的，其最主要需求是被尊重、被注目，或者是跟随最早期接受者，是赶时髦的一群，他们对晚期使用者影响较大。对于晚期接受者，他们更为谨慎，而且行动迟缓，对事物疑虑重重。他们一般不会主动接受新时装，要等大多数人接受后并反映良好时，他们才会决定购买；对于不接受者，这类人性格保守固执，很难接受新鲜事物，或者对时髦的服装反感，他们的思想中传统观念很强。这类人不是时装的消费者，只是传统款式的接受者。根据以上情况，企业产品设计和广告宣传的重点对象应是最早期接受者和早期接受者，特别是对早期接受者更要努力促销。

第二节　服装产品的细分与组合策略

服装产品由于品种很多，功能、用途又不同，只有进行分类，才能对生产、流通和销售的管理提供方便。服装产品细分就是根据各类服装的特点、功能等对服装产品进行归类，以方便产品组合、促进市场销售。

一、服装产品细分的作用

近年来，由于服装工艺技术、机械设备不断改进，并伴随着轻纺、化纤工业的发展，服装的品种越来越多，花色款式也越来越丰富，对服装进行细分显得非常必要。服装细分具有以下几个方面的作用：

1. 便于服装产品开发

服装设计人员，只有熟悉掌握服装分类的方法和分类的内容，才能使设计出来的服装有针对性和有明确的穿着对象，并能以类别为中心组成系列。就某一位服装设计者来讲，一般不可能是一个精通整个服装领域的全能设计师。往往有人对男装设计较为熟悉，有人对女装设计颇有专长，有的对童装设计有较深的认识等。于是，服装设计分为男装设计、女装设计、童装设计等。随着新面料和新工艺技术的不断涌现，服装品种和造型也日新月异，这就使服装设计师开发产品的分工越来越细，于是出现了各类专业服装设计，如针织服装设计、运动服装设计、丝绸服装设计等。

2. 便于销售

销售部门明确服装产品分类要求，才能有针对性地排列、展示服装，更好地给消费者提供选择的方便，否则服装销售会显得凌乱、中心不突出，甚至出现“张冠李戴”的情况。服装销售人员掌握好服装分类的知识，就能确切地了解市场消费动态，分析服装的销售情况，加强企业的经营管理，达到为消费者服务的宗旨。

3. 便于消费者选购

消费者选购服装一般会有针对性。由于服装品种款式繁多，用途又不尽相同，不按分类排列好，就会给消费者带来选购上的麻烦和不便。

二、服装产品细分的方法

在长期生产和生活实践的过程中，对服装的分类，已经形成了多种分类的方法，不同细分方法从不同侧面反映了服装市场的特点，对服装市场营销都能起到一定的指导作用。下面分述几种常见的服装市场细分方法：

1. 按季节分类

我国大部分地区的气候四季比较分明，人们的衣着也随季节而变化，以此为依据，将服装分为春装、夏装、秋装、冬装四类。不同季节的服装，对面料厚薄、颜色深浅及款式繁简要求不同。由于服装品种和式样很多，有些服装的季节适应性强，甚至一年四季都可穿着。如男女衬衫，原是穿在各类外衣里面的，是一种内衣，但夏季人们又把它作为外衣穿着。又如女式两用衫，一般属春秋服装范畴，但实际上除了夏季不穿外，其他季节都可以穿着，在冬季还可作为罩衣。因此，有些人按季节将服装分为春装和秋装两类。对于中小服装企业很难组织生产四季服装产品。为了适应季节变化对服装需求的影响，有的服装企业采取候鸟式的经营战略，由南向北全梯度式地推广服装新产品。

2. 按材料分类

在服装设计和生产时，选用不同面料，其服装的服用性能及穿着所表现出的风格会产生较大的差异，消费者对服装面料的需求也存在一定的偏好。因而，人们在服装的生产、流通和日常生活穿着中，又常根据服装采用的面料不同对服装划分成以下几类：棉料服装、呢料服装、丝绸服装、化纤服装、毛皮服装、羽绒服装、皮革服装、毛线编结服装等。面料的差异，往往会影响服装产品的价格、档次、消费个性化、流行、产品生产与开发等营销因素。

3. 按服装穿着场合分类

由于人们生活水平的提高，人们开始注重衣着的场合。为此，对服装按穿着场合分为以下几类：日常服、职业服、运动服、社交服等。日常服又可进一步细分为户内户外服、娱乐休闲服、旅游服等。社交服又可进一步细分为日间礼服和夜间礼服。这种细分方法，不仅赋予了服装的地点效用，有利于开发新的服装消费观念，也扩大了服装的细分市场，刺激了服装消费的需求，为服装企业拓展生存空间提供了机遇。同时，也为服装企业寻找、研究和分析服装目标市场提供了依据。

4. 按服装的名称分类

消费者在日常服装消费过程中，逐渐形成了一些约定俗成的习惯性的服装名称。服装营销人员要熟悉这些常规的服装名称，才能与消费者进行有效沟通，为消费者提供优质的服务。如上装包括西装、中山装、夹克、背心、衬衫、T恤、汗衫、大衣、罩衫、披风等；下装（裤、裙类服装）包括西裤、牛仔裤、工装裤、半身裙、连衣裙、裙裤等。

5. 其他分类方法

除上述几种服装分类方法外，还可以按以下方法对服装进行分类：按性别分类，包括男装、女装；按年龄分类，包括婴儿装、童装、青少年装、中老年装；按供应方式分类，包括成品服装、来料加工服装、定制服装、自制服装；按织造方法分类，包括机织服装、针织服装、手绘服装、刺绣服装等。

以上每一种服装的分类方法都可将服装市场划分成若干个具有一定差异性的细分市场，了解服装的各种分类方法以及不同服装的性能特点后，就可以明确服装的设计和销售要领，正确选择销售方式和策略。

三、服装产品组合概念

产品组合是指企业向市场提供多种产品时，其全部产品的结构或构成。通常，它由若干产品线和产品项目组成，见下表。

产品的广度和深度

服装	皮鞋	帽子	针织品
女装	男皮鞋	礼帽	针织服装
男装	女皮鞋	女帽	T恤
时装	男凉鞋	男帽	运动装
传统式服装	女凉鞋	童帽	棉毛裤
休闲服装	儿童鞋	工作帽	棉毛袜
儿童服装			

产品系列1　　A型男装　B型男装　C型男装

产品系列2　　A型女装　B型女装　C型女装　D型女装

产品线是一组密切相关的产品，它们有相似的功能，能满足顾客同质的需求，只是在规格、档次、款式等方面有所不同。产品线又由若干产品项目组成，每一产品系列是一条产品线。产品项目构成产品线，产品项目是指那些品牌、规格或价格档次有所不同的单个品种，如“A型男装”。一般的服装企业产品组合包括服装（男、女、童）、服饰（珠宝、提包等）、化妆品（香水、美容护肤品）以及香水系列。例如克里斯汀·迪奥（Christian Dior），他是一位把法国高级时装业从家庭传统作业引向现代化操作的设计师。他以品牌为旗帜、以法国式的高雅和品位为准则，坚持华贵、优质的品牌路线，开创了一个商业帝国。迪奥在设计时装之后，首先选择拓展香水设计，他曾说过，“对女人来说，香水是不可缺少的，它是服装的最后一道工序，就像朗克里特作画完毕用来签名的玫瑰。”目前其旗下产品不仅涉及服装（高级女装、女装成衣、童装），还有各类服饰、装饰品，如手套、鞋、礼品、提包、珠宝、台布等，更有化妆品系列，如Hydra美容护肤品、Capture美容品以及香水系列，如Poison香水、Dune香水、Dioring香水、Diorella香水、Eau sauvage男士香水。

除了上述不同产品线的组合外，产品组合还包括单条产品线产品项目的组合方式。Hugo公司由原来只生产Boss牌老板穿的男装，扩展为适合三种不同类型的男性服装系列的做法也是产品组合的一个典型例子。“Big Boss with Big Be11y”(大腹便便的大老板)这是Boss著名的广告用语。Boss男装原定位于比较传统的商人形象，是Hugo公司的主要产品品牌。1993年，公司在激烈的市场竞争中及时调整战略，又创立了两个新品牌Hugo和Baldessarini。Hugo适合年轻人穿着，Baldessarini以最佳的质地和品位代表了既有钱又有品位的高层次男士形象。三种品牌、三种定位、三个产品项目针对不同男士的衣着需求。

四、服装产品组合策略

1. 扩大产品组合策略

扩大产品组合策略包括开拓产品组合的广度和加强产品组合的深度，开拓广度即增加其产品线，加强深度则在原有产品线中增加新的产品项目，扩展经营范围，生产经营更多的产品以满足市场需要。此外，企业还可能发展与原有产品线毫不相关的产品。这一策略可以说是所有名牌服装产品都经常使用或者终将使用的，名牌的系列化发展是对产品组合的广度进行开拓，增加新的产品线。世界上的国际名牌像迪奥、皮尔·卡丹、伊夫·圣·洛朗等几乎都经历了从女装到男装到香水、领带、皮鞋、皮具、化妆品的不断扩展，覆盖到精品世界的方方面面，各系列产品风格、品位相互陪衬，搭配出整体的和谐。随着企业规模的扩大，实力的增强，对消费者的需求会进一步细分，在同一产品线中增加新的产品项目，或增加新的产品线。

扩大产品组合可以使企业充分利用人、财、物资源，利用剩余生产能力，降低成本，增加企业竞争力，同时，还可以减少季节性和市场需求的波动，分散企业经营的风险，增强经营的稳定性。对于名牌服装，本策略最有价值的一点在于可以充分利用其深厚的品牌资产，利用原有品牌的信誉和知名度，推出的新产品极易在市场上获得成功，又大量节省了创建新品牌所需的营销费用。

2. 缩减产品组合策略

企业应用本策略取消一些产品系列或产品项目，集中力量实行高度专业化，试图从生产经营较少的产品获得更多的利润。这一策略名牌服装只在一些特殊的情况下才偶尔采用。驰名世界的Levi's公司最著名的产品是牛仔裤，在此基础上，后来发展了高档运动装产品系列，不久企业便由于竞争激烈等多方面因素进入困境，连牛仔裤也大失市场。20世纪80年代，为了恢复其原有的竞争优势，公司果断地缩减为只对Levi's 501牛仔裤的单一产品生产，树立了Levi's 501牛仔裤在牛仔王国的地位。

3. 改进现有产品策略

企业不增加全新的产品,而是在现有产品组合中有选择地改进已有产品,来适应新的市场或满足消费者不断变化的需求。皮尔·卡丹西装在进入中国市场时,面临东西方人种体型结构的差异,为使欧洲板型中国化甚至"南方化"、"北方化",皮尔·卡丹公司对中国市场进行了全国性的调查,对原有板型进行改造,生产出适合中国市场的皮尔·卡丹西装。

4. 产品线差异策略

每个公司的产品线只是该行业整个范围的一部分, 如果公司超过现有的范围来增加它的产品线长度,这就叫产品线延伸,具体有向下延伸、向上延伸和双向延伸。向上延伸是在一种产品线内增加高档产品,是企业进入高档产品市场的途径;向下延伸是在一种产品线内增加廉价(次位品牌)产品项目,其目的在于利用高档名牌产品的声誉去吸引购买力较低的顾客来购买其廉价产品, 从而增加利润;双向延伸是生产中档产品的企业同时实施向上、向下延伸,扩大市场容量(图3-2)。

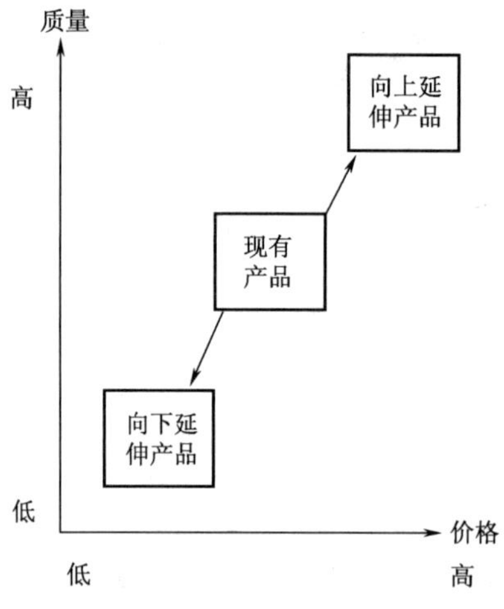

图3-2 产品线延伸

第三节 产品生命周期

产品生命周期是市场营销中的一个重要概念,它提供了了解产品竞争能力的视角。同时,如果这个概念使用不当,也会起误导作用。产品生命周期概念刻画出产品各个阶段主要营销特性,并提出企业应该实行的可供选择的主要营销方法。

一、产品生命周期的基本概念

产品生命周期是指新产品研制成功后，从投入市场开始到被市场淘汰为止的一段时间。也是产品的经济寿命，是产品从开发、上市，在市场上由弱到强，从盛到衰，直到退出市场所经历的市场生命循环过程。一种产品处于研制阶段时，可以说处于胚胎时期，一旦进入市场就开始了自己的市场生命，当它被市场淘汰时，就意味着市场生命终止。决定和影响市场生命的主要因素是社会的需求状况和新技术、新产品的发展情况。

二、产品生命周期的划分

如果以纵坐标表示产品销售量S或利润额P，横坐标表示时间T，随时间的变化产品销售量或利润将呈现周期性的变化，这就是产品生命周期曲线，如图3–3所示。

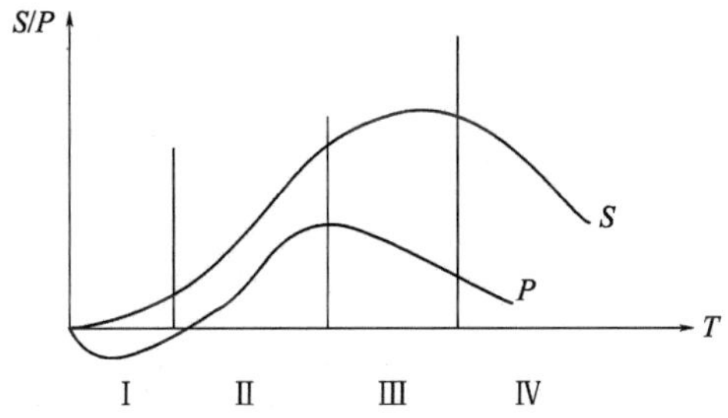

图3–3　产品生命周期

根据图中产品不同时期销售额与利润的变化规律，生命周期可划分为投入期、成长期、成熟期和衰退期四个阶段。投入期是新产品投入市场的初期，即缓慢成长阶段；成长期是市场需要迅速增长的阶段；成熟期是产量和销售量最大，但成长率较为缓和，越过饱和点即趋于下降；衰退期是产品已陈旧老化，销量下降得很快。分析产品生命周期，主要考察销售量和利润额的变化。这对确定企业经营目标，拟定经营策略、制定经营计划，安排技术创新与新产品开发都有重要作用。从图中可看出，随销售曲线的变化，利润曲线同样显示出产品生命周期的阶段性，它们之间存在时间上的差异性。产品投入市场后，由于开发产品耗费甚大，可能几乎不存在利润，甚至有一定亏损。成长期为利润剧增时期。成熟期销量及利润均创高峰，由于剧烈市场变动，为了维持销售量增长，必须增加费用，使成本增加、利润下降。衰退期因销量剧降，利润渐减直至消失。

产品生命周期曲线反映了科学技术进步状态和不同时期的市场性。企业在开发新产品、规划产品的更新换代以及制定产品市场策略决策工作中，可作为预测、分析和控制的主要依据。然而，判断产品生命周期曲线上的转折点，以划分生命周期阶段，是一个难题。由于生命周期各阶段划分并无明确的标志，带有很大的随意性，基本上属定性判断。定性判断有以下几种方法：

(1) 类比的方法。即根据类似产品发展来分析判断。例如，参照棉织物的销售资料来预测判断化纤织物的发展趋向。

(2)销售增长率法。以销售增长率为标准来划分生命周期各阶段。根据国外有关资料，年销售增长率低于10%属于投入期；年销售增长率大于10%为成长期；年销售增长率在1%~10%之间属成熟期；当销售增长率小于0呈现负数时，表明产品已进入衰退期。

(3)产品普及率法。普及率小于5%时为投入期；普及率为5%~50%时为成长期；普及率为50%~90%为成熟期；普及率为90%以上为衰退期。

产品生命周期的钟形曲线，反映了产品经济寿命发展变化的一般模式，属于理论上的曲线，既未考虑需求变化及营销组合的多种因素，也未考虑政治、文化等因素。实际上，大多数产品的生命周期曲线往往不呈现这种理想化状况，具体形态乃是多种多样。有的产品可能一上市就跳过投入期而进入成长期；有的产品开始需求量上升，但后来趋于平缓发展，销售量并未大幅度增加；有的产品设计和工艺有缺陷，试制草率，刚投入市场即被淘汰，被迫停产而夭折；有的产品生产准备不当，经营管理不善，未转入大量生产，贻误销售契机，未待成熟即迅速衰退；有的产品市场对其款式、花色等极敏感，呈现周期上下波动；有些产品在科学技术发展推动下，质量性能不断提高，需求量持续增长形成多次循环。

三、产品生命周期各个阶段的特点和策略

1. 投入期

投入期的特点是产品尚未定型，生产上的技术问题可能尚未解决，产品性能和质量不稳定，消费者对产品还不熟悉，生产批量小，销售数量也有限，产品成本高，经济效益低，甚至会出现亏损。这一阶段主要策略是广泛征求意见，重视改进产品，提高产品质量，确定合适的试销价格，大力进行广告宣传，千方百计地缩短周期时间，尽快进入成长期。要想在短期内迅速进入和占领市场，有以下策略可供选择：

(1)高价高促销策略，又称“高格调先声夺人”策略。企业以高价配合大规模的促销活动，先声夺人占领市场，达到迅速增加销售量和获利的目的。采用这策略的市场环境是潜在市场中，大部分消费者求购心切，愿出高价购买；企业由于

受潜在竞争者威胁，急需大造声势，以高价优质，树立信誉，取得优势。

(2)高价低促销策略，又称"选择性渗透"策略。企业为了早日收回投资，以较高的价格配合小规模的促销活动，将产品投入市场，达到获得更多利润的目的。采用这一策略的市场环境是市场规模小，竞争威胁不大，产品的价格需求弹性小，适当的高价可为消费者接受，需求相对稳定，对产品需求迫切，不必广泛宣传。

(3)低价高促销策略，又称"密集型渗透"策略。企业通过制订低价格，配合大量广告宣传等促销活动，目的在于先发制人，有重点地占领某一目标市场，最快渗透市场，占有最大市场份额。采用这一策略的市场环境是市场容量大；消费者对该产品不熟悉，但对价格却十分敏感；潜在竞争比较激烈，产品单位成本因产量增加而降低。

(4)低价低促销策略，又称"低格调以廉取胜"策略。企业通过制订低价格，争取鼓励消费者较快接受新产品，同时支出少量促销费用，达到在市场竞争中以廉取胜、稳步前进的目的。采用这一策略的市场环境是市场容量大，产品通常是原有产品的改进品，消费者已对该产品有所了解；消费者对价格十分敏感，需求弹性大，较少的促销活动也不致影响销售。

2. 成长期

成长期主要特点是生产基本定型，大批量生产能力也已形成；成本大幅度下降，企业利润很快增加；迅速进入市场，模仿抄袭日渐增多，市场竞争开始激烈。因此，企业必须尽力发挥销售优势，紧紧抓住机会，保持较快的增长率和较大的市场占有率。主要策略是努力提高产品质量，改进工艺，增加花色品种，以适应消费者的需求，对抗竞争产品；配合以合适的包装，以及完善的销售服务，在创名牌上下工夫，使消费者产生偏爱；加强市场调研，运用细分市场策略不断开辟新市场，尽可能延长成长期，使销售量向最高度爬升；在大批量投产后应选择适当时机降低售价，以吸引对价格敏感的潜在消费者；广告宣传从介绍产品、建立产品知名度转向宣传产品特色，增加消费者的兴趣和对产品的信赖程度，以便保持已有消费者数量，争取潜在消费者，努力扩大产品市场占有率。

3. 成熟期

成熟期主要特点是产品已经被用户所熟悉，需求量已趋饱和，销售量已接近最高点，销售增长已开始下降；生产批量大，产品生产成本低，利润已达最高点；竞争不仅来自同类产品，而且来自更新产品；消费者对产品质量、花色、品种、款式的选择的范围也更大。由于企业已形成大量的生产能力，产品已定型，适应性相对减弱，尽管这些矛盾可能被庞大销量所掩盖。为此，企业必须采取积极对策，决不能只求维持既有地位。这一阶段企业最重要的经营策略是：首先，在不断优化产品的同时,力创名牌产品,以吸引新的消费者,尽量延长成熟期,使企业现有生产能力得到充分发挥,推迟衰退期的到来;其次,在广度和深度上拓展新市场,发掘和创造新消费方式,保住原有市场;第三,改进营销组合手段,以刺激销售量增加,其做法有调整价格、扩大销售渠道、寻找新颖广告方式、进行具有吸引力及扩张性的拓展。对新产品本身来说,还可实现高档化、多样化策略,其目标是在市场成熟期努力确保产品的市场占有率。

4. 衰退期

衰退期的特点是市场上已有新产品出现,并正在替代老产品,除少数或个别名优产品外,市场销售量急剧减少。市场竞争突出表现为价格竞争。由于价格下降和销售费用增加,使企业利润日益下降。当销售量和利润额下降到最低点时,实现产品更新换代。这一阶段企业的经营策略,一方面要尽量设法延长产品生命周期,如发展新用户、改进设计、提高服务、发扬经营特色、降低产品成本等措施;另一方面开发新产品取代老产品,做好更新换代准备,一旦老产品退出市场,新产品能顺利接替,以新的姿态重新占领原有市场,最大限度地减少企业的损失。其目标是在市场衰退期力争维持原有产品的市场占有率。

四、延长产品生命周期

产品市场生命周期的变化是有其客观规律的,但企业对它并非任其变化而无能为力。对生命周期的变化在一定程度上是可以控制的,即通过创造一定条件,使产品的市场生命周期的变化服从于企业营销目标的需要。延长产品生命周期主要措施有:

(1)开辟新的市场,即开发新的细分市场,寻找新的消费者。某种服装产品在城市或本地开始衰退,则可向农村或边远的地方发展,通过开辟新市场,吸引更多的新消费者来延长产品生命周期。

(2)提高原有产品的系列化,增加新的花色品种,促使现有消费者购新换旧,扩大销售。

(3)变革营销组合策略,通过降低产品价格、扩大产品分销渠道,增加渠道宽度、加强广告宣传和人员推销、改善服务方式和态度,提供更多更好的售后服务和增加服务项目等措施刺激销售量的回升,延缓衰退。

第四节 服装产品流行性

服装美具有时代特点,留心服装变化的人都能发现,服装的造型款式和颜色搭配存在着一个流行周期。服装的流行不是指某一具体服装的流行,而是指服装的流行倾向,是在一定的时间和一定范围内,被较多的人所接受或认可,并风行一时,形成潮流的服装穿着倾向。它具体表现在服装的造型、面料、色彩、装饰以及穿着方式等方面,这些方面综合反映,形成各种不同风格。在同一时期,服装流行会表现出多种不同的款式造型,多种不同的面料,多种色彩的组合,形成多种不同的服装风格,为不同个性的消费者提供多种选择。新款服装能不能成为一种潮流,变成人们追求的目标,首先要看它们是不是建立在美的基础上,是不是能被多数人所接受,是不是有不同于以往的感人魅力。

一、服装产品流行的概念和特点

服装流行也意味着人们服装审美心理和审美标准的变化，同时也体现了整个时代的精神风貌,它包含社会、政治、经济、文化、地域等多方面的因素,同样也受这些因素的影响。它与社会变革、经济兴衰、文化教育、消费水准、消费心理以及自然环境等因素紧密相连,并直接影响到服装流行期的长短。如经济不发达地区,服装流行时间长,服装造型、色彩流行单调;而文化教育程度高、消费水准高的地区,服装流行时间短,服装造型色彩丰富,一年四季中夏季服装的流行时间最短,冬季服装的流行时间最长。

服装流行具有一定的周期和规律,从开始流行到被淘汰,一般要经历产生、发展、盛行、衰退四个阶段。流行传播的层次多是由高档次向中、低档次,首先是数量极少的高级时装,逐渐被仿制成一般时装或大批量成衣。国际服装的流行,女装由巴黎、男装由米兰这两个国际时装中心首先发布,然后向各地传播。传播过程中,时装会因各地区的风俗习惯、审美标准的影响而有所变化,使之适合本地的审美要求。我国时装受港澳和日本的影响较大,内地则多受沿海大城市的影响。随着时代的变化,时装产生形式、流行的方式以及变化速度和流行时间的长短都会各不相同。

根据服装流行性的特点,企业一方面要做好服装流行的预测,根据服装流行情况,不断推出新款式、新风格的服装;另一方面要抓好促销,使服装以最快速度被消费者认识,刺激其消费,满足不同层次、不同个性消费者的需求。

二、服装产品流行发生因素

流行是如何发生的?其中有许多客观的物质因素,如经济发展、技术进步以及生活多样化等因素,但更多的是人们心理需求变化引起的。如趋新避旧、突出自我、追求个性化以及模仿趋众心理,不断导致新式服装的出现和流行。一般服装流行的发生有以下几种情况。

1. 自然发生

人们对新的东西总有一定程度的新鲜感，总希望在生活上不断有新鲜的感受和兴趣，这是人的本能需求。表现在衣着上，就是不断追求时尚，对流行久的服装会产生厌倦，如裙子的长短、衣服的大小、款式的繁简、服饰的装束等都会随流行而不断变化。时装大师克里斯汀·迪奥曾经说过："服装流行是按一种欲望展开的，当人们对它厌倦时就会去改变它，厌倦会使人们很快抛弃先前十分喜爱的东西"。

2. 必然发生

由于经济、科学技术以及人们生活方式不断发生变化，使得新的产品、材料不断改进和发明。如化学纤维品种和产量日益增加，不仅填补了天然纤维的不足，而且物理化学性能大为改善，为服装的不断更新提供了丰富的面料。同时，随着科学技术的发展，服装生产技术和机械设备不断改良，为服装流行创造了物质条件。这样，消费者能够根据自己的愿望，选择各式服装。

3. 偶然发生

政治、科技、文化事件都会引发服装的某种流行趋势。如我国在"文化大革命"期间，全国人民的服装非常单调，主要流行绿军装和中山装。改革开放后，由于经济高速发展、文化生活水平提高，服装也变得多姿多彩，服装流行周期也越来越短。又如航空技术的发展使太空衣流行一时，而一场大型运动同样会使运动服流行。

4. 暗示发生

现在服装的流行，在很大程度上受到暗示的影响，暗示符合接受者的心理需求。暗示的效应，就像榜样的示范作用一样，人们往往通过流行形象，树立自己的形象和信心。在服装流行中经常遇到的暗示有三种：

(1)名人暗示。名人的服饰风格常常被一些消费者模仿，他们的穿着方式就会在一定程度上成为推动流行的传播媒介。

(2)名牌暗示。由于这类服装具有优秀的品质，虽然价格高，消费者也会不惜以高代价去换取受人尊重的名牌服装。这种情况，既包含有崇尚名牌的高贵心理和虚荣心理，也带有希望货真价实的心理。

(3)从众暗示。在着装方面常会有互相学习，互相模仿的现象。从众是自觉或不自觉地仿效别人着装打扮的行为，从众行为能使自己有一种人有我也有的随大流心理，或是使自己有一种不落伍、免于掉队的感觉。

三、服装流行趋势的预测

对服装流行趋势的预测，首先要注意搜集和积累来自国内外的时装信息，并多留意有较大影响的设计大师们的最新作品。因为,大师们的作品有着各自不同的特点和风格,对服装的流行有着引导作用。同时,还要对各地域人们不同的服装心理需求有所了解。各地域人的生活习惯、民族特征以及审美标准的不同,会形成不同国家和地区的服装流行风格。如美国的时装偏向潇洒、随意;法国的时装偏向浪漫、华丽,富有艺术魅力;日本的时装偏向文雅、端庄,做工精细。这些都反映了各国不同的风俗和文化传统。随着社会的发展,世界几乎成为一个开放的大社会,各国人民在不断地进行经济和文化交流。服装作为一种文化象征,它是最容易、最乐意被接受的外来文化之一。目前,我国的服装,不论是造型、色彩和面料的流行都在不断地向世界服装流行趋势靠近。

要预测流行,还要了解服装流行的历史轨迹,只有了解历史,才能把握现在,进而预测未来。根据过去的流行情况进行比较和分析,就能对服装流行趋势做出总体性的推断和预测。因为,服装流行的变化形式会呈循环往复的上升、前进趋势,并有一定的周期性。

服装流行与新型面料和辅料的出现有很大关系,并受技术加工手段、服装的造型等诸多因素影响,因为服装流行特征最明显的是形、色、质。企业有关人员要多注意穿着风格的新倾向,造型结构的新变化,流行色的新格调,新面料、辅料以及服饰品的变化特点等,注意有关资料的总结归纳,从中分析、预测服装流行的新趋势。

企业通过预测,找准服装流行的形、色、质。一方面,向市场推出新款式,新风格的时装,吸引消费者注意,刺激购买;另一方面,可以运用营销手段加以促进和强化,扩大流行的影响并吸引更多的追随者,如运用大众传播媒介和时装发布会等方式对新的潮流趋势进行权威性的宣传。同时,运用树立形象的手法,以名牌、名家的形象,形成非理性的从众行为刺激购买欲望。营销人员要善于引导消费,大力宣传服装的流行趋势,使销售工作走在流行的前头或与流行同步。

四、服装产品流行周期的形式

经典的产品寿命周期只是一个比较理想化的概念, 它的作用是帮助营销工作者建立一个完整的营销思路,但现实工作中,各种产品的寿命周期是千差万别的。服装业最常见的产品寿命周期形式主要有以下三种:

1. 流行类服装产品

流行类服装产品在市场导入期,由于产品很新潮,只有一些很喜欢赶时髦的消费者会为了流行而支付高价。尽管销售规模小,单位成本仍很高,但单位利润还是很高的。此时企业的促销重点应该放在新潮概念上,主要宣传目的在于尽快地教育或告知消费者,而分销的范围也主要是专卖店等排他性销售网点上。当产品进入增长期后,竞争出现,流行产品必须立即通过销售规模的扩大与生产的改进,迅速降低成本,进而降低售价。这个阶段虽然销售仍在专卖店中进行,宣传重点应尽快将其高档形象向大众市场形象转变,以准备产品进入大众市场。产品一旦进入大众市场,竞争进入白热化,价格竞争导致市场进一步扩大。这时流行正式形成,产品要通过内部完善与调整,进一步降低成本以保持在价格不断下降的条件下利润的稳定。最后,产品进入衰退期,企业在尽量延长产品寿命的同时,要及时清仓,流行的衰退是非常彻底的,切不可恋战,及时的退出与清仓是十分重要的。

2. 快潮类服装产品

服装市场中总是存在这样一类产品,它们快速地进入市场,很快引起一阵市场狂热,然后迅速消退。这就是所谓快潮类产品,它们的导入期非常短,由于各种缺陷,也只被一部分最时髦的消费者所接受,而不能被大部分消费者所接受而迅速的退出市场。这类产品的消费者是非常特殊的群体,对新潮的产品非常敏感,而且勇于尝新,如青少年。所以,快潮类服装产品的营销重点就是在产品一开始导入市场,企业就必须立即着眼于利润,价格的确定十分重要,即产品一上市就必须考虑利润迅速最大化。由于市场一旦成熟,产品立即进入衰退期,此时迅速地出清库存就显得尤为重要,应使用一切可能的渠道迅速清仓。

3. 经典类服装产品

经典类服装产品由于市场导入期早已渡过,基本上处于成熟期,它们的款式变化不是很大,当然它也有一些高潮与低谷,但它们的成熟期往往很长。企业对这些产品的营销重点在于不断完善这类产品,在质量上与细节上加以补充,充分利用其市场稳定的特点。当然也要认识到,由于大众传媒的迅速发展,其广泛的影响力与渗透力已经使得消费者对流行越来越敏感,越来越感兴趣,传统的经典服装的市场正在受到这种变化的影响, 经典产品都是在过去的流行中逐渐积淀起来的,并不是一成不变的,企业的经营者与设计人员必须不断地去挖掘新的经典、新的长寿命产品。

根据服装流行性的特点,企业一方面要做好服装流行的预测,根据服装流行情况,不断推出新款式、新风格的服装,另一方面要抓好促销,使服装以最快速度被消费者认识,刺激其消费,满足不同层次、不同个性消费者的需求。

五、流行的生命周期

任何流行服装最终总会过时。这是20世纪20年代巴黎一流设计师Paul Poriel所说的名言。某种服装样式一旦过时,则这种服装便进入衰退期,从而失去了原有的魅力,人们转而开始寻求其他的服装,开始新的流行。众所周知,服装的流行从引入到衰退历经四个阶段,包括引入期、增长期、成熟期、衰退期。流行期可长可短，20世纪90年代初期的平底鞋，其流行周期经历了几个季节，而50年代末期的直筒连衣裙，却持续了几年之久。

1.引入期

一般，一个新款式进入市场时，总是处于最高的价位。也许具有法国时装设计师的造型风格，也许是著名生产厂商的系列服装之一，但无法知道该款式是否被顾客所接受。由于引入期中生产厂商在创作设计和面料、裁剪、缝制上花费很大，致使最新款式价位一般都会很高，当这种服装出售成功时，仿制品就会以低价位开始出现在市场上。

2.增长期

如果服装款式被接受后，大量的仿制品就会以不同的价格在市场中出现。如克里斯汀·拉克鲁瓦将打褶撑开裙引入巴黎市场的时候，着实风靡一时，而仿制品也在很短时间内到处可见。有些追求时尚的人花费数千美元购买设计师的原创，但也有许多消费者却在争相购买低价的仿制品。

3.成熟期

处于成熟期的服装，销售量达到高峰。成熟期有可能持续一个季节，也可能是几个季节。尽管商家总是想方设法鼓励消费者多买几件服装，但是大量的购买只能延长一段时间。20世纪70年代初的牛仔裤，由于消费者的热衷，导致全国上下穿着牛仔裤为主流。对于生产商和零售商来说，困难的是判断成熟期能持续多长时间。通常衰退期会很快到来，容易造成积压很多公众不再认为流行的服装。

4.衰退期

当服装款式不被人们喜欢的时候，设计师或生产商就放弃它们并开始制作新款式，这个时期尚存的服装会大幅度降价，以求尽快卖出，以防最后面临无人问津的局面。此时，生产商通过削价处理，用比原批发价低得多的价格卖给零售商。

本章要点

产品是企业经过生产过程而产生的有形物品，用以满足消费者的需求和欲望。产品含义一般理解为具有某种使用价值的实体，如衬衫、连衣裙、西装等具有一定的形状，并各自具有不同的使用价值，能满足消费者某一物质内容的消费需要。产品的内涵包括产品的实质、产品的形体和产品的附加利益三大部分内容。产品整体概念对市场营销活动的意义是强化了企业以顾客为中心的观念；扩展深化了产品内涵，开辟了市场竞争的新领域；开拓了企业进行产品开发的新思路，根据产品整体概念进行产品开发，首先考虑的是产品实质部分，并在此基础上再考虑产品形体与附加利益部分。服装产品包括服装、时装和成衣三大类。服装产品开发要确定服装产品开发的时间表,要做流行色确定、面料与纱线确定、服装确定和媒体的宣传等工作。服装新产品的类型有新设计的服装、换代服装和模仿与改进服装。服装新产品的开发程序依次为构思创意阶段、初步设计、筛选、样品试制、市场试销和正式投放市场。

服装产品细分的作用是便于服装产品开发、便于销售、便于消费者选购。服装产品细分的方法可按季节分类将服装分为春装、夏装、秋装、冬装,也可分为春夏装和秋冬装;按材料分类划可分为棉料服装、呢料服装、丝绸服装、化纤服装、毛皮服装、羽绒服装、皮革服装、毛线编结服装等;按服装穿着场合分为日常服、职业服、运动服、社交服等;按服装的名称可分西装、中山装、夹克、背心、衬衫、T恤、汗衫、大衣、罩衫、披风等;也可按性别、供应方式、织造方法分类。

服装产品组合是指企业向市场提供多种产品时,其全部产品的结构或构成。掌握产品项目、产品线概念。服装产品组合策略有以下四大类:扩大产品组合策略、缩减产品组合策略、改进现有产品策略及产品线差异策略。产品线延伸具体有向下延伸、向上延伸和双向延伸。向上延伸是在一种产品线内增加高档产品,是企业进入高档产品市场的途径;向下延伸是在一种产品线内增加廉价(次位品牌)产品项目,其目的在于利用高档名牌产品的声誉去吸引购买力较低的顾客来购买其廉价产品, 从而增加利润; 双向延伸是生产中档产品的企业同时实施向上、向下延伸,扩大市场容量。

产品生命周期是指新产品研制成功后, 从投入市场开始到被市场淘汰为止的一段时间。也是产品的经济寿命,是产品从开发、上市、在市场上由弱到强,又从盛到衰,直到退出市场所经历的市场生命循环过程。产品生命周期可划分为投入期、成长期、成熟期和衰退期四个阶段。投入期是新产品投入市场的初期,即缓慢成长阶段;成长期是市场需要迅速增长的阶段;成熟期是产量和销售量最大,但成长率较为缓和,越过饱和点即趋于下降;衰退期是产品已陈旧老化,销量下降得很快。分析产品生命周期,主要考察销售量和利润额的变化。生命周期各阶段划分并无明确的标志,带有很大的随意性,基本上属定性判断。定性判断有类比的方法、销售增长率法和产品普及率法三种方法。掌握产品生命周期各个阶段的特点和策略,了解高价高促销策略、高价低促销策略、低价高促销策略和低价低促销策略。产品市场生命周期的变化是有其客观规律的,对生命周期的变化在一定程度上是可以控制的,延长产品生命周期主要措施有:开辟新的市场,即开发新的细分市场,寻找新的消费者;提高原有产品的系列化,增加新的花色品种,促使现有消费者购新换旧,扩大销售;变革营销组合策略,通过降低产品价格、扩大产品分销渠道,加强广告宣传和人员推销、改善服务方式,提供更多更好的售后服务等措施刺激销售量的回升,延缓衰退。

服装流行意味着人们服装审美心理和审美标准的变化，同时也体现了整个时代的精神风貌,它包含社会、政治、经济、文化、地域等多方面的因素,同样也受这些因素的影响。国际服装的流行的传播,女装由巴黎、男装由米兰这两个国际时装中心首先发布,然后向各地传播。随着时代的变化,时装产生形式,流行的方式以及变化速度和流行时间的长短都会各不相同。了解流行类服装产品、快潮类服装产品、经典类服装产品的特点及流行周期。服装产品流行的发生有自然发生、必然发生、偶然发生和暗示发生等。了解服装流行趋势的预测的方法和流行的生命周期。

思考题

1. 服装新产品的类型有几种?
2. 简述新产品开发的程序。
3. 叙述服装产品细分的方法。
4. 企业为什么要重视新产品开发?
5. 为什么要进行服装产品细分?
6. 如何进行服装流行趋势预测?
7. 什么是产品的生命周期? 如何延长其生命周期?

价格策略与应用——

服装价格研究

本章内容:1.服装价格的构成

2.影响服装价格的因素

3.服装定价的方法

4.服装定价的策略

5.服装价格的调整

教学时间:8课时

学习目的:让学生了解服装价格的构成,能根据服装营销的需要合理定价,并能采取适当的价格策略对服装价格进行调整。

教学要求:掌握服装价格的构成,了解产生价格差异的原因;掌握各种定价的方法,了解各种定价方法的优缺点;掌握制订价格的各种策略;了解调整服装价格的原因和技巧;学会利用以上知识点观察或分析服装市场营销中的价格策略与实际案例。

第四章　服装价格研究

价格是企业市场营销组合中十分重要的因素之一。它不仅关系到企业的赢利和亏损，还关系到企业产品的市场竞争力。产品的价格往往受到企业内部因素和企业外部因素的影响。企业的内部因素包括：成本因素、产品因素、渠道因素和促销因素；企业的外部因素包括：供需状况、替代品价格、国家政策等。在传统的市场营销观念中，企业往往把价格作为市场营销中的一个孤立的因素，片面夸大价格的作用，而现代市场营销理论则认为，定价只是市场营销组合中的一个子因素，价格因素必须与产品、渠道和促销等市场营销组合中的其他因素共同组合，才能充分发挥其作用。同时价格因素作为市场营销组合的一个重要因素，其作用主要体现在：价格不仅能起到调节和诱导市场需求的作用，价格也是参与市场竞争的有效手段，价格还是实现企业赢利的核心因素。在服装市场营销实践中，正是由于消费者对服装需求的多样性和多层次性，也就决定了服装价值的复杂多变性和服装价格的明显差异性。本章将对服装价格的构成、影响服装价格的因素以及定价的方法和策略等问题进行探讨。

第一节　服装价格的构成

一、价格的含义

马克思政治经济学认为：商品的价值是凝结在商品中的无差别的人类劳动，其大小是由生产该商品的社会必要劳动时间决定的。商品价格是商品价值的货币表现，其大小是由商品的价值决定的。但是，商品的价格也受商品供求关系的影响，当商品供不应求时，价格将高于价值，当商品供过于求时，价格将低于价值，价格围绕价值波动是商品经济的基本规律。在现代市场营销中，有人从另外一个角度解释了价格的含义，“价格是指消费者为了获得某种想要的商品时，所放弃的或用来交换的价值。”事实上，前者体现的是价格的本质问题，而后者则是更多地从消费者的角度出发，体现了现代市场营销的基本思想。

营销人员只有正确认识商品价格的含义，才能制订正确的产品价格水平，配合企业整体市场营销策略。

营销人员还必须懂得经济学的基本原理，这样才能提高科学定价的能力。对于服装企业而言，由于服装商品需求具有多样性、多变性，把握服装市场的供求规律，确定服装价格的适当水平具有更重要的意义。

在市场经济中，企业都是市场价格的适应者而非操纵者，因此企业的所有营销工作都必须围绕适应市场价格这一主题展开。企业要实现赢利目标，不仅要为消费者提供满足其需求的产品，也要制订出消费者接受的价格水平。因此，营销人员必须认识到，决定服装价格的不是成本，而是市场。消费者对服装价格的理解和看法往往比其价格本身的高低更重要。

二、服装商品的比价

服装商品的比价是指消费者在服装消费经历中建立起来的、对不同产地、不同品牌、不同质地、不同款式的一种价格对比，这种价格对比直接影响消费者对服装企业产品价格定位的接受程度。服装商品的比价主要包括：

1. 同类服装的比价

同类服装是指所使用的原材料和加工工艺基本相同的服装，如衬衫、T恤等服装产品。一般由于产地不同、厂家不同、品牌不同而产生相应的比价效应。往往消费者认可的名牌服装比价较高，正牌大厂的服装产品比价较高，外地大城市产品的比价较高。

2. 系列服装产品的比价

广义的服装产品包括外套、裤子、衬衣、内衣、领带、帽子、袜子、腰带、鞋子等产品，这些产品的价格在一定程度上都存在一种比价关系。利用这种比价关系，企业可以根据自己原有的拳头产品的价格，为新开发的系列产品定价。

3. 新旧款式服装的比价

新款服装的价格一般高于旧款的服装，然而从不同类型的服装产品上看，时装类的新旧款式服装的比价差异较高，而基本类的新旧款式服装的比价差异较低。

三、服装商品的差价

服装商品差价是指服装企业针对不同的购销环节、不同的销售地区、不同的销售季节、不同的服装质量而采取的差异化定价，充分利用服装的地点效用、时间效用、质量效用，疏通服装商品流通渠道，促进服装销售。服装商品的差价主要包括：

1. 服装的批零差价

服装的批零差价是指服装商品的批发价格与零售价格之间的差额。其主要由零售商的流通费用、税金及利润构成。考虑到服装商品的时效性和压货的风险,服装的这种批零差价可能较大,也可能不大。

2. 服装的地区差价

服装的地区差价是指同种服装在同一时间,不同地区之间的价格差额。其主要原因是由于到不同地区的流通费用不同,不同地区的需求价格弹性不同,或是地区促销因素造成的。一般流通费用高的、需求价格弹性高的地区,销售价格会高一些。

3. 服装的季节差价

服装的季节差价是指同种服装在同一市场的不同季节价格之间的差额。时装类服装商品时效性很强,过季后往往很难销售,所以季节差价较大,而基本类服装商品来年后还可以继续销售,故季节差价不大。

4. 服装的差异化差价

服装商品的差异化体现在许多方面,如品质差异、包装差异、款式差异、品牌差异、服务差异等。根据这些差异化因素,一方面有利于利用价格差异引导消费者购买,满足各种消费层次的需求;另一方面也有利于企业间的竞争。因此,服装本身的差异化是导致价格差异的重要因素。

四、价格目标

企业发展的目标往往可以在定价决策中反映出来，企业往往会根据其定价的目标选择相应的定价水平。企业的定价目标可以划分为以下几个方面：

1. 生存目标

在一个有限的市场中,如果竞争者太多,企业可能面临倒闭的危险,这时生存目标比利润目标更重要,这样企业必须设定一个较低的价格,增加销售量,维持企业的生产。这时企业会采取最小亏损的价格策略,将价格确定在保本价格水平和变动成本水平之间,维持现状,等待市场赢利机会。如生产淡、旺季明显的服装加工企业,在淡季时为稳定工人,会用低价接一些加工单来维持生产。

2. 利润最大化目标

在这一指导思想下,企业通过测算产品成本及产品的市场需求弹性之后,确定一个价格水平保证此时企业的利润最人。对于生产流行时装的企业,由于面临产品过时的风险、被仿制的风险,为了能迅速从市场中回收产品开发的投资及获取利润,通常采用这种定价目标。这一目标能实现的前提条件是能够准确把握市场的需求。

3. 市场占有率目标

这是企业经营的一种长期发展战略，提高市场占有率不仅可以达到增加销售量，从而降低产品的生产成本，增加企业产品的赢利能力，也能提高企业产品的声誉，从而增强企业产品的综合竞争实力。为了提高企业产品的市场占有率，企业往往会把价格定得较低，这样必然会减少企业利润，但如果企业产品已经具备了超越竞争对手的竞争优势(如服装在品质、设计方面领先)，只需要维持与竞争对手一样的价格就可以达到这一目标了。

4. 产品品质目标

企业在制订产品的价格时，生产成本是构成产品价格最基本的因素之一。为了配合产品品质目标，企业在确定生产成本水平时，需要提高产品质量成本的水平，从而导致产品价格中的质量成本比重增加。为了树立高质高价的名牌形象，企业可以采取这一定价目标。

5. 竞争效用目标

企业所制订的商品价格是为了削弱竞争对手的各种营销成果，达到刻意降低或抑制其竞争对手营销效果的目的。如抢在竞争对手打折促销之前，率先降价，以打击竞争者。这种定价目标一般只是一个短期行为。

6. 消费者满意目标

一些企业认为只有使消费者满意，才可以获得稳定的利润。因此，这些企业一般不太重视短期利润，而把稳定拥有长期顾客作为其定价的目标。采用这一定价目标的前提是顾客满意的定价在长期内必然会带来更多的销售额，并使利润增加。

五、服装价格的构成

服装的价格构成可以从以下两个方面考虑：

1. 服装的出厂价格构成

服装的出厂价格是服装生产企业出售服装产品的价格，其构成内容主要包括服装生产企业的各种生产成本和费用以及工业利润，其中生产成本和费用的计算依据主要来源是企业的财务成本。

(1)生产成本和费用。服装的生产成本主要包括原材料费用(面料、缝纫线、纽扣、拉链等)、包装材料费用(胶袋、纸盒、纸箱、大头针等)、人工费用(工人的工资、管理人员的工资等)、间接费用(设备的折旧等)、管理费用、财务费用和销售费用等。另外，对于时装产品而言，尤其是高级时装，其成本还包括市场调查费用、设计费用和广告费用等。

(2)工业利润。工业利润是指生产者取得的利润。通常一般服装加工企业的赢利能力较小，而拥有自己品牌和具有规模优势的服装企业，其赢利能力较强。对于不同的服装，单位产品赢利水平的高低有很大的差异。名牌服装较无牌服装赢利能力强，时装较传统服装赢利能力强。

2. 服装的商业价格构成

服装商业价格是指服装商业企业销售服装商品的价格，包括批发价格和零售价格。服装商业价格的构成要素主要包括：服装商品的进价成本、经营费用、管理费用、财务费用、商业利润和税金。

(1)进价成本。进价成本是指商品流通企业购进服装商品时所支出的直接费用和间接费用。

(2)经营费用。经营费用是指商品流通企业在整个经营环节中所发生的各种费用，如店铺租金、运输费、装卸费、保管费、包装费和商品损耗等。

(3)管理费用。管理费用是指商品流通企业的行政管理部门对商品进行流通管理和组织商品经营活动所发生的各项费用，如招待费、注册费、易耗品摊销、修理费、坏账准备金等。一般管理费用是不直接计入某种商品的价格，而是进行分摊处理的。

(4) 财务费用。财务费用是指商品流通企业为筹集资金而发生的各种费用，如利息支出、金融机构的手续费等，其中利息支出往往占了财务费用的较大比重。

(5)商业利润。商业利润是指商品流通企业所取得的利润。服装企业如果选用中间商分销产品，就必须向商业企业让渡部分商业利润，其比例取决于服装企业的声誉及其产品的市场占有率。

(6)税金。计入商品价格的税金一般指价内转嫁税，如消费税、关税、资源税和营业税等。这些税金可以直接计入商品的价格。而增值税虽然是价外税，但其最终还是由消费者负担的，所以一般零售企业也把增值税计入商品的零售价中。

上交税金是服装经营者应尽的义务，在对外报价或接受报价时，必须注意其价格是含税价还是不含税价，避免产生经济纠纷。

在服装的价格中，各个构成部分所占的比例往往存在较大的差异。就成本而言，普通服装的成本是以基本生产成本为主的，而高级时装或名牌服装的成本则向设计、广告等营销成本倾斜。就利润的产生而言，有的服装在相当长的一段时间，均可获得较为稳定的利润，而有的服装，尤其是流行期很短的时装往往只是在流行初期、中期具有较高的获利能力。在传统的市场营销观念中，企业往往采用机械的模式，利用服装产品的生产成本来确定服装销售价格水平，忽视市场需求对价格的影响。一方面，以生产成本作为制订服装产品市场价格的依据，没有从根本上转变生产型的经营观念，所制订的价格往往脱离消费者的接受水平；另一方面，如果制订服装价格只考虑有形的生产成本，忽视营销成本或交易成本，很难提高服装产品的资本密集程度，也就摆脱不了服装营销在低水平上延伸的局面。在现代市场营销实践中，企业定价的成功与否依赖于有效的市场营销组合,服装产品的定价必须与企业产品、分销渠道、促销手段等营销因素互相配合。

企业必须把定价作为整体经营战略的一个组成部分，应该重点考虑的是在现有市场接受的价格水平下维持怎样的成本才能实现利润目标。如西班牙的服装品牌ZARA,就是采用按需设计的模式,在保证产品质量的前提下,尽量减少服装中与时尚无关的细枝末节,最大限度地降低成本,以提高利润。

第二节 影响服装价格的因素

一、影响服装价格的内在因素

1. 服装材料

服装材料的价格直接影响到服装的成本，其中服装面料的价格对成本影响最大。如从相同款式的西服来看,在不考虑品牌因素的情况下,纯毛料的西服可卖上千元,混纺的西服可卖几百元,而中长化纤的西服不到百元。另外,对大批量生产的服装产品,其服装辅料的价格对成本的影响也是较大的,如拉链、纽扣、衬料等的价格,也会影响产品的价格。

2. 服装的质量

要提高服装的加工质量,就必须改进生产设备,增加品质控制成本,这些都会使服装的成本提高。在市场上,消费者通过对服装质量和价格的比较就可以得到高质高价、低质低价、质优价廉、质劣价高的结论,从而做出自己的购买选择。

3. 服装的产量

由于企业生产的总费用包括固定费用和变动费用,在规模效益的作用下,固定费用会随产品产量的增加而分摊到更多的产品上，从而使单位产品的成本下降。因此,大批量生产的服装价格较为便宜。

4. 服装的品牌

服装企业要创造名牌服装,不仅要加大生产技术和管理的投入力度,更需要投入大量的促销费用,从而使服装价格中的促销费用比重升高,提高了服装产品的资本密集度和服装产品的附加值,这是名牌服装价格较贵的重要原因。

二、影响服装销售价格的外部因素

1. 经济因素

服装作为人民生活的必需品,其受经济因素的影响极大。当宏观经济形势向好时，消费者的收入增加较快，服装消费就会上升，生产企业就会扩大生产，提高产品质量，增加产品款式，争取更多的市场份额，服装价格也会因服装消费市场的繁荣而上升。

2. 服装的流行情况

在服装流行的初期，服装的价格往往较贵，在人们求新求异的心理下，物以稀为贵，其价高一样会被消费者接受。而在服装流行的末期，由于该服装在市场上的广泛上市，必须依靠人们的求廉心理，才能将服装销售出去，故这时服装的价格较低。

3. 服装的销售环境

服装的销售环境也是直接影响服装价格的因素之一。在一个环境幽雅的购物环境中，消费者对这种环境中的商品亦会产生一种信任感。因此，对高档服装的销售，往往通过周围环境的衬托，可以卖得高价。而有的降价服装，则通常采用比较普通的购物环境，让消费者产生一种廉价的感觉。

4. 服装的竞争环境

服装与其他产品不同，人们对服装的需求具有多样性，这就决定了服装的竞争手段的多样性，包括品种、品牌、价格、质量等。对于非名牌服装，其价格竞争就显得更为重要，随行定价便成了大众化非名牌服装定价的主要方法。

5. 服装商品的比价与差价因素

服装商品的比价与差价是服装企业进行服装产品价格定位的一个重要参考因素。通过分析服装产品的比价，有利于服装企业制订出消费者接受的价格水平，通过对服装产品差价的控制和调整，有利于服装企业产品销售渠道的畅通及正确引导消费者的消费。

第三节　服装定价的方法

服装定价的方法是多种多样的，对于服装企业而言，选择适当的定价方法，可以保证企业制订一个合理的价格水平，使企业的服装产品既能卖出去，又能获得足够的利润。如何确定企业服装产品的合理价格水平是企业的可控营销因素中最难以把握的因素，也是最重要的市场营销因素。企业的定价方法可以概括为以下三种。

一、成本导向定价法

成本价是企业定价的最低经济界限。只有高于成本价的定价，企业才能有利可图。采用成本定价，首先要确定服装的成本。服装成本的估算往往包括很多方面，应考虑的基本要素包括：

(1)材料成本。面料、辅料的价格与用量，包括面布、里布、衬布、拉链、线、商标、纽扣、垫、扣、魔术贴、胶带、纸箱等。

(2)工艺成本。工艺的难易程度、洗水、绣花、串珠等。

(3)人工成本。一般工人工资、管理人员工资、福利等。

(4)厂房与设备的折旧成本或租金。

(5)运输成本。运输费、手续费等。

(6)其他成本。配额、样板费、损耗费和其他各项费用等。

成本估算出来之后，就可选用以下几种方法，确定服装的销售价格。

1. 成本加成定价法

成本加成定价法是指服装企业在确定了服装的生产成本之后，在成本的基础上按目标成本利润率来确定服装的销售价格。其计算公式如下：

服装的出厂价格=服装的生产成本×(1+目标成本利润率)

服装的销售价格=服装的商业成本×(1+目标成本利润率)

这种定价方法计算简便，成本和利润的关系十分明显，但是该价格不能反映市场的供求关系和竞争情况，缺乏灵活性。这种成本导向的定价方法只适用于常规服装在市场供需大体平衡、市场竞争缓和时的定价，其适用的前提是能够完成产品的销售量。由于市场上产品价格与需求量一般是一种反比关系，因此，如果价格过高，其目标利润是难以实现的。

2. 最低定价法

在服装企业的经营中，除了自产自销的企业外，还有一类是为其他企业加工服装，在制订加工价格时通常需要确定一个最低的可接受的价格水平，作为企业在进行价格协商时的一条警戒线。一般也称为收支平衡定价。最低定价法的计算公式如下：

$$Pf=P\times Q-C\times Q-F=Q\times(P-C)-F$$

式中：Pf为加工毛利，P为单位产品加工价格，Q为加工量，C为单位产品变动成本，F为固定成本，$P-C$为边际贡献。

从公式中可以看出，当加工毛利为0时，单位产品加工价格的水平是最低的，由于C和F是常数，最低价格还会因加工量的增加而降低。

在特殊情况下，加工价格水平还可定得更低一些。从公式中不难发现，边际贡献首先弥补固定成本，其差额表现为毛利。当企业产品销路不畅、开工率严重不足甚至停产时，边际贡献会变得很小，而固定成本则不会因生产萎缩降低，因此企业的亏损将会更大。如果能通过适当降低价格增加销量，使边际贡献有所提高，则会减少企业的亏损。当企业生产任务安排之后，还有可利用的剩余生产能力时，也可考虑采用这种定价的方法，以充分发挥企业的生产能力。

二、需求导向定价法

需求导向定价法是指企业在制订产品的价格时，以消费者需求状况为依据的一种定价方法。企业产品的价格水平是否合理，最终取决于消费者和用户，而不取决于生产者和销售者，这是一种伴随市场营销观念更新而产生的一种新型定价方法。与成本导向定价法相比，需求导向定价法的起点是消费者而不是生产者，从而完全改变了传统成本导向定价的思路，使价格这一营销因素更接近消费者。对于服装产品而言，服装需求层次的多样性，为服装企业采用需求导向定价法提供了依据。

1. 理解定价法

需求导向定价中常用的一种方法是消费者理解价值定价。采用这种定价方法，服装企业首先要测试消费者对服装价格的理解，确定服装产品的零售价格，然后从零售价倒推计算批发价和出厂价。一位年轻女性消费者在购买一件时尚的职业装时，其对价格的理解包括以下几个方面：

理解项目	理解值
同样质地的服装	200元
款式新颖	80元
名牌	80元
服务好，购物环境好	20元
售后服务	10元
总计	390元

虽然，消费者在对服装产品各个项目上的理解可能并不一致，但如果总价在其理解范围内的话，并不会影响他的购买。同时，消费者对价格的理解往往不是单一的价格，而是一个区间。所以，如果企业的销售价格正好在这个区间的上限区域，当然可以获得较好的经济效益，而如果是在往下的位置，则可能会出现“应该”赚得的利润没有赚到的现象。另外，消费者对流行时装价值的理解，会因流行期过而大大降低，因此流行时装的价格会因市场需求的变化产生较大的波动。

采用理解定价方法，一方面有利于协调生产企业和销售企业的利益关系；另一方面生产厂家可以通过倒推出来的出厂价，合理采购物料进行生产。采用这种定价方法的关键在于企业对消费者理解的商品价值要有一个正确的估计。如果企业对消费者理解的价值估计过高,定价必然过高,从而会影响销售量。反之,定价过低,则不能达到需求定价法的营销目的。因此,企业在进行以需求导向定价时,必须深入地、科学地搞好市场调查和市场预测。需求导向的定价方法特别适合于各类新款的时装产品定价。

2. *需求差别定价法*

需求导向定价法中的另一种定价方法就是根据市场需求的差别进行差别定价,即对同一种产品采用两种或两种以上的不同价格。

如同一款服装在深圳市场卖430元,而在武汉市场则卖380元。其定价的依据是两地的市场需求量和价格弹性的不同,一般需求量大的地方和需求价格弹性小的地方定价要高一些。其目的是尽可能地获得最高的销售利润。

这种需求差别定价法虽然有利于引导和扩大市场销售,获得较高的利润,但这种需求量和价格弹性的差异往往在事先是难以确定的,因此,所导致的价格差别也难以确定,同时还会增加相应的管理成本,所以,这种定价法的操作难度很大,要求也比较高。

三、竞争导向定价法

竞争导向定价法是以竞争者的同类产品价格为定价依据,并根据竞争状况的变化进行调整。服装企业在生产同类的常规服装和类似的时装时,在市场上不可避免地会受到消费者从质量到价格的多方比较,因此,企业在进入一个具有竞争者的市场时,首先必须与竞争产品进行质量和价格的互比,然后,根据高质高价和低质低价的原则,制订出合理的价格,以保证产品在市场上能占有一席之地。

采用这种定价方法,企业可以根据同类服装产品的价格水平,结合本企业的实力,确定符合企业经营特点的营销组合策略,从而避免同行业在价格方面的激烈竞争。当企业在生产效率、产品成本和产品质量等方面都不如竞争者时,运用这种定价方法,企业可能会陷入困境。

这种竞争导向的定价方法适合于在生产上具有某些优势,在市场上有较多竞争者的服装企业,一般是以生产常规服装和普通流行服装为主的企业。

在20世纪80年代,当时在香港的外国名牌衬衫一般定价为160港元。金利来公司推出男装衬衫时,并没有采取148港元的竞争价格策略,而是把价格定在了178港元。结果却取得了空前的成功,在产品上市之后,第一年推出的10万件很快销售一空,第二年推出的100万件还是供不应求,到了第三年,推出200万件还是不能满足市场的需求。其成功的原因是采用了理解定价法,因为当年买得起160港元的消费者是金利来的目标顾客,他们的理解是:"148港元一件的衬衫肯定在质地上、档次上比其他外国名牌衬衫要差一些，既然买得起160的就没必要买148的。”“金利来居然比外国名牌还贵出18元，质量肯定好，买一件试试。”因此，选择合适的定价方法往往是企业营销成功的第一步。

第四节 服装定价的策略

服装企业无论采用成本导向定价法，还是采用需求导向定价法，在实际运用中，还可以根据市场环境、产品特点、交易条件和消费者心理等因素，采取适当的定价策略，对一种定价方法做出灵活调整，使企业的服装价格更容易被消费者所接受，获得更高的利润。

一、服装价格的定位策略

服装企业在推出新款服装上市时，价格定位十分重要。一方面，它影响服装消费者对服装新产品的接受程度，另一方面，也影响新产品的赢利能力。服装企业在对新产品的价格进行定位时，可以选择以下几种定位策略：

1. 高价定位

服装是一种技术含量较低的产品，较容易被他人仿造，故服装产品的高价定位和一般新产品的撇脂定价法不同，其高价定位的目的不是为了在短期内收回投资，赚取高额利润，而是为了维持一种产品的形象。对于高价定位的服装，一定要配合以大量的广告宣传，从而产生一种名牌高价的效果。由于在巨大利润的诱惑下，所有的名牌产品都会有假冒的产品，但这些假冒的产品，从服装的品质和销售的渠道上，都是较容易识别的。由于假冒名牌服装的价格低，可以满足那些想买名牌服装，却没有消费能力的人的需求，所以，假冒名牌服装也有它的市场，对高价的名牌服装市场构成了一定的威胁，增加了这种定价的风险。

2. 廉价定位

廉价定位是通过该产品与同类产品的价格比较，以较低的价格打开销路、占领市场。但这种定价的获利较少，需有较长的投资回收期，而企业在产品打开市场以后，可以通过逐步提高价格来提高获利能力。对于市场竞争较强的常规服装可以采用这一策略，如“富绅”衬衣就是用这种策略打开市场的。

3. 不定位的变价

大多数的季节性流行服装都是采用这一定价策略的，它的特点是在不同的时间内采用不同的价格，在服装流行的初期，以高价赚取高额的利润，在流行的末期则以低价售出剩余的商品，以回收资金取得最后的利润。

二、弹性定价策略

所谓弹性定价法是依据价格需求弹性的不同来确定合理的销售价格。价格的需求弹性是指市场需求对价格变化的反应程度，其计算公式为：

$$价格的需求弹性=\frac{需求量变化的百分比}{价格变化的百分比}$$

一般以E_p表示价格的需求弹性。当$E_p=1$时，需求量的变动幅度与价格的变动幅度相同，这时企业无论调低或调高价格，其总收益是不变的。当$E_p>1$时，需求量变化的幅度大于价格变化的幅度，属价格弹性充足的产品，这时企业调低价格，虽然价格下降了，但价格的降低会使销量上升较多，从而导致企业总收益的增加。当$E_p<1$时，需求量变化的幅度小于价格变化的幅度，属弹性不足的产品，这时如果企业调低价格，由于销售量上升幅度不大，反而会使企业利润减少，因此这时调高价格会使总收益增加。

服装产品是一种需求弹性变化较大的产品，对于不同的服装其需求弹性也具有较大的差异性，因此，对于不同的服装及其不同的需求弹性应采用不同的定价策略。

对于常规服装而言，其需求弹性较大，属价格弹性充足的商品，这种商品在价格较小变动的情况下会引起需求量的较大变动，在这种情况下，企业通过降价可以使产品销量和企业的总收入增加，从而使企业的总利润相应增加。因此，对常规服装的定价策略是在保证产品质量的前提下，采取薄利多销的方法，以提高企业的赢利水平。如广东惠州的“富绅”服装实业有限公司，其主导产品是衬衫，属常规服装，在进入市场初期，他们采用了中低价高品质的定价策略，很快在众多的衬衫品牌中占领了部分市场，公司也取得了较好的经济效益。

对于时装而言，其需求弹性较小，属价格弹性不足的产品，尤其在时装的上市初期，它的价格弹性更小。对于这种商品，价格的变动对需求量的影响不大，在这种情况下，企业降低价格反而会使总的利润减少，因此，对于时装产品的定价策略是在从快从新的前提下，采取以需定价的厚利少销的方法，在短时间内取得足够的利润。随着时间的推移，该服装的需求弹性会逐渐增大，最后，在该服装不能称为时装时，其需求弹性已足够大了，就可以通过降价等其他方法处理掉剩余产品，以取得最后的利润。现在上市的许多新款时装都是采用这种定价策略的。

三、折扣定价策略

折扣定价是卖方为了正确处理和买方的利益关系，促进本企业的生产和经营，根据商品交易的内容和条件，如交易的对象、交易的数量、付款的条件等，对买方进行一定的价格折扣。服装市场上的折扣定价表现为服装生产企业对服装经销商的折扣和服装零售商对顾客的折扣。

服装生产企业对服装经销商的折扣主要是在买方以现金支付货款或买方购买的批量较大时,卖方给买方一定的优惠。这种优惠可以表现为价格上的折扣,也可以表现为数量上的折扣。通过这种折扣,卖方不仅可以加速资金的周转,节约流通的费用,还可以减少呆账的风险。

服装零售商对顾客的折扣主要是季节性的折扣。服装是季节性很强的商品,一旦季节转换,服装就很难销出。不仅资金占用时间长,无法周转,而且来年的服装可能带来新的流行趋势,使这些陈年服装更难销出。因此,服装的零售商往往是在时装上市的初期,通过高价以取得足够的利润,等到转季时,再以低廉的折扣价将剩余的商品销售出去。

四、服装组合定价

服装的组合是服装生产企业依靠原有生产某种名牌产品的能力,开发出一系列或一整套的服装产品,使消费者在一间店铺内能买到所有类型的服装,以满足消费者多方面的需求。其定价是依靠原有产品的名牌效应,利用消费者的求名、求新、求方便的心理,而对不同的服装定出适当的价格。

服装组合定价可以说是家族品牌定价中的一种。如果生产商的原有品牌已经具有良好的声誉,那么他在同一品牌下推出的新产品就不需要庞大的广告费用来建立品牌的认知与偏好。尤其对于服装产品系列,其产品间差异性不是很大,并带有较强的相关性,这样通过有效的组合定价,企业往往能获得更大的利润。

如某大众休闲品牌的秋/冬季产品组合价格如下(单位:元):

男装长袖T恤:39、49 、59 、79

男装多色衬衫:119 、139、159

秋季男装风衣:139

冬季男装厚外套:139、159、199

男装牛仔裤:89、109、119、139

女装牛仔裤:99、119、139

男装衬衫:109

女装衬衫:49

休闲西装:79

袜子:20元/3双

通过这种定价策略,使其产品成为一个整体,既保持了产品形象又提高了赢利水平。

五、转移定价策略

这种定价方法在联属企业中运用较多，其基本做法是联属企业通过制订商品内部的转移价格，达到合理分配内部利润的目的。许多国家对以避税为目的的、脱离成本或市场价格的内部定价做出了法律限制，但是这种定价方法仍然被许多经营者所运用。

六、促销定价策略

企业可以利用特定的时间、场合、事件，将服装价格下调，以吸引更多的顾客，甚至可以把一部分服装作为“牺牲”的对象，以超低价销售，并诱导消费者购买其他正常定价的商品。运用这种定价方法一定要选择合适的商品、恰当的时机、合理的价位，否则就达不到应有的效果，甚至会影响正常的商品销售。

七、网上定价策略

网上销售可以说是销售方式的一场革命，因此，商品网上定价也不同于一般的定价策略。互联网给大家提供了巨大的方便，消费者可以对多个产品和价格进行比较，也可以通过网上拍卖对自己中意的商品进行竞价。搜索引擎的强大功能可以帮助消费者轻易从网上众多的销售商那里找到合适的商品和最低的价格。因此，企业网上价格竞争往往是同质商品最重要的竞争手段，而差异化的产品将是网上销售赢得利润的关键。

八、心理定价策略

心理定价策略是根据心理学的原理，以强化消费者某种购买心理动机而采取的销售策略。它主要包括以下几种：

1. 尾数定价策略

尾数定价是在定价时故意留一尾数，使消费者认为价格较低，以激发消费者购买动机中的求廉心理，从而达到扩大销售的目的。如19.9元的服装从感觉上比20元的要便宜。这种定价策略一般适用于中、低档的服装，对高档服装则不宜采用。

2. 多位数定价策略

多位数定价是将价格定在一个整数分界线以上，以显示商品的身价，满足那些为了显示自己身份和地位的消费者的心理需要，如998元的服装不如定价为1080元的服装好卖。多位数定价策略不仅可以提高商业利润，而且还可以表现该服装的身价，满足部分消费者的心理需要。这种定价策略适用于部分高档服装。

3. 名牌定价策略

名牌定价策略是一种高价策略，在国际上有绝对声望和名气的名牌产品是采用这种策略，可以迎合消费者的求名心理和炫耀心理。国际知名的奢侈品牌服装如Chanel、Gianni versace、Calvin Klein等多是采用这一策略。

4. 特价品策略

特价商品是商家为了迎合消费者的求廉心理，特意将几种商品降价销售，以招揽更多的顾客。如不少休闲品牌专卖店，往往通过对一些T恤的特价销售，来吸引顾客，使其他商品的营业额也随之上升。

5. 分档定价策略

分档定价是根据产品的规格、型号或款式的差异而将产品分为几个档次，而服装产品的分档定价往往是根据相同款式、不同面料或相同面料不同款式分别定出不同的价格，以便消费者根据不同的需求来选购。但分档时要注意不要将产品档次延伸过大，否则可能会影响品牌定位。

6. 招徕定价策略

招徕定价策略是利用消费者的比价心理，通过大量的广告和有竞争力的价格宣传来吸引顾客。如PPG衬衫的销售就是通过大量的平面广告开始：画面上有颜色很鲜艳活泼的衬衫，加上具有冲击力的标题"99元购买纯棉优质衬衫！"或"499元买5件衬衫、颜色任意搭配！"来吸引消费者。

第五节 服装价格的调整

价格在确定以后，一般不应轻易改变，但也并不是一成不变的，而是应该随经营环境的变化而加以适当调整。其主要有两种调整方式：主动调整价格和被动调整价格。也有两种调整方向：调低价格和调高价格。其实，无论是为何调整价格，还是调高调低价格，对消费者的影响往往都未必相同，营销人员应该重点关注的是消费者如何看待价格的调整并采取什么样的行动来回应价格的调整。

一、主动调价

主动调价是指企业根据市场环境和企业内部环境的变化而主动将其产品的市场价格调低或者调高。无论是调高或调低价格，都必然会对消费者、竞争者以及经销商等产生影响，甚至引起政府的关注。尤其是当生活必需品(如水、电、煤气、油、肉、粮等)的价格涨幅较大时，政府就可能出面干预。服装企业主动调价的另外一个重要原因就是对产品进行了重新的市场定位，而市场定位的首要表现就是从市场价格体现出来的。

1. 调低价格

企业主动调低价格的目的一般是为了刺激市场需求、扩大销售，也可能是通过降价来调低产品的市场定位。

当服装企业有了超过正常水平的库存时，除了要分析原因，积极寻找合适的销售渠道外，就应该考虑通过调低价格来增加销售、处理存货、回收资金。在同质化较为严重的服装产品的竞争中，企业也会利用价格竞争手段，通过降低价格来打击竞争者，提高自身的市场占有率。如果服装企业是将自身产品的市场定位下调，也会调低价格，同时为了保证企业的利润，企业还可能相应降低对服装产品的质量要求。

在企业降价的同时，企业一定要把握好降价的幅度、时机和方式。在降价的幅度上，要考虑产品的需求弹性的大小。如果降得太少，不足以刺激需求，如果降得过多，则会使企业利润减少，并使竞争者做出对抗的反应。在降价的时机上，企业要选择好降价的时机，避免因降价而导致消费者的不良心理反应。一般来说，服装零售企业适合在服装产品转季前降价，在节假日客流旺盛时降价，在企业举办重大活动时降价，在市场销售不畅时先于竞争对手降价。

2. 调高价格

企业调高价格的目的是为了维持或提高利润，或者是企业调高了产品的市场定位。

造成服装企业调高价格的原因可能是：面辅料成本上升，而企业的生产效率的提高又跟不上成本增加的速度，企业为了保持原有利润而提高产品的价格。由于我国现在服装企业的产能很大，因产品供不应求，而导致服装企业调高价格的现象已经很难再发生了。另外，因为市场竞争的激烈，通货膨胀的影响导致服装企业调高价格的现象也很少见。

在企业提价的同时也要掌握好一定的幅度、时机和方式。如果因为提价造成需求的大幅下降，这时企业调高价格的目的就难以实现了。企业在提价时还要尽量避免造成顾客的反感，如果能运用一些心理因素让顾客有积极的反应，就更好了。如在20世纪70年代的香港，由于经济不景气，在多数企业都在降价促销的时候，金利来公司反而提价出售领带，由于尽管经济不景气，但香港人普遍穿西装、系领带，并追求名牌，结果正好迎合了消费者“便宜无好货”的心理特点，不仅销路大畅，而且树立了品牌形象。再如“富绅”衬衫在旺销的时期也曾经一年两度提高销售价格，结果造成了经销商在提价前的大量进货。

无论是调高价格还是调低价格，企业不仅要考虑到消费者的反应，也要重视竞争者的反应。相对而言，提价对竞争者的影响较小，竞争者一般可以不予理睬，但当竞争者发现提价后会使企业的利润提高时，当然也会随之提价。而降价对竞争者的影响就较大了，竞争者会担心因此而失去自己的市场，一般会马上随之降价或采取其他促销手段加以竞争，其反应往往较为激烈。因此，企业在主动调整价格时，应进行全面的分析，不仅要针对自己调价的目的，同时也要采取相应的措施以避免竞争者的过激反应而造成不利影响。

二、被动调价

被动调价是企业在竞争者先于自己调价后而做出的调价反应。对于竞争者的率先调价，企业可以有两种反应：一是维持原价不变，二是随之调价。

企业要做出正确的反应，企业对于下列情况是必须了解和掌握的：

(1)竞争者调价的原因和目的是什么？

(2)竞争者调价的时间是临时的还是长期的？

(3)如果本企业不与理睬，会对本企业产品的销售有何影响？

(4)本企业是否有能力做出相应的反应？

(5)如果本企业做出反应后，竞争者和其他企业又会有什么反应？

企业掌握的资料越全面，其做出反应的正确程度越高。

当然，企业的被动调价总是落后于竞争者，在激烈的市场竞争中往往处于不利的地位。因此，企业在平时应注重市场的调查，事先对竞争者价格的调整做出预见，并事先确定各种应变的措施。同时，服装企业应加强自身的产品差异化建设，包括品牌建设，避免与竞争者进行正面的价格竞争。

本章要点

价格是企业市场营销组合中十分重要的因素之一。它不仅关系到企业的赢利和亏损，还关系到企业产品的市场竞争力。产品的价格往往受到企业内部因素和企业外部因素的影响：企业的内部因素包括成本因素、产品因素、渠道因素和促销因素；企业的外部因素包括供需状况、替代品价格、国家政策等。

服装商品的比价是指消费者在服装消费经历中建立起来的、对不同产地、不同品牌、不同质地、不同款式的一种价格对比，这种价格对比直接影响消费者对服装企业产品价格定位的接受程度。服装商品的比价主要包括同类服装的比价、系列服装产品的比价、新旧款式服装的比价。服装商品的差价包括服装的批零差价、服装的地区差价、服装的季节差价、服装的差异化差价。

企业发展的目标往往可以在定价决策中反映出来，企业往往会根据其定价的目标选择相应的定价水平。企业的定价目标有生存目标、利润最大化目标、市场占有率目标、产品品质目标、竞争效用目标、消费者满意目标。

服装的出厂价格是服装生产企业出售服装产品的价格，其构成内容主要包括服装生产企业的各种生产成本和费用以及工业利润，其中生产成本和费用的计算依据主要来源是企业的财务成本。服装商业价格是指服装商业企业销售服装商品的价格，包括批发价格和零售价格。服装商业价格的构成要素主要包括服装商品的进价成本、经营费用、管理费用、财务费用、商业利润和税金。

影响服装价格的内在因素有服装材料、服装的质量、服装的产量、服装的品牌。影响服装销售价格的外部因素经济因素、服装的流行情况、服装的销售环境、服装的竞争环境、服装商品的比价与差价因素。

成本价是企业定价的最低经济界限。只有高于成本价的定价，企业才能有利可图。采用成本定价，首先要确定服装的成本。但营销人员必须认识到，决定服装价格的不是成本，而是市场。消费者对服装价格的理解和看法往往比其价格本身的高低更重要。

需求导向定价法是指企业在制订产品的价格时，以消费者需求状况为依据的一种定价方法，企业产品的价格水平是否合理，最终取决于消费者和用户，而不取决于生产者和销售者，这是一种伴随市场营销观念更新而产生的一种新型定价方法。

竞争导向定价法是以竞争者的同类产品价格为定价依据，并根据竞争状况的变化进行调整。服装企业在生产同类的常规服装和类似的时装时，在市场上不可避免地会受到消费者从质量到价格的多方比较。

企业定价的成功与否依赖于有效的市场营销组合，服装产品的定价必须与企业产品、分销渠道、促销手段等营销因素互相配合。

服装价格的定位策略包括高价定位、廉价定位、不定位的变价。

服装产品是一种需求弹性变化较大的产品。对于不同的服装其需求弹性也具有较大的差异性。因此，对于不同的服装及其不同的需求弹性应采用不同的定价策略。

折扣定价是卖方为了正确处理和买方的利益关系，促进本企业的生产和经营，根据商品交易的内容和条件，如交易的对象、交易的数量、付款的条件等，对买方进行一定的价格折扣。服装市场上的折扣定价表现为服装生产企业对服装经销商的折扣和服装零售商对顾客的折扣。

服装的组合是服装生产企业依靠原有生产某种名牌产品的能力，开发出一系列或一整套的服装产品，使消费者在一间店铺内能买到所有类型的服装，以满足消费者多方面的需求。其定价是依靠原有产品的名牌效应，利用消费者的求名、求新、求方便的心理，而对不同的服装定出适当的价格。

转移定价策略在联属企业中运用较多，其基本做法是联属企业通过制订商品内部的转移价格，达到合理分配内部利润的目的。

促销定价策略要选择合适的商品、恰当的时机、合理的价位，否则就达不到应有的效果，甚至会影响正常的商品销售。

心理定价策略是根据心理学的原理，以强化消费者某种购买心理动机而采取的销售策略。它主要包括尾数定价策略、整数定价策略、名牌定价策略、特价品策略、分档定价策略、招徕定价策略。

价格在确定以后，一般不应轻易改变，但也并不是一成不变的，而是应该随经营环境的变化而加以适当调整。其主要有两种调整方式：主动调整价格和被动调整价格。也有两种调整方向：调低价格和调高价格。无论是为何调整价格，还是调高调低价格，对消费者的影响往往都未必相同，营销人员应该重点关注的是消费者如何看待价格的调整并采取什么样的行动来回应价格的调整。

思考题

1. 服装的价格由哪几个方面构成？
2. 影响服装定价的因素有哪些？
3. 服装的定价方法有几种？
4. 简述服装的定价策略。

服装销售渠道研究

本章内容：1.服装销售渠道的构成
2.服装分销渠道的选择
3.服装销售渠道的管理
4.服装的连锁经营
5.服装销售新渠道

教学时间：8课时

学习目的：让学生了解服装销售渠道的种类，并能根据服装企业的需要选择合适的销售渠道，并能对渠道进行科学评价和管理。

教学要求：掌握服装销售渠道的构成，了解我国服装销售渠道的发展过程与发展趋势；掌握各层次服装销售渠道的类型，了解各种销售渠道的特点；掌握选择和评价销售渠道的指标与原则；了解渠道管理的要点，认识服装销售的新渠道；学会利用以上知识点观察或分析服装市场营销中的渠道选择与实际案例。

第五章　服装销售渠道研究

服装销售渠道是指服装的流通渠道，是服装从生产者手中转移到消费者手中所必须经过的路线或中间环节。渠道的形成和运作是受到多种因素的影响和制约的,销售渠道畅通与否,直接关系到服装流通的速度与费用,从而影响服装企业的经济效益和服装产品的市场竞争能力。服装企业必须根据自身的实际情况,建立合适的渠道体系才能保证企业销售目标的实现。雅戈尔总经理李如成曾经讲过“雅戈尔的核心竞争力并不是房地产,也不是巨大的服装生产能力,而是营销网络”、“只有占据终端才能掌握自己的命运”。由此可见,服装的销售渠道的建设对企业是何等的重要。

第一节　服装销售渠道的构成

一、服装销售渠道的成员

服装销售渠道是由拥有产品所有权并承担相应风险的企业和作为渠道终点的消费者构成,其基本成员包括服装生产商、服装中间商、服装消费者和其他辅助商四类。

1. 服装生产商

服装生产商是指提供服装产品的生产企业，是服装销售渠道中最关键的因素。它不仅是服装销售渠道的源头和起点,而且是服装营销渠道的主要组织者和渠道创新的主要推动者。没有生产企业提供的产品,也就无所谓销售的渠道。生产企业提供的产品与市场需求的吻合程度，从根本上决定着营销渠道的效率和效益。同时,生产企业对自身产品与市场销售的关注,会促使生产企业致力于渠道的建设与管理工作,并根据市场的变化促进渠道的整合与创新。

2. 服装中间商

服装中间商指从事服装批零业务及代理业务的商业企业，包括生产商的销售机构、批发商、代理商、零售商等。他们在销售中所承担的责任与作用以及面对的销售对象也不大相同，如生产商的销售机构一般都直接控制着一些大型团购用户和批发商,批发商面对的是一些零售商和小型团购用户,代理商面对的是小型零售商、小型团购用户和消费者,零售商则直接面对消费者。中间商是渠道功能的重要承担者,是提高渠道效率与效益的重要因素,也是协调渠道关系的重要力量。为了增强渠道的竞争优势,生产企业在对渠道进行变革时,往往需要中间商的积极参与和密切配合,有时甚至可以由中间商来主导完成相应的工作。

3. 服装消费者

服装消费者是销售渠道的最后一个环节,也是服装产品服务的对象。许多渠道之所以会陷入困境,其中一个重要的因素就是对消费者在渠道中的地位认识不清,甚至忽视消费者的地位。因为,消费者是商品的最终购买者,是渠道服务的最终受益者,尽可能地取悦和接近消费者是渠道成功的关键。因此,在选择销售渠道时必须要充分考虑消费者的地理分布、收入多少、购买特性等因素。对于厂家和商家而言,将消费者地位置于渠道网络的中心绝对是一种明智的选择。

4. 其他辅助商

辅助商是指其他一些支持渠道业务的成员,如运输公司、仓储公司、保险公司、银行、咨询公司、广告公司等。他们不直接参与商品所有权的转移,只是为商品的交换提供便利,或为提高商品交换的效率提供帮助。

二、服装销售的中间渠道

服装销售的中间渠道主要包括服装批发商、服装经销商、服装代理商等。各类服装中间商,就像是在生产商和消费者之间的一座桥梁,通过自身广泛的销售网络,把生产商的服装产品配送零售终端,再销售到消费者手中,同时又把市场的供求情况及时传达给生产商。可以说,中间商在渠道中起着重要的作用。

1. 服装批发商

服装批发商是指从服装生产商手中购买服装,再销售给零售商以赚取差价的中间商。一般批发商可以分为一级批发商和二级批发商:一级批发商指的是直接从生产商处购买服装,然后到服装批发市场进行销售的批发商;二级批发商指的是从一级批发商购买服装(也可以从生产商直销处直接购买)后再分销给零售商的批发商。目前许多服装二级批发商承担着双重角色,即作为批发商面向零售网点,又作为零售商面向消费者。

一般一级批发商与生产商的关系较为紧密,交易也相对稳定,而二级批发商与经销商(如生产商直销处、一级批发商)的合作是纯粹建立在利益基础上,一旦某经销商对其提供的价格比别处高,或者产品的市场反应不好,他们就会毫不犹豫地从别处进货,不论他们与此经销商合作曾是多么友好、愉快或长久。因此,二级批发商对品牌的忠诚性更是完全建立在利益基础上的,只有该产品能给自己带来足够的利益时,他们才愿意经营,一旦该品牌不能为他们带来直接或间接的利益,他们就会毫不犹豫地放弃它,不论该品牌曾经为他们带来了多少利润。这正是有的服装品牌在经历了一段鼎盛时期后,突然消亡的原因之一,也是有些二级批发商为谋求短期超额利润而不惜经营假冒服装的原因所在。

同时,由于服装批发市场竞争的激烈,不少服装批发商开始向上游或下游进行延伸,直接进入终端销售或者与生产商联合开发新品牌,以扩大自身的利润空间。

2. 服装经销商

服装经销商是指为特定的服装生产商在某个地区专门销售其服装产品的商家。经销可以分为独家经销和非独家经销两种形式。独家经销是指在一定的市场范围内(如某一个城市),生产商只选择一家中间商来经销自己的产品。非独家经销则是指在一个市场范围里有两家以上的经销商。

独家经销的好处可以避免经销商之间的恶性竞争,从而有助于销售价格的稳定,有利于调动独家经销商的积极性,并充分利用其销售渠道,但如果独家经销商的经营能力有限,或者独家经销商凭借其独家经营的地位故意压价,就会直接影响企业的销售和利润。如果生产商给予独家经销商一定的销售任务,这时的独家经销亦可称之为包销。而非独家经销的优劣情况正好与独家经销相反。

3. 服装代理商

服装代理商是代理生产商进行销售服装产品,其本身并不参与购买,也不享有该产品的所有权,只是通过销售来提取佣金。与经销不同的是,经销商是买断了产品,必须自行承担产品销售不出去的风险,而代理商并不承担此风险。代理商主要分为总代理、区域与分品牌代理、总代理自己建立的省级分公司等。

在代理商的层次上,除设立总代理外,代理商还可以根据生产商的渠道模式,下设一级代理或区域代理并同时与终端销售商合作。这样,代理商从简单的分销转换成具有管理职能的渠道维护者,除业务管理外,代理商同时具备品牌管理、促销管理、财务管理等各项职能。因此,目前许多服装品牌都是采用代理制的模式建立销售网络的。

三、服装销售终端

销售终端是指企业产品在销售渠道中,处于直接面对消费者的卖场,属于企业营销渠道中最前线的一环。我国目前的服装销售终端主要包括服装批发市场、大型百货商场、服装专卖店、服装超市与折扣店、店中店、特色服装店等。

1. 服装批发市场

服装批发市场不仅面对零售商也可以直接面对消费者销售，从而也成为服装销售终端的一部分。传统的服装批发市场走的是低价位的路线，以此求得销售量的提升。目前也有少数服装批发市场逐渐走上了品牌化的经营道路，创造出批发市场特有的品牌服装之路。但服装批发市场依然是众多中低档服装及不知名品牌服装的集散地，主要是以低廉的价格和丰富的款式来吸引消费者，其消费者构成主要是以城市工薪阶层、学生、外来务工人员和流动人口等处于中低阶层的消费者。现在的服装批发市场实现了从原来的“大棚式”向“商厦式”转变，购物环境的改善，吸引了更多的消费者前往。

2. 大型百货商场

百货商场是我国传统的购物场所，随着服装销售渠道的多样化，大型百货商场的服装销售额在全国服装销售总额中的比例逐年下降，但其良好的购物环境、齐全的商品品种、优良的服务措施和商业信誉，使其依然占据了我国服装营销第一渠道的地位。根据中国商业联合会调查统计显示，2005年第三季度，百家重点大型零售企业服装类零售额76.3亿元，同比增长19.9%；销售各类服装4382万件，同比增长16.1%，说明尽管各地服装批发市场发展速度很快，但大型百货商店仍是服装服饰类商品销售的主要渠道，特别是中高档服装和品牌服装的销售，仍然以百货业态为主要渠道。

3. 服装专卖店

服装专卖店是由服装生产商或其代理商在各个销售区域设立的专门经营其一条产品线或某个品牌的产品的专业卖场。专卖店的特点是统一品牌管理、统一装修形象、统一经营模式、统一产品配送。开设服装专卖店不仅可以扩大品牌的影响力又可以提高销售额。目前的专卖店往往是以连锁加盟的形式出现的，所以发展十分迅速。如真维斯自1993年在上海开设了第一间“JEANSWEST真维斯”专卖店以来，至今已在国内20多个省市开设1700多家专卖店，其中70%以上为自营店。以纯则是从2000年开始发展加盟连锁经营模式的销售网络，已拥有超过3000多家“YISHION以纯”专卖店，遍布全国各地，并在2004年走出国门，在东南亚、中东等地区开设了专卖店。因此，开设专卖店已成为众多服装品牌生产商选择销售渠道的重要方向之一。

4. 服装超市与折扣店

服装超市与折扣店正成为服装销售市场上一道新的风景线。超市供应的服装往往不强调流行，而是以实惠的价格和质量的保证来吸引消费者。一般以衬衫、内衣、家居服、运动休闲装的销售为主。服装超市的品牌来源主要是超市自营品牌、供应商的品牌和租用超市专柜的一些国内知名服装企业的品牌。这些品牌服装主要是想借助超市的人气来提高知名度和提升业绩。服装折扣店主要经营过季、断码、略有残次的品牌服装，利用品牌和价格的双重优势来销售服装。如ITAT国际品牌服装会员店就是运用会员制营销模式，以超大型会员制卖场来销售折扣品牌服装，目前在全国各地已经开有多家分店。

5. 店中店

店中店是高档或著名品牌服装经营者在大型的购物中心中开设专卖店的销售模式。由于购物中心的整体档次高、位置好、知名度高、购物环境优雅，尽管进店要求高、租金昂贵，但各品牌服装仍然竞相进入。其原因是这里已经成为高档品牌的集中展示地，和名牌服装一起开店，有利于树立品牌形象、扩大知名度、实现品牌的附加值。如北京燕莎、赛特等大型购物中心都是名牌服装销售的必争之地。

6. 特色服装店

特色服装店一般是指规模较小的沿街服装店，店铺主要开在人流较为集中的街市和服装一条街上。为避开与百货公司、超市和专卖店的竞争，这种店铺强调经营的特色，所经营的服装的风格定位要准，能够满足人们对服装的个性和品位的追求。成功的服装店往往拥有相当多的忠实消费者。有的服装店还集销售和个性修改为一体，为消费者在购买后进行服装的个性修改。如DIY 服装美工坊就是一个不错的创意。

四、我国的服装销售渠道

我国服装商品的销售渠道是随着市场经济的发展而形成的一种多渠道的结构模式。在不同时期，服装的销售渠道也呈现出明显的差异性。

1. 早期的渠道结构

我国早期的服装销售渠道是由服装生产商、一级批发站、二级批发站、三级批发站、零售商和消费者共同构成的。一级批发站主要集中在北京、上海、广州等大城市和进出口口岸，目标是供应全国市场；二级批发站一般在省会城市和处于交通要道的大中城市，就近供应较大区域内的三级批发站和大型零售商店。二级批发站除了采购和组织货源外，还负担着商品的储存、分销和托运等任务；三级批发站一般在各地的中小城市和县城，负责本市和县一级的商品供应工作，同时还采购部分地方产品。除了逐级批发以外，生产商有时也可以越过前一级的批发站，直接向下 级的批发站或大型百货商店和零售商店供货。还有部分生产商可以自设门市部销售。

由于早期的计划经济体制，企业的一切销售活动都必须符合国家的政策法规，尤其是纺织服装产品是关系到国计民生的重要消费品。所以，国家的相关价格政策和购销政策都会影响服装的销售渠道。一般对于计划统销的商品，销售渠道比较单一，而非统销的商品和计划外的商品则允许自由购销，分销渠道也较为多样化。

纺织服装行业作为进入市场比较早的行业，早在20世纪80年代初纺织产品供不应求的局面已经发生了根本改变，流通体制也相应发生了转变。1983年取消布票以后，新的城乡纺织品流通组织应运而生，纺织品分销渠道发生了深刻变化。80年代中期以后，以指令性计划为典型模式的生产流通形式让位于市场自由配置的模式。由于纺织品批发站是计划体制下的产物，实行完全的市场配置之后，其在流通渠道中的核心地位迅速削弱，到90年代初期，各级国有纺织品批发站几乎名存实亡，为了生计，大多只能作为单纯的商场、经销点继续经营纺织品。

2. 目前的渠道结构

随着市场经济体制的深入，浙江、江苏一些商品经济意识较为发达的江南地区，乡镇企业、个体工商业迅速发展，起初的交易只涉及自由集市，自发设立流动摊点，推销自己生产的布匹或是大企业生产的积压或降级产品。由于个体经商户经营费用低，销售方式灵活，市场规模随之不断扩大。当农村和城镇中集市贸易和集中交易市场逐渐成为城郊、城镇和农村市场的主导部分时，分销渠道发生了重大变化。逐渐形成了服装生产商、代理商、集中交易市场、二级和次级交易市场、零售商和消费者的综合性交易渠道。

从目前情况看，全国已形成了以中国绍兴轻纺城、浙江义乌小商品市场、温州服装加工批发基地、石狮服装市场、广东虎门富民时装城、广东西樵轻纺城、广州站前路服装批发市场、浙江桐乡濮院羊毛衫市场等一批一级批发市场。以这些市场为基础，在内地其他地区发展起来多个二级和次级批发市场，如辽宁海城西柳服装市场、四川荷花池市场，交易商从广东、浙江、福建来购买面料和服装，再以次级批发市场为核心，辐射到周边省市和地区，由数百万批发和零售商组成的销售网络，覆盖了全国各地乡村，甚至扩延到深山僻壤。成千上万的农村集市与全国性的、区域性的集散市场互为联结，形成了多层次的批发零售的农村市场体系。与此同时，集中交易市场的部分中档产品凭借其"价廉物美"，已进入到城市的百货商场。集中交易市场不仅影响了整个农村市场，对县城、乡镇、城郊甚至大中城市的纺织品销售渠道愈来愈产生影响。

一级集中交易市场大多聚积在东南沿海的发达地区，而二级市场则分布在交通便利的区域中心，次级市场分布更为广泛，形式更为多样。如北京动物园附近的服装市场经营的主要是"广货"，北京秀水街则主要经营江浙的丝绸产品。次级市场既有分布在城市的集贸市场，又有北方农村的"大集"和庙会，更有城镇百货商店的"批零兼营"。尽管一级批发市场交易规模迅猛扩大的趋势有所放缓，而二级市场和次级市场则方兴未艾，一级市场的主导地位受到了一定的挑战。

由于交通的日益快捷，一级、二级、次级市场之间流行趋势的滞后期大为缩短，从东部沿海的一级市场，到地处要津的二级市场，再到覆盖城乡的次级市场，整个物流周转约在1星期内就能完成。而以往国内的流行时装面料由粤港传播到北方大城市就需要3~6个月的时间，再到城乡市场一般则在1年左右。现在，由于整个市场体系的日趋完善，市场认同的时间相应大大缩短了。

另外，集中交易市场的兴起，出现了一批专门从事纺织品批发的个体经营者，他们不再直接从事纺织品生产，而是包销、代理纺织企业的产品。

还有一些服装生产企业开始在大型商场租赁柜台，设立专柜进行直接销售，销售人员由生产商和商场共同指定。大型生产商开始在大中城市直接设立专卖店、连锁店、店中店等。一些品牌经营的企业则通过连锁专卖、特许经营、地区总代理等多种形式实现分销，其中有的品牌连锁专卖销售已达到相当的规模，如真维斯、美特斯邦威、以纯、雅戈尔、七匹狼等品牌。

3. 渠道发展的新趋势

服装生产企业→总经销商(代理)→二级分销商→零售店→消费者，此种渠道模式是比较常见的。然而，这样的销售网络却先天不足，在许多产品可实现高利润、价格体系不透明、市场缺少规则的情况下，销售网络中普遍存在的"灰色地带"使许多经销商实现了所谓的超常发展。多层次的销售网络不仅进一步瓜分了渠道利润，而且经销商不规范的操作手段，如竞相杀价、跨区销售等，常常造成了严重的网络冲突。更重要的是，经销商掌握的巨大市场资源，导致生产企业对渠道的实际控制能力很差，不利于生产企业的长远发展。因此，开始出现了一些渠道发展的新趋势。

(1)渠道开始由金字塔式向扁平化方向转变 。传统的销售渠道体制呈金字塔式，因其强大的辐射能力，为生产商产品占领市场发挥了巨大的作用。但是，在供过于求、竞争激烈的市场营销环境下，传统的渠道存在着许多不可克服的缺点：一是生产商难以有效地控制销售渠道；二是多层结构有碍于效率的提高，臃肿的渠道不利于形成产品的价格竞争优势；三是单向式、多层次的流通使得信息不能准确、及时反馈，这样不但会错失商机，而且还会造成人员和时间上的资源浪费；四是生产商的销售政策不能得到有效的执行落实。因而，许多企业正将销售渠道由金字塔式向扁平化方向转变。如雅戈尔曾经希望依靠传统的金字塔渠道模式占领全国市场，但事实证明这种点多面广摊子大、天高皇帝远的做法并不适合雅戈尔未来的发展需求。于是在2005年，雅戈尔再次为营销体系实施手术，使管理模式扁平化，并相继建立了西部公司，北方公司和南方公司，通过缩短供应链和管理半径达到精简销售流程、压缩销售成本、减少销售环节中的利润流失的作用。经过一年运作,新模式的营销网络功能成效显著,北方公司和西部公司均实现销售、利润、货款回收率三项指标的提高。到2006年,雅戈尔以服饰、南部、西部、北部四大公司为框架,以省级配送中心为支柱的营销网络新格局已经初步形成,为其进一步拓展市场奠定了良好的基础。

(2)渠道重心开始由大城市向地、县市场下沉。以往许多企业是以大城市作为重点开发的目标市场,在大城市,至少是在省会城市设立销售机构。当众多企业为争夺大城市市场而进行你死我活的竞争时,一些企业则已将市场重心转移到地区、县级市场,着眼于地、县级市场的开发,在地、县级市场上设立销售机构。重心下沉是一个细化市场的过程,这种细化也反映在对经销商的选择上,销售机构下沉,客户也要下沉。以往企业是以省城为中心来选择经销商,有一些经销商是在省城做市场,甚至是在省城做局部市场,而"下沉"则要求在每个县选择、设立经销商。企业对经销商的政策也由此发生了变化,从重点扶持大客户转移到重点扶持二、三级经销商。这种现象发生的主要原因:一方面,一级城市竞争激烈、市场日趋饱和,而二、三级市场包括农村地区消费能力正快速增长、市场潜力巨大;另一方面,在一级城市的销售终端运营成本高、利润少,而在二、三级市场则利润相对较高,这就促使了企业开始重点发展二、三级市场。如真维斯的开店政策,就是鼓励加盟商向二、三级及以下市场发展,在公司坚持"直营店为主,加盟店为辅"的经营政策时,通过加盟商填补市场空白点。

(3)服装特许经营模式发展迅速。特许经营是指特许者将自己所拥有的商标(包括服务商标)、商号、产品、专利和专有技术、经营模式等以特许经营合同的形式授予被特许者使用,被特许者按合同规定,在特许者统一的业务模式下从事经营活动,并向特许者支付相应的费用。成功的特许经营是一种双赢的模式:对特许者来说,通过加盟的资金可以迅速实现规模的扩张,占领更大的市场份额,同时特许者还可以从店铺日常琐碎的事务中解放出来,集中精力研究市场需求和变化,从而从根本上保障特许者本身的赢利能力。对被特许者来说,则可以使用特许者的品牌,获得稳定的货源支持,还可以得到科学的管理方法和营业帮助,从而减少创业风险。在国外,特许经营一直被看做是企业实施低成本扩张的最佳方式。而目前的许多服装企业正是利用了特许经营这一经营模式,在短时间内通过利用本地资金,快速占领了当地的服装市场。因为对被特许者而言,特许者对被特许者的资金要求相对不大,被特许者可以不懂服装设计,只要依靠特许者配送的服装商品,执行特许者的经营方针,搞好店铺日常的管理就行了。所以,特许经营已成为当前服装企业的主要运营形式。以杉杉等大型企业为龙头的中国服装企业,率先由直营系统向特许经营转制成功,从而带动了一批服装企业部分或全部向特许经营模式转型。已有相当一部分中国服装企业在特许经营探索中尝到了甜头,并初战告捷,在业界树立了良好的口碑。如虎门的以纯,就是一个通过特许经营实现品牌升级的典型,从一个批发商到目前拥有3000多家加盟店,并作为唯一获得特许使用2006年FIFA德国世界杯标志及其吉祥物等标志的休闲服装品牌,亮相国际市场。

(4)时装产品对渠道的快速反应提出了新要求。对于时装产品而言,许多消费者在购买前并不知道他们想要什么,也不知道什么将会形成时尚,也不知道下一个时尚是否会吸引他们。在时装的零售中,消费者往往需要看过、试过,然后才能形成某种观点。而且,他们的想法又常常会改变。通常的情况是,零售商推出一系列的服装后,观察消费者的反应,当发现某种颜色、款式、面料的服装比另外一种好卖时,再迅速增加好销服装的进货量。但事实上,出现的情况往往是好销的服装显得进货不足,而不好销的服装又进货太多。当零售商终于储备到足够的"好销"服装时,时尚已经改变,原来好销的服装也变得销售不畅了。因此,时装产品的快速反应显得尤为重要。快速反应需要生产商、渠道成员、零售商的密切配合,在追赶时尚的过程中,寻求利润的最大化。其关键点就是根据零售商的销售信息,依靠灵活的生产企业与渠道进行生产与交货。因此,纵向一体化的企业实施快速反应较为容易成功。如西班牙的ZARA,只需要几天的时间就可以完成对某个明星的着装或某顶级服装大师的创意作品的模仿。从流行趋势的识别到将迎合流行趋势的新款时装摆到自己的店里,ZARA仅仅只需15~30天的时间。ZARA公司正是依靠其强大供应链管理系统及其IT系统支撑,才使其成为全球服装行业中响应速度与弹性管理的标杆企业。快速反应的速度要看商品的时尚程度,如果需求受时尚的影响越小,其供应链渠道就显得越传统。对于中等价格的大众服装,极度敏感的供应链既不必要也不经济。

第二节　服装分销渠道的选择

不同档次的服装应该选择合适自身特点的销售渠道,有效的渠道对于服装销售的增长起着良好的促进作用。随着服装企业的发展,服装的销售渠道和模式也必须随着发生变革。

一、服装销售渠道长短的选择

服装销售渠道的长短是指服装生产商在分销产品时,经过的中间层次或环节的多少。中间层次或环节越多,渠道就越长。服装是一种日常生活用品,服装消费具有层次性、时间性,消费者地域分布广,这些特点决定了服装生产商可以根据本企业的经营特点，灵活选择长短不同的销售渠道。一般我们把拥有两个及两个以上中间环节的渠道称为长渠道，而把只有一个中间环节或没有中间环节的渠道称为短渠道。

在服装贸易实务中，通常有以下几种形式。一是生产商自设销售机构，不选用中间商。这类服装生产商的实力最强，他们通过自设销售机构，一方面可以分享丰厚的商业利润，另一方面运用自设的销售机构能更好地建立自己的品牌。二是生产商选用中间商分销自己品牌的服装或无品牌服装。这类生产商参与了服装市场的竞争，但是，他们必须将商业利润让给中间商，而且企业产品的竞争能力容易受到中间商的控制和影响，其经营的业绩也容易受到竞争者的冲击。三是生产商只为中间商提供加工服务。这类企业只是一种生产型的企业，赢利能力小，容易受中间商的控制。服装企业在选择销售渠道的长短时，主要考虑的因素是利润与风险。利润与销售费用及市场销量有关，而风险则取决于决策者的态度。另外，国家的税收政策也可能影响销售渠道的长短，如有些多环节重复征收的税种，如果减少营销环节，就可能达到减轻税负的目的。

案例：假设一服装企业，其服装的生产成本为120元/件，服装的市场价格为480元/件。该企业欲在某地开发市场，面临着三种渠道的选择：方案一是自设销售机构，现货供应，销售机构的维持费用为36000元/周；方案二是利用中间商销售，批发价定为168元/件；方案三是只在此地开设一个办公机构，负责接单，并予以8折优惠，办公机构的维持费用为13200元/周。从以往的经验来看，该企业利用中间商销售，基本可以保证每周600件的销量，如果派人接单，每周订货估计可达100件，如果自设销售机构，每周的销量也可能达到100件，那么该服装企业会选用哪一种销售形式？

首先计算三种方案的赢利、保本点销量，计算结果见表5-1。

表5-1 赢利、保本点销量及安全边际率计算表

计算项目	自设销售机构	利用中间商	开设订货机构
①生产成本（元/件）	120	120	120
②销售价格（元/件）	480	168	480×80%=384
③赢利能力（元/件）	360	48	264
④维持费用（元/周）	36000	0	13200
⑤预计销量（件）	100	600	100
⑥保本销量（件/周）	100	0	50
⑦赢利水平（元/周）	0	28800	13200

注 ③=②-① ⑥=④/③ ⑦=③×⑤-④。

从上表的计算可知：按预期的销量，利用中间商分销的赢利水平最高，开设订货分支机构的赢利水平居中，而自设销售机构仅仅可以保本。显然这时企业应该采取利用中间商的分销方式。但事实上，由于三个方案的市场销量都是一个预计数，可能会受到市场中不确定因素的影响，到底采用哪种销售渠道，取决于预计的销售量和决策者的风险态度，下面是对三个方案风险的基本分析。

方案一的单件产品赢利能力最强，但风险较大，如果市场情况差，销量达不到预期的目标，企业就会有亏损的风险；如果市场情况好，销量超过180件，则赢利就会超过利用中间商销售600件的水平，因此这是一个很具有挑战性的方案。方案二的单件产品赢利能力最差，但相对没有市场风险，利用中间商可以完成稳定的销售，实现企业利润。对于那些缺乏营销资源的生产商，方案二无疑是值得重点考虑的。对于方案三，赢利能力居中，与方案一相比，保本点的销量低一些，风险会小一些，可以说这种方案是一种比较折中的方案。

为了更方便的了解长、短渠道的特点，我们用表5-2进行一下比较。

表5－2　长渠道与短渠道的比较

渠道类型	优点及适用范围	缺点及基本要求
长渠道	分销能力强；市场覆盖面广；生产商可以利用中间商的优势转化为自己的优势；可以减轻厂家的费用压力；便于生产商集中力量搞好生产。适用于产量大又需要扩大市场覆盖面商品的销售	不利于生产商与消费者的沟通；不利于产品的迅速进入市场；生产商对渠道的控制能力低；增加了服务水平的差异性；增加了对中间商进行协调的工作
短渠道	产品能迅速到达消费者手中；生产商对渠道的控制力较强；有利于开展售后服务。适用于专用品、时尚品及顾客密度大的市场区域的销售	生产商要承担的商业职能较多；需要消耗企业更多的资源；不利于生产商集中精力搞好生产；市场覆盖面较窄

二、服装销售渠道宽窄的选择

服装销售渠道宽窄是指服装生产商选择同类中间商的数量多少及地域分布。同一层次或环节的中间商数量越多，渠道就越宽。销售渠道宽窄不同，直接影响到企业产品的销售范围、生产商对中间商的控制能力。生产商在确定销售渠道的宽窄时，有以下三种形式供选择：

1. 广泛性分销

广泛性分销也称为密集型分销，是企业为了开发某地域的市场，采取遍地开花的分销模式，让尽可能多的中间商来销售本企业的服装商品。通过选择较多的中间商，一方面可使广大消费者能及时、方便地购买本企业服装产品；另一方面也可增加销量，提高市场份额，配合服装企业以廉取胜的经营策略。这种模式的主要缺点是服装生产商对中间商的控制能力差，中间商对生产商的服装推销不重视。对于无品牌服装或非选购服装，通常采用这种模式。如以普通的内衣、衬衫、外套便服等产品为主的生产商，可以采用广泛性分销策略。但如果是流行性强、季节性变化快的服装则不宜采用。

2. 选择性分销

生产商在选择中间商时，往往只选择部分业绩良好的中间商经营本企业的服装产品，并同中间商之间建立密切联系。选择性分销，一方面可提高中间商分销本企业产品的积极性，充分利用商业企业的声誉，扩大销路；另一方面，生产商容易对中间商实施控制，避免因中间商的经营行为不当而损害本企业的声誉。对于选购性服装，如那些具有一定品位、产品服务面较窄、销量有限的时装，或受季节影响较大、顾客选择性较强的服装可采用这种分销模式。在服装营销实务中，生产商通常是在广泛性分销取得一定经验和数据后，逐步淘汰一部分不理想的中间商，形成选择性分销。

3. 独家分销

独家分销指生产商在某一特定的市场区域，选择独家分销点，规定该分销点不得经销竞争企业的产品。采用这种方式，使工贸双方利益紧密结合起来，能够加强生产商的推销工作和增强生产商对销售渠道的控制能力，提高产品信誉和商业企业的信誉。这种分销模式的缺点是任何一方失败都会使对方蒙受损失。另外，独家经销缺乏竞争，不利于促进中间商提高工作效率。对于价格昂贵的高级时装、名牌服装或具有独特功能的服装新产品可以采用这种分销模式。

以上三种分销渠道的比较如表5-3所示。

表5-3　广泛性分销、选择性分销和独家分销的比较

分销类型	特　点	优　点	缺　点
广泛性分销	凡符合生产商最低要求的中间商均可参加分销	市场覆盖率较高；适用于日用消费品的分销	市场竞争激烈，容易导致市场混乱，可能破坏生产商的经营意图；渠道管理成本较高
选择性分销	生产商从入围者中选择一部分作为中间商	通常介于广泛性分销和独家分销两者之间	通常介于广泛性分销和独家分销两者之间
独家分销	在既定市场区域内，每一渠道层次只有一个中间商	市场竞争程度低；生产商与中间商关系密切；适用于专用产品的分销	缺乏竞争，顾客的满意度可能会受到影响；经销商对生产商的反控力较强

三、服装中间商的选择

生产商在选择中间商的时候，必须牢记的就是“建渠道要先找顾客，再找中间商”。在具体选择中间商时，还必须对中间商进行全面的评价。否则，就可能做出错误的选择判断，给企业带来不必要的损失。如有的中间商经常有意拖欠货款；有的中间商故意制造很多麻烦，找理由拒付货款；有的中间商的经营行为会损害服装生产商的声誉，等等。

另外，也不一定实力最强的中间商就是生产商最好的选择，因为中间商也会选择生产商，大的中间商往往经常与大的品牌合作，对于中小企业往往看不上，要求也比较高。所以，选择中间商合适才是最重要的。

对于新建销售渠道的服装生产商而言，因为刚进入市场，其市场管理能力相对较弱，应该尽可能地利用中间商的资源进行渠道建设。如利用省级总经销的渠道，让其自主向下游招商，先组建省级区域的销售渠道，再逐渐拓展到全国。对于已经经过几年市场运作的销售渠道，生产商则可以考虑进行渠道的调整和改善，淘汰经营不善和合作不良的中间商，拓展新的销售区域，甚至可以改变原有的渠道模式和结构，建立更为合适的渠道网络。

在选择中间商时，生产商必须广泛收集中间商的相关业务信息，重点可从以下几个方面对中间商进行分析和评价：

1. 影响区域

中间商的影响区域直接关系到产品分销的地区与预期销售地区是否一致。生产商应选择影响地区与自己目标市场一致的中间商，如目标市场在四川，就应该选择有能力覆盖西南地区的中间商。对于有能力的经销商，生产商还可以考虑鼓励其跨地区经营，弥补市场空白，待渠道结构成熟后，再重新划分区域。

2. 服务对象

服务对象指中间商顾客的多少与层次，在一定程度上反映了中间商所代表的市场潜在需求的水平。中间商的服务对象必须与生产商的目标市场相一致，才能保证营销渠道向目标市场的正确延伸。如果中间商已经拥有过销售同类服装的经验，则这样的中间商可以迅速打开销路。

3. 经营实力

中间商的经营实力包括资金、人员素质、过去营业状况、增长率、仓储和运输能力等。中间商实力越强，销售成功的概率也就越高。但实力强的中间商往往要价较高，对生产商的反控能力较强。

4. 产品政策

中间商的产品政策是指其愿意销售什么样的产品，中间商经营的产品种类和产品组合情况是其产品政策的具体体现，因为中间商可能不仅仅只销售一个生产商的产品。在选择中间商时,主要是看其经销的产品的来源和产品组合之间的关系。如果中间商同时经营多个生产商的服装,就要考虑产品之间的竞争关系,如果是互补品最好,如果是竞争品就要避免选择。当然,如果自己的产品有明显的竞争优势,则可以选择有经销竞争品的中间商。

5. 服务能力

中间商要有提供综合服务的能力,包括售后服务、技术指导、财务支持、储运服务等。合适的中间商所提供的综合服务项目应该与企业产品销售所需要的一致。如希望批发商有能力对零售商进行开店配货指导、促销指导等,以便促进产品的销售。

6. 财务等级

生产商可以运用以上各种因素,对其用户进行排队分析,以便选择和控制。如按累积订货量分类,将中间商划分为大、中、小客户;按信用等级分类,将中间商划分为好、中、差客户;按中间商同生产商之间的业务关系分类,将中间商划分为老客户和新客户。

7. 合作精神

中间商与生产商合作关系的好坏,直接影响到产品的销售。中间商是否全力以赴地配合生产商,对于销售的提升起着决定性作用。如果中间商愿意按照生产商的发展战略去运作整个市场,就可以加速企业的发展,促进稳定销售渠道的形成。

对于以上7种评价要素,生产商可以通过评分加权平均法进行选择。如某服装生产商在对某地进行考察后,选出了3家比较合适的中间商候选人,各中间商的得分及评价见表5-4。

表5-4 中间商的评价

评分因素	权重	中间商甲		中间商乙		中间商丙	
		得分	加权分	得分	加权分	得分	加权分
影响区域	0.20	85	17	70	14	80	16
服务对象	0.20	70	14	80	16	75	15
经营实力	0.10	90	9	85	8.5	85	8.5
产品政策	0.10	75	7.5	80	8.0	75	7.5
服务能力	0.10	80	8.0	90	9.0	85	8.5
财务等级	0.15	85	12.75	85	12.75	85	12.75
合作精神	0.15	65	9.75	80	12	75	11.25
总分	1.00	550	78	570	80.25	560	79.5

从表中可以看出，中间商乙的加权分最高，所以该生产商可以选择中间商乙作为它的中间商。这种方法主要适用于在一个较小的地区市场上，为了建立精选的营销网络而选择理想的零售商，或者选择独家经销商。如果地区较大，可以允许适当竞争的话，则中间商丙也可以是选择的对象之一。在经过一段时间的比较后，再最终确定谁会成为以后的独家经销商。

四、选择服装销售渠道的原则

服装生产商在选择销售渠道时，从渠道的长短、宽窄和中间商的类型来讲，一般都必须遵循如下的原则：

1. 通畅高效的原则

这是渠道选择的首要原则。商品流通的时间、速度、费用因素是衡量渠道效率的重要标志。通畅的销售渠道应该是以消费者需求为导向，将满足消费者需求的产品以尽快、尽好的路线，以尽可能低的成本送达消费者方便购买的地点。

2. 适度覆盖的原则

生产商在选择销售渠道时，不仅要考虑速度和运送成本的问题，还必须考虑目标市场的覆盖率问题。一方面，过度强调降低渠道成本，可能导致销售额下降、市场覆盖率不足的问题；另一方面，渠道的过分扩张，也可能导致沟通、服务困难、目标市场失控的局面。

3. 稳定可控的原则

生产商的销售渠道一旦确立，就必须投入相当大的人力、物力、财力去建立和巩固。一个稳定的销售渠道是保证渠道的通畅高效和适度覆盖的基础。但当市场出现新情况、新变化时，又应该能对渠道进行适当地调整，保持渠道的适应力和生命力。

4. 协调平衡的原则

生产商在选择和管理渠道时，不能只追求自身效益的最大化而忽略其他渠道成员的局部利益，应合理分配各成员之间的利益。只有有效地统一、协调、引导各渠道成员充分合作，避免和减少渠道冲突，才能确保销售目标的实现。

5. 发挥优势的原则

企业在选择渠道模式时，要注意发掘自身在市场竞争中的优势地位，发挥自己的竞争优势，将渠道模式的设计与企业的产品策略、价格策略、促销策略结合起来，增强企业营销组合的整体优势。生产商的优势在于强调产品的开发和生产能力，而中间商的优势则在于强调产品终端的销售能力。

6. 形象统一的原则

渠道形象必须与生产商的品牌形象保持一致。因为服装是一种与身份联系紧密的商品，服装品牌具有很强的社会功能，体现不同的消费阶层，而不同种类的销售渠道终端与不同的社会阶层相联系的。如果具有较高品牌形象的服装，以较实惠的价格进入了较低档次的销售渠道，虽然会吸引较多讲求实惠的消费者购买，可以提升销量，但是，这样做会严重损害生产商的品牌形象，从而不利于服装品牌的定位与发展。

第三节　服装销售渠道的管理

市场营销的核心是效率，就是要以较少的资源投入获得尽可能多的产出，最大限度地满足消费者的需求。在生产商对销售渠道进行管理中，首要考虑的因素也是效率。对渠道的管理和控制，就是要运用科学的技术和手段，在保证完成分销目标和任务的前提下，尽可能地减少渠道中的人力、物力和财力的消耗。

一、销售渠道冲突的原因

渠道内不同层次之间、渠道内同一层次的不同成员之间以及生产商不同渠道之间都可能产生渠道冲突。其原因在于渠道成员对资源的需求和利益的分配上，当大家都希望多分得利益、少承担任务时，冲突就产生了。冲突的原因可以归结为以下几点：

1. 立场的不同

在任何一种营销渠道之中，不同的成员总是扮演着不一样的角色。每个角色的立场可能不一致，就造成了渠道的冲突。如生产商总是希望中间商的毛利更低一点、存货更多一点、佣金更少一点、促销投入更大一点，而中间商则希望生产商价格更低一点、发货更快一点、佣金更高一点、促销品支持更多一点等，如此立场的不同，产生冲突也就难免了。

2. 利益的驱动

利益最大化往往是渠道各成员追逐的主要目标之一，如某中间商同时经营多个品牌的服装产品时，其追求的是整体利润的最大化，而其中每个品牌都希望自己的利润达到最大化，这很容易造成生产商与中间商的冲突。还有的生产商在产品上市初期利用当地中间商的销售网络进入市场，当产品销量达到一定量的时候，生产商为了获得更多的利润就在这些地区设立分公司、办事处，甚至直接派遣销售队伍进行终端的销售，中间商对于这种行为必然会进行反击。另外，当同一渠道层次中有多个成员时，各个渠道成员也会因为各自的利益产生冲突，进而会给整个渠道造成不良的影响。

3. 资源的有限

由于每个企业的资源都是有限的，而生产商和中间商都希望能利用对方更多的资源，在多渠道经营中，每一渠道也总是希望占有更多的资源，由此也会产生新的渠道冲突。如有的生产商为了开拓新的市场，对个别中间商采取了更为优惠的政策，但生产商的资源能力不足以对所有中间商采取同样的优惠政策，而个别中间商为了争夺更多的市场份额，于是可能就产生了窜货的冲突。

4. 沟通的不畅

由于沟通的不畅，渠道成员之间可能对渠道中发生的一些问题存在不同的看法，当渠道成员对如何解决他们之间存在的问题持不同的意见和主张时，如果不能及时沟通，冲突就有可能发生。这就需要渠道成员经常保持沟通渠道的畅通，对当前状况的认识、对市场未来发展方向的预测和将要进行的抉择及时交换意见，加深相互了解，统一思想，谋求共同做好整个市场、利益共享、风险共担的原则，避免冲突。

二、销售渠道的评价

对一条渠道进行综合评价时，着重应该分析通过该渠道流往消费者手中的商品流量和回收资金的现金流量。

1. 商品流量评价

渠道的基本任务就是把商品转移到目标消费者手中，反映渠道效率的一个重要指标就是由该渠道流往消费者手中商品的数量。具体的评价指标可以采用年销售量或月销售量。销售量越大，通过该渠道来满足的消费者就越多，该渠道的贡献也就越大。

在用销售量来评价渠道的效率时，还需要从历史、同行比较、计划、波动性及趋势等方面进行认真分析，相应的主要评价指标包括销售增长率、市场占有率、计划执行率、平均误差以及销售趋势等。

2. 现金流量评价

渠道的本身就是一系列销售环节的组合，其实现的就是把商品变成货币的过程。因此，评价销售渠道的又一个重要指标就是该渠道实现的现金流量，或称为净收入，具体主要包括总销售额、销售费用、销售利润率等指标。

3. 中间商评价

由于中间商所承担的分销功能差异较大，除了前面所讲的商品流量和现金流量的评价指标外，对中间商的评价一般还应包括合作态度、回款速度、库存水平、终端的数量、网络的覆盖面、提供的服务、促销的配合程度、顾客投诉的处理能力等。

三、销售渠道的物流管理

物流是指商品实体从生产地点转移到消费使用地点的全过程。除了商品实体流通的意义外，广义上的物流还包括流通加工、包装、储存、保管以及与之联系的物流信息等流程。对商品销售渠道的物流管理一般是指商品的运输管理和仓储管理。

1. 商品的运输管理

组织商品的运输，就是要达到安全、快捷、准确、价廉的目的。在进行商品运输管理时，需要解决的问题包括制订运输方案、选择运输工具、确定发运批量、发运的时间及运输的路线以及是依靠自己力量自行组织运输还是委托专业物流（运输）公司运输等。由于服装商品本身所具有的时效性，因此，在服装商品的运输中，运送的及时快捷就显得尤为重要了。

2. 商品的仓储管理

仓储的目的是为了解决商品的生产与消费在时间和空间上的差异，通过对商品的存储与保管，满足商品在供求和周转上的需要，实现生产与消费的衔接。仓储管理的内容主要包括仓库管理和储存管理。

仓库管理主要是指对库存商品的日常养护、出入库管理和库存商品的信息管理。储存管理主要是指对商品储存费用分析、订购成本分析、经济进货批量确定和商品储存量的控制。其最终目的是通过科学的进货管理和库存管理，来降低商品的储存成本。由于服装商品本身所特有的销售的时效性和不确定性，使得在服装市场营销中经常出现对市场需求预期不足导致产品脱销或进货过多导致产品积压的矛盾局面。

3. 商品的陈列管理

服装终端销售的卖场陈列是树立品牌形象，促进产品销售的重要手段。一个好的卖场不仅能够在给消费者带来体验的同时，还能有效地扩大商家的利润。卖场的设计风格、道具、灯光等都能烘托出服装的品质，提高服装的附加值，良好的卖场氛围还可以有效增加消费者的购买决心。

一个成熟品牌无论从品牌的字体、颜色、产品风格，还是从品牌的终端形象推广上，都保持高度的统一性，如ZARA、GUCCI的卖场陈列。因此，服装系列产品推出后，货场陈列必须由企业统一培训后整体执行。陈列管理是一项系统工程，是服装走品牌化道路的必需条件，必须引起服装生产商及销售商的高度重视。

四、中间商的管理

生产商销售网的工作是否得力，是否能取得产品市场和创造产品形象，很大程度上取决于中间商推销本企业产品的热心程度和努力程度，争取中间商，维持老客户，控制中间商的经营行为，消除不利因素，将是市场营销机构的一项重要任务。同时，加强对中间商的管理有助于增强中间商的品牌意识，从渠道上推动品牌的发展。

对中间商渠道的管理工作，主要包括以下几个方面的内容：

1. 选择中间商

前面已经提到在选择中间商方面，该生产商要根据中间商的影响区域、服务对象、经营实力、产品政策、服务能力、财务等级、合作精神等方面进行全面考核。此外，中间商对品牌发展前景的看法和态度，也会直接影响到中间商对品牌经营的持续再投入问题。

2. 培训中间商

对中间商进行培训是生产商加强对中间商的管理、树立品牌形象、减少渠道冲突的重要手段。生产商不定期的组织中间商对其业务人员进行专业培训，可以提高中间商的销售水平和服务水平。培训内容包括企业文化、品牌形象、管理制度、卖场陈列、销售技巧等。

3. 评价中间商

对中间商的评价除了商品流量和现金流量的评价指标外，还包括合作态度、回款速度、库存水平、终端的数量、网络的覆盖面、提供的服务、促销的配合程度、顾客投诉的处理能力等。生产商可以通过多元化的指标对经销商进行全方位的评价。

4. 激励中间商

激励中间商可以通过物质手段及精神手段来调动中间商的积极性。如通过加大返利和规范市场等措施来提高中间商的利润水平，加大品牌建设的投入力度，不定期组织各种规格和层次的培训与考察，对优秀中间商颁发荣誉证书及奖金等。

5. 参与中间商的管理工作

生产商与中间商的关系已经不是像过去生产商把产品交给经销商以后，由经销商去运作市场，然后把货款支付给生产商就行了，而是一种伙伴式的更密切的合作关系。因此，生产商有必要在以下环节，与中间商共同完成管理工作。

(1)销售计划及销售政策的制订。中间商的销售计划是由生产商主持，各种中间商参与联手制订的。在销售政策的制订上，也是由生产商主持制订，中间商参与，但区域销售经理要征求当地经销商对于企业销售政策的看法，在此基础上企业制订这个区域市场的销售政策。

(2)库存管理。在库存管理方面主要由中间商主持，生产商给予协助。中间商需要缴纳风险保证金，对仓库存储配件进行管理，中间商要拥有自己的仓库，并提供与仓储相关的服务。

(3)零售覆盖与支持。在零售覆盖方面由中间商主持,生产商配合参与,中间商要带领自己的业务队伍将产品分销给零售商;在零售商支持方面,由中间商主持,生产商参与,由中间商向零售商提供物质条件。

(4)产品分销。在产品分销方面由中间商主持,生产商参与,中间商拥有自己的销售队伍，并通过销售队伍将产品分销给零售商，企业派人给中间商提供协助,协助中间商分销。

(5)产品促销。在促销方面,由中间商主持,生产商负责执行。生产商在企业战略的指导下,确保促销和广告宣传表现手法及风格的统一性,即要求中间商执行其制订的广告宣传方案。在促销支持方面,由中间商主持,生产商参与。

(6)售后服务。在售后服务方面,由中间商主持,生产商配合参与。生产商提供配件辅料、售后服务和制订售后服务制度,中间商在生产商的指导下主持售后服务工作。

第四节　服装的连锁经营

连锁经营作为一种零售商业的组织形式,在国外已有一百多年的历史了。现在连锁营销模式已成为许多服装品牌开发零售网络的主流形式。它对推动服装现代化的生产、引导服装消费、降低服装生产和经营成本、提高服装流通效率、建立服装市场有序竞争和正常的流通秩序发挥了重要作用。

一、服装连锁概述

1. 服装连锁店的定义

所谓连锁，国际连锁协会的定义是:“以同一资本直接经营管理11个以上商店的零售业或饮食业的组织形式。”我国学者的定义是:“在营销实践中,连锁作为一种经营模式,对资本来源、店铺售量并没有严格规定,但连锁的战略任务与营销策略应统一。”

“服装连锁店”就是所经营商品为服装的连锁店。由于服装连锁店主要经营一种品牌的服装,故“服装连锁店”有时亦称为“服装专卖店”。从一般意义上,服装连锁店具有其他连锁店共同的特点,同时,由于服装产品的特点,亦使它也具有一定的特殊性。

2. 服装连锁的种类

(1)直营连锁。是指连锁店的所有权和经营权均高度集中于总部,连锁店的经理人选、进货计划、销售方式、广告宣传及员工工资、奖金等皆由总公司控制。由于正规连锁店只有一个决策者负责决定各分店的经营产品,集中采购以争取最大的数量折扣优惠,并将产品运送到各连锁店中,统一制订价格,决定销售策略,统一商店布置,在消费者中树立统一的形象,增强消费者对连锁店的信心。

(2)自由连锁。是指总部与分店是协商服务关系,分店的所有权和经营权相对独立。各分店自负盈亏,每年向总部交纳一定比例的加盟金或指导金,总部的利润也要部分返还分店。这是一种既相互独立又相互缔结的连锁关系,在使商品进货及其他事业共同化的同时,达到共享规模利益的目的。这种形式的服装连锁店并不多见。

(3)特许连锁。亦称加盟连锁店,是指通过合同的形式,把一个企业(总部)的特别资源(如商标、商号、服务标志等)的经营权有偿转让给他人(分店)的一种经营方式。分店和总部连锁关系的纽带是合同,在这种方式下,双方订立契约,特许权授予者允许经营者销售它的商品或使用它的经营方式,并且提供各种协助性服务。同时经销者除依照契约规定,使用特许权授予者的商标、器具、服务方式外,还须与授予者分享利益。

与直营连锁相比,特许连锁有其独特的优势。对加盟总部来说,从表面上看最直接的好处就是不需要更多的自有资金,通过加盟商的资金就可以迅速实现规模的扩张、占领更大的市场份额,同时收取的加盟费还能够直接增加企业的利润,但更深层次的好处是使加盟总部可以从店铺日常琐碎的事务中解放出来,集中精力研究市场需求的变化、开发新产品、改善经营管理,以优质的产品和服务来满足消费者的需求,从而从根本上保障企业本身的赢利能力。对服装加盟总部的要求也就是要认真研究流行的趋势,设计出满足消费者需求的系列产品提供给各个加盟店,同时制订严格的经营管理制度进行管理。对加盟店来说,最直接的好处是可以使用加盟总部的商标和品牌、获得稳定的货源支持,但更重要的应该是可以得到一套科学的管理方法和营业帮助。因为,企业拥有一套成熟、科学高效的管理方法是事业成功的关键。如果投资者没有必要的专业知识和管理经验,要投资创业时需要走很长的路,而且风险较大,而加盟店则可以实施总部已经经过多年被证明是行之有效的管理系统,其成功的机会大大增加了。因此,做加盟商已经成为投资者创业成功的捷径。对服装加盟店店主而言,服装加盟对加盟商的资金要求相对不大,而且,他可以不必懂服装设计、也可以不必懂流行趋势,只要依靠加盟总部配送的服装商品,执行总部的经营方针,做好店铺日常的管理活动就行了。

二、服装连锁经营的优势

服装连锁店得以迅速地发展，是因为其优于传统的经营方式。其主要优势可以概括为以下几点：

1. 规模经营优势

连锁店经营的货品是由总部统一进货的，由于大批量的进货可以享受较高的价格折扣，从而降低了进货成本。使其在价格上具有较强的竞争优势。

2. 商品流通优势

一方面，由于连锁店采用的是统一进货、统一送配的管理经营模式，使商品到货币的转化可以较快的进行，使生产的连续性得以保证，缩短了流通的时间，减少了生产的费用；另一方面，由于连锁店分布的广泛性，在服装市场上可以形成服装随季节流动的可能性。例如，南方的天气总是比北方热得早，当南方进入夏季时，北方还是春天，这时可以将南方连锁店中未能销售的过时春装调往北方的连锁店继续销售。这样就避免了由于服装过季而引起的积压，降低了储存成本。

3. 专业分工优势

连锁店的专业分工主要表现为买卖职能的分离。连锁店的总部负责采购，以如何降低进货成本为主；连锁店的店铺负责销售，以如何扩大销售为主。这种分工必然促进经营效率的提高。另外，在连锁店中，仓储、商品陈列、橱窗装饰、财务管理、促销、公共关系和经营决策等各个领域都有专家负责，从而保证了较高的连锁店经营管理水平。

4. 信息优势

由于连锁店的分布极为广泛，每个店铺都直接面对消费者，可以更多地了解消费者的需求，反映各地市场的流行趋势。连锁店的总部通过各分店反馈的信息，可以为其以后的经营决策提供可靠的依据。同时，连锁店中的各分店和总部之间没有任何中间环节，使信息传递和反馈的速度较快，保证了信息的及时性。

三、服装连锁经营的基本原则

1. 标准化原则

作业标准化对于连锁系统中庞大的财务、货源的控制与管理至关重要，同时也有利于员工依据工作手册来工作，使任何人均能在短期内熟练业务。即使有人员的变动，工作亦不会因此而受到影响。连锁店在采购、销售、送货、仓储、商品陈列、橱窗装潢、财务、促销、公共关系、经营决策等各个经营环节都有专人负责。不仅可以保证较高的工作效率，也可以保持较高的水准。作业标准化和形象标准化不仅有利于企业自身的管理，也会使消费者对整个连锁店产生信赖感。

2. 专业化原则

构成一个连锁系统的主要架构就是总部、分店、配送中心,三者之间相互分工,相互配合,形成一个有机的整体。总部负责整个公司的经营管理、统筹进货、培训员工、广告宣传及促销活动、新产品、新店铺的统一开发,为分店提供融资,收集处理来自各分店的数据信息,并把有价值的信息提供给分店。各个分店具体负责商品销售及相关的促销活动,按销量定时向总部订货,负责现场管理、库存、顾客服务等。生产商依据总部的订单,将商品依各分店订单分别包装,送到配送中心,由配送中心验收后,依各分店的订单分别发货,定时转运到各个分店。配送中心提高了货物进销存运的集成度,很好地解决了因分店数目较多、分店货物进销存管理的低效性。

3. 信息化原则

信息化是建立连锁经营优势的重要手段。目前,在服装连锁经营中使用较多的计算机管理系统主要包括电子订货系统与销售时点系统。电子订货系统通过计算机将各分店和订货信息收集起来,通知总部的采购部门,采购部门再选择生产商,并通知配送中心按时跟进各订单的交货期。销售时点系统是实时地按商品品种类别进行销售数据的收集处理,总部可根据信息决定各种商品在各分店之间的配送比例、各种商品的库存水平,并及时向生产商发出生产的调整指令。计算机资讯管理是连锁经营快速反应的必备硬件。

4. 系统化原则

无论是何种连锁经营,均需要有一整套经营模式、独特的商品与商标。应用规范化与标准化的经营理念,构建系统化的运作模式是连锁经营成功的保证。许多成功的服装品牌营销者往往是从批发商模式演变为特许连锁模式,或者从小规模的直营模式演变为直营加特许的混合模式,营销模式的演进过程实际上是对经营模式总结与系统化的过程。一个完整的连锁经营系统应包括标准化系统、招商系统、评估系统、视觉系统、信息系统、物流系统、培训系统、财务系统等八大系统。其中,标准化系统、招商系统和评估系统是连锁系统的基础和关键内核,其专业性、科学性、规范性直接影响到整个体系的稳健和有效运营。

5. 合理布局网点原则

(1)方便消费者购买。在以消费者为中心的市场观念指导下,方便目标消费者购买是连锁店选址的首要条件,交通方便、居民密集、客流量密集的地方都是连锁店店址的首选对象。

(2)方便货物运送。连锁店经营的特点之一就是统一进货、统一运送。在通过大量进货而降低进货成本的同时,设法降低货物的储藏费用和运输费用就成为能否降低商品的销售价格、提高连锁店的竞争能力的关键。因此,连锁店网点的布局应考虑货物配送中心的供货能力，力求各网点能均匀分布在配送中心的运送范围之内，并有效发挥连锁店之间的相互调剂和平衡功能。另外，对于服装连锁店而言，运送货物的时间性也应加以考虑。

(3)方便网点扩充。连锁店网点布局应从大局出发，避免网点间距离过近，影响竞争实力。在网点的分布上应有利于网点扩充，以提高市场占有率和覆盖率。但在市场容量较大的情况下，相近的连锁店之间生意一般不会有什么影响，但两者之间必须实行统一的销售政策，如果出现恶意竞争，则不仅影响销售，而且品牌形象会有较大影响。

四、服装连锁特许经营的风险

特许经营也并非是一定会成功的。如果加盟总部决策失误，那么加盟店也必然受到损害；同样，如果加盟店经营失败，不仅会损害整个企业产品在消费者心中的形象，也会降低整个连锁体系的声誉。

有时总部过分标准化的产品和服务，未必适合加盟店当地的实际情况，也会造成加盟店的失败。如东北一位投资者见广东东莞某品牌服装在南方的销售不错，就投资加盟回东北开加盟店，结果这些以南方人身材为标准设计的服装到北方后当然是看的人多、买的人少，导致加盟店的失败是必然的。另外，加盟店发展速度过快，总部的物流系统和后勤服务等跟不上，也是导致加盟店失败的重要原因。因此，谨慎选择好加盟总部，是加盟商避免风险的重要一环。

另一方面，加盟店的个别不法行为也会对加盟总部造成巨大损害。如某品牌服装加盟店看到该品牌服装销售形势不错，为了获得更高额的利润，就从地下加工厂做了一批仿制产品，混入正品中一起销售，结果给该品牌造成了很坏的影响。另外，还有的加盟店店主从根本上不能胜任店长的工作，而总部又不能像直营店一样辞退换人，这也会影响加盟事业的发展。因此，选择合适的加盟者，并进行严格的管理是加盟总部避免风险的要点。

五、服装加盟的误区

服装特许经营可以说是服装企业加盟总部与加盟商的双向选择的结果。一般而言，加盟总部对加盟商的选择相对比较容易把握，往往加盟总部也各自有一套自身选择的标准，如需要一定的资金、必要的管理知识、较强的事业心、善于与人合作等基本要求。但加盟商在选择加盟总部时，往往由于所掌握信息的不对等性，造成选择的盲目性，容易导致损失。随着服装连锁销售形式的普及，越来越多的消费者已经认可了这一销售模式。一些中、小投资者也希望通过加盟一些服装品牌来减少自己的创业风险，但其中一些对服装特许经营的认识误区会直接导致其投资的失败。

1. 只看货是否新颖

其实，服装销售是强调整体销售的，并不是新颖的服装越多销售就越多的。对于中、小投资者而言，更应该看中的是该品牌服装的市场定位和相应的产品持续开发能力和稳定性。要避免选择那些风格易变，设计思想主要由设计师个人决定的企业，因为即使这季货品开发得很好，万一以后该设计师离职或其他个人原因，都可能直接影响以后的销售。因此，看该品牌服装销售的稳定性比看他有多少新款服装更重要。

2. 只看形象店的销售情况

一些服装加盟总部，为了吸引加盟商往往会想方设法经营一个形象店，制造生意兴隆的经营场面。但形象店的销售好也并不代表加盟店的效益也会好，因为店铺的效益不仅与开店的地区、位置、店铺大小、货品组合、人员管理等影响销售的因素有直接关系，也受店铺的租金的成本直接影响。一些形象店，表面生意良好，但因为租金昂贵，未必有很好的利润。因此，还要了解其他加盟店的经营情况和赢利水平，才能对加盟总部有一个全面的认识。

3. 加盟费越低越好

加盟费是加盟总部获得利润、控制加盟商守约经营和提供各种支持的成本保证，如果不收加盟费的总部也不提供相应的支持，这是有悖于连锁经营理念的。因此，总部收取适当的加盟费是必要的，加盟商更应看重的是总部可以提供的培训和指导支持。

4. 换货率越高越好

换货一般是指加盟店在发现服装不好销售时，可以向加盟总部退换一定数量的当季货品。有的加盟总部为了吸引加盟者，甚至提出了百分之百退换货物的承诺。表面上看，这样对加盟商风险很低，但事实上，如果商品卖不出去，即使后来全部可以退换，加盟店还是会损失人工、房租和经营的机会成本。况且，后来换来的货品也未必能够好卖。因此，能卖得出的货品才是好货，而不是可以退换的货品。

5. 订货制优于配货制

订货是指加盟商从加盟总部开发的所有货品中选择自己合适销售的货品，然后下单，再由加盟总部统一生产，在开季时由总部按单发货给加盟商销售。配货则是指加盟总部根据情况对加盟商的货品实行统一配送。表面上看，订货使加盟商更能选择好的货品，而由于加盟商本身可能缺乏更多的销售经验，在提前订货时，选货的眼光可能未必合适。同时，服装卖场的陈列也是需要相互陪衬才能促进销售的，单纯的订货，也可能影响货品的陈列。而配货可以利用加盟总部的经验和资源，选择相对成熟的货品组合模式。因此，对于有丰富经验的加盟商可以订货，而一般的新手最好还是配货。

总之，经营时间久、加盟店铺多的服装加盟总部一般都是值得信赖的，因为这说明该总部在货品、服务和经营管理方面都相对成熟，可以给予加盟商足够的支持。加盟总部提供的支持才是加盟连锁经营的实质内容，主要包括对加盟店提供全面的经营理念、管理知识、服务技能的培训；对加盟店提供开店的陈列设计、销售指导；对加盟店提供信息、咨询等各种后续服务。另外，加盟者还要对自身的权利与义务、加盟与退出的条件、资金的周转和回收期等情况都要进行仔细研究。最后，值得一提的是加盟商成功的关键还依赖于自身的努力和付出，并不是选择到了一个好的加盟总部就万事大吉了，加盟商的本身工作就是要搞好终端的销售。

六、服装连锁店的管理

服装连锁店作为服装销售渠道的终端，是服装品牌营销成功的基础与保障。零售终端卖场就像一面镜子，企业各个核心环节出现的问题都可以在终端卖场中体现出来。服装终端的销售好坏，直接影响到生产商和经销商的经营效益，因此做好服装销售终端的管理工作具有十分重要的意义。

1. 对店铺营业员的培训

服装、营业员与购物环境三位一体，不仅能给购物者以轻松愉快的心态，更能形成完美协调的整体产品形象。在这个形象系统中，营业员的言行可以使静态的购物环境及服装富于情感、动感及变化。为了搞好服装卖场的销售工作，首先要对服装营业员进行培训。

对服装营业员的培训包括形象、知识和技能三个方面。形象培训包括营业员的品德修养、仪容仪表及商业用语等方面；知识培训包括作为服装营业员必须要了解的服装商品知识，如服装商品编号、品名、产地、规格、质量、服用性能、价格及维护与保管方法等；技能培训则包括服务要求、推销技巧等。例如通过对顾客性别、年龄、服饰、语言等外表观察顾客的购物心理，从而根据顾客的购买动机及偏好，有选择地介绍适用的商品；向顾客展示商品的特色，推出主打商品；对商品准确计价，熟练包装；为顾客提供必要的售后服务。

2. 对店长的培训

店长是店铺经营好坏的核心要素。服装连锁店的店长素质会直接影响到整店的营运状况。对店长培训的重点是：对店长角色和职责的认知以及管理技能的提升。店长是店铺经营目标的执行者；是企业形象、店铺形象、店员利益的代表者；是店铺运作、店员工作的管理者；是店铺经营活动的策划者；还是相关资料的分析者。店长的职责包括执行销售任务,传达任务与反馈意见,对店员的工作业绩进行评估、考核,负责店铺人员、服装、设备、现金、财务凭证和安全卫生的管理工作,处理顾客投诉等非固定工作。

店长所应具备的基本素质包括对工作具有浓厚的兴趣;能够以身作则,具有相应的人格魅力,被绝大多数店员所信任;能够激发店员的工作热情,合理安排工作;具备相应的管理能力;对店铺经营的各个环节了如指掌;具备一定的财务知识;重视顾客的需求与感受。

3. **服装店铺设施管理**

为了提高销售服务水平,服装连锁店中会配备许多专门设施,如果管理好店铺中的设备,就能减少公司的损失,在销售中发挥辅助作用。店铺中的服务设施主要有电视、VCD、空调、传真机、验钞机、熨斗、层板、挂通等陈列设备、灯光设备。这些看似平常的东西,在销售上或店铺运作中,若疏于管理就可能带来麻烦。例如空调开得过大了,顾客可能就减少了在店内逗留的时间,或者平常保养得不好,突然间坏了,店内太热,人们就不愿意进来了。店内更常见的是传真机、打印机出问题。这些都是销售和运作的重要工具。还有容易出事故的熨斗、层板不稳固等可能给人带来伤害的设备更要要特别留意。如有专人去做这些工作,定期检查和保养,相信店中意外的事故会大大减少。这些必须引起管理人员的足够重视。

4. **货品管理**

货品管理主要包括货品的结构和货品的补给两部分内容。

货品结构是指店铺中各种类别服装商品在货品总构成中所占的比重。店铺经营的商品结构,按不同标准可以分为主打商品、辅助商品。主打商品是指在店铺经营中,数量或金额均占主要部分的服装商品,它经营效果决定着服装店经营的成败。如果当天销售排名前20位的服装,或销售金额占全天销售额的大部分(60%)的服装,就是店铺的主力商品。辅助商品是店铺中除了主打商品以外的服装。它可以陪衬出主打商品的优点,成为顾客选购商品时的比较对象。同时可以使服装的产品线更加丰满,丰富店铺的陈列色彩,克服商品的单调感,也可以促进主打商品的销售,提高附加推销。

货品的及时补给是服装销售快速反应的体现,但要完全做到,还是不容易的。在补给货品时,首先要根据商品结构分清主打商品和辅助商品。以先补齐主打商品(一般是以3~4周流转周)、再补齐辅助商品的原则进行配货。保证了主打商品,店铺的营业额就有了保证。其次要根据店铺自身的情况,若店铺是位于闹市区中心,要先定货品类型,保证货品种类的齐全。若店铺位于商业步行街,则要尽快出新款,提高竞争力。实际运用中,往往是以上方法综合运用确定商品的补给。

5. 服装店铺的日常管理

(1)营业前的管理要点。营业前的管理要点包括根据营业员休假和具体情况合理安排工作时间、检查营业员的出勤情况和仪表;检查卖场的服装陈列和卫生情况、商品的补货及库存情况、收银台的情况;通过晨会传达上级文件指示、总结前一营业日的工作情况和营业额达成率分析、介绍新货品、鼓舞员工士气、制订个人营业指标。

(2)营业中的管理要点。营业中的管理要点包括注意营业员的请假、早退情况,检查营业员的仪表情况和工作态度;每隔一段时间,去收银台查看营业情况,根据营业员的销售业绩,提醒和鼓励营业员;掌握各种服装的销售情况和补货上架情况;检查大钞是否入库、零钞是否充足;检查卖场的货品摆放情况及卖场环境的整洁、背景音乐与灯光、POP广告的摆放等;观察顾客对商品和服务的反应,注意防止盗窃,处理顾客投诉与退换货品。

(3)营业后的管理要点。营业后的管理要点包括对缺货商品及时安排补货;安排收银员打印各种报表,如银柜结存报表、营业额分类报表、销售状况报表、日终结算报表、调货情况报表、营业员业绩报表等;现金入库、打开收银机抽屉;打扫卫生,清点货品,关闭电源,关门等工作。

(4)其他管理工作。其他管理工作包括店铺员工的部分培训工作;店铺商品的收货、退仓管理,店铺商品的检验管理,商品折扣的管理,店铺促销管理,店铺的盘点工作(含日常、月末、季末盘点),对失货现象的管理等工作。

第五节 服装销售新渠道

找到一种新的、成本更低的、效率更高的销售渠道是许多生产商亟待解决的问题。不断变化的渠道环境也对生产商的渠道战略提出了新要求。因此,生产商领导人在思考现有渠道的发展过程中,要积极转变观念,洞察市场发展的规律,根据变化调整渠道或改变原有的渠道战略。就服装销售渠道而言,已经出现了一些新的销售渠道来取代原有的渠道。

一、大型服装城

大型服装城是一个独立完善、配套齐全的服装产业体系,它集服装、面辅料、服饰配件、产品开发、市场营销等一系列完整的行业体系于一身。通过产业集群效应,可以使服装生产商的生产、流通、销售更为便利,成本更低。加上服装城在现代化管理上的优势，对当地服装生产商实力的提高和品牌的提升有着积极的作用。

大型的服装城能够吸引众多的服装知名品牌进入，有利于带动商城整体素质的提高，带动其他品牌的成长，促进整体销售。有的服装城还配套有现代化的服务措施，如电子商务网络平台、大型仓储配送中心等，可以让商户足不出户，通过网络、电话遥控就可以完成大型货物的进出。

选择进入大型服装城销售应注意以下几点内容：

(1)服装城的位置。

(2)其他品牌进入的情况。

(3)自己商铺的位置。

(4)进入的成本。

(5)配套设施。

(6)专业化。

二、服装销售联营体

服装销售联营体就是服装生产商与经销商将双方各自的优势、资源结合起来，合作共同在当地成立一个相对独立的服装销售机构，一起来运作当地市场。这种联营体是以产品或者品牌为龙头、以资产为纽带，以分销利益为导向，以服务为后盾、以组织作保障、构筑起来的生产商与中间商紧密合作的销售联合体，它既不像批发结构那么松散，也不像连锁经营那么紧密，是介于两者之间的一种商业模式。

联营模式将生产商与中间商双方的利益绑到了一起，可以有效地解决如断货、管理不到位、资金短缺、各自为政等连锁经营模式中常见的一些问题。但联营体也会出现由于利益分歧、成员过多、管理混乱，最后导致解体的问题。

因此，要做好联营体，必须注意以下几个问题：

(1)资源投入问题，尤其是增加投资问题。

(2)责任、权力、利益等的分配问题。

(3)品牌推广的问题。

(4)管理监控和人事安排的问题。

(5)违约问题。

三、服装展览会

随着经济的发展，各种展览会越来越多，其中时尚类的展会在展览行业中所占比例越来越大。不少服装品牌已将服装展览会看做是业务拓展的重要渠道之一。展览会除了具有市场推广功能外，还有着一定的销售功能，因为在展览会上聚集了众多的品牌和买家，可以谈合作意向，达成经销合同，也可以寻找到加盟商等，其影响力不可小视。此外，不少展览会也吸引了众多的普通消费者，不仅可以现场销售，也有利于推广品牌形象。

世界上最具影响力的服装展览会主要在法国的巴黎、意大利的米兰，德国的杜塞尔多夫、科隆和莱比锡以及英国的伦敦。其中，巴黎和米兰是世界上公认的时装之都，在两城市经常举办各种各样的时装活动。巴黎和米兰的时装节举世闻名，主要展出当年高档服装和发布流行趋势。而世界上规模最大的服装展览会却在德国，德国杜塞多夫举办的CPD展览会是世界上规模最大的女装类展会，展出面积超过了20万平方米；德国的科隆举办的男装和休闲服装展览会则是世界规模最大的同类展览会。目前，我国的服装展览会发展很快，数量很多，除了在北京、上海、广州、大连举办外，还在宁波、青岛、深圳、成都等地都有举办，也各具特点，但良莠不齐。其中每年在北京定期举办的CHIC服装博览会已经成为我国最具影响力的服装展览会，是我国地区服装行业的主要订货会和时装信息发布场所。

服装生产商在选择参加各种展览会时，必须注意以下几个问题：

(1)服装展览会的影响力和覆盖面。

(2)参展的成本。

(3)展厅的设计。

(4)意向合同。

(5)后续服务。

四、服装邮购

在我国服装邮购尚处于起步阶段，而在国外已经有一百多年的历史了。邮购有两种形式：一种是产品目录，另一种是直接邮寄。

产品目录是把所要出售的商品以书刊目录的形式列举介绍，并配以相应的资料介绍与图片介绍。直接邮寄则是在某一具体时间内，采用小册子(优惠券)提供某一种特定的产品或服务。直接邮寄与产品目录相比更具一些个性化的特点。

在服装邮购业务中，主要采用的是产品目录。以美国为例，在1998年美国最大的30家目录零售商中，最多的是计算机销售商(9家)，其次就是服装销售商(8家)，再次是一般商品销售商(6家)。另外，在对通过目录邮购的消费者调查中发现，约有65%购买女士服装，45%购买男士服装，只有16%购买食品、礼品、书籍、计算机等。由此可见，邮购已经成为服装销售的又一重要渠道。

邮购渠道与传统渠道相比最大的优势就是能为消费者提供极大的便利性，另外，商品的独特性与价格的合理性也是竞争的关键。但邮购的一个很大的缺点就是消费者在购买之前是无法触摸、感觉和试用试穿所购买的商品的。因此，一些邮购商为了克服这些缺点，采取了寄送服装的面料样品、提供精确的尺寸以及不合身可免费退货的服务。

作为邮购零售商，在为消费者提供购物空间便利性的同时，还必须做好以下几个方面的工作：

(1)如果自己不生产商品，必须管理好供应商的供货。

(2)自行建立面对特定销售目标的零售目录或小册子。

(3)邮寄名单的确定。

(4)订单的履行和运输。

(5)要有缺货清单。

(6)退货的处理。

五、服装网上销售

随着家庭计算机的普及和互联网的发展，网上营销、电子商务已经成为生产商营销活动的重要组成部分。服装的网上销售也变得日益普及了，尽管目前网上销售的成绩还远远不及传统的销售渠道，但它已经开始改变了人们的购物方式，网上销售的优势正逐渐被人们所认识。

如消费者可以在“GAP(盖普)”公司的网页上自由选择和搭配服装，不仅包括上装与下装，还包括发型、帽子、眼镜、背包、鞋子和其他饰物的搭配，充分发挥了科技带来的便利，这是一般的产品目录所不能比拟的。另外，消费者还可以在多个网站之间进行价格比较，也可以在一天的任何时候下单订货。总之，网上销售在能够带给消费者极大方便的同时，免除了许多购物之行，缓解了交通、节约了汽油、降低了拥挤程度、消除了人们对去一些公共场所时可能发生的犯罪行为的担心。所有这些因素都能够帮助零售商提高消费者的满意度。

当然，网上销售也存在一定的问题。如缺乏亲身的实际产品体验、交易的不可控性、网上价格的开放性、产销协调的问题、配送渠道的问题、对原有销售渠道的冲击等。

服装企业进行网上销售应从以下几点着手：

(1)建立网站，搭建信息与交易平台。

(2)网站宣传，扩大市场的影响力和与目标顾客的接触。

(3)网上信息的更新与维护。

(4)网上交易的实施与服务。

(5)信息的处理。

(6)其他物流渠道的配合。

本章要点

服装销售渠道是指服装的流通渠道，是服装从生产商手中转移到消费者手中所必须经过的路线或中间环节。服装销售渠道是由拥有产品所有权并承担相应风险的企业和作为渠道终点的消费者构成,其基本成员包括服装生产商、服装中间商、服装消费者和其他辅助商四类。服装销售的中间渠道主要包括批发商、经销商、代理商等。

销售终端是指企业产品在销售渠道中,处于直接面对消费者的卖场,属于企业营销渠道中最前线的一环。我国目前的服装销售终端主要包括服装批发市场、大型百货商场、连锁专卖店、服装超市与折扣店、店中店、特色服装店等。

服装销售渠道的长短是指服装生产商在分销产品时，经过的中间层次或环节的多少。中间层次或环节越多,渠道就越长。服装是一种日常生活用品,服装消费具有层次性、时间性,消费者地域分布广,这些特点决定了服装生产商可以根据本企业的经营特点,灵活选择长短不同的销售渠道。

服装销售渠道宽窄是指服装生产商选择同类中间商的数量多少及地域分布。同一层次或环节的中间商数量越多,渠道就越宽。销售渠道宽窄的选择有广泛性分销、选择性分销、独家分销等三种形式。

在具体选择中间商时,还必须对中间商进行全面的评价,尤其是中间商的实力和信誉。否则,就可能做出错误的选择判断,给生产商带来不必要的损失。渠道内不同层次之间、渠道内同一层次的不同成员之间以及生产商不同渠道之间都可能产生渠道冲突。对一条渠道进行综合评价时,着重应该分析通过该渠道流往消费者手中的商品流量和回收资金的现金流量。评价内容包括商品流量评价、现金流量评价、中间商评价。

物流是指商品实体从生产地点转移到消费使用地点的全过程。除了商品实体流通的意义外,广义上的物流还包括流通加工、包装、仓储以及物流信息等内容。对商品销售渠道的物流管理一般是指商品的运输管理和仓储管理。

生产商销售网的工作是否得力,是否能取得产品市场和创造产品形象,很大程度上取决于中间商推销本企业产品的热心程度和努力程度,争取中间商,维持老客户,控制中间商的经营行为,消除不利因素,将是市场营销机构的一项重要任务。对中间商渠道的管理工作,主要包括选择中间商、培训中间商、评价中间商、激励中间商、参与中间商的管理工作等方面的内容。

连锁经营作为一种现代化零售商业的组织形式。服装连锁店包括:直营连锁店、自由连锁店、特许连锁店。与直营连锁相比,特许连锁有其独特的优势。服装连锁店在管理模式上,实行统一管理、统一核算、统一店名、统一标志、统一包装、统一服饰、统一广告、统一进货、统一送配、统一价格、统一服务规范、统一培训。服装连锁经营的基本原则包括3S管理原则、专业化原则、信息化原则、系统化原则、合理布局网点原则。服装连锁店作为服装销售渠道的终端,是服装品牌营销成功的基础与保障,做好服装销售终端的管理工作具有十分重要的意义。服装销售新渠道主要有新兴服装城、服装销售联营体、服装展览会、服装邮购、服装网上销售等形式。

思考题

1. 服装销售渠道是由哪几部分构成的?
2. 如何选择服装销售渠道?
3. 如何进行服装销售渠道的管理?
4. 服装销售出现了哪些新渠道?

商品陈列与应用——

服装卖场陈列研究

本章内容:1.陈列概述
2.服装卖场的构成和规划
3.服装卖场陈列构成要素

教学时间:6课时

学习目的:通过本章的学习,使学生对服装陈列的原理有基本认识,并学会在实际中运用这些原理进行服装的陈列。

教学要求:掌握陈列的含义,了解陈列的意义和对市场营销的影响;掌握服装商品陈列设计原理,了解设计过程中应该注意的问题;掌握陈列的构成要素,了解各构成要素是怎样影响消费者购买行为的;理解陈列方案的制订和实施过程;学会利用以上知识点观察或分析服装商品陈列中的规律或实际案例。

第六章　服装卖场陈列研究

对于服装而言，产品的款式和色彩设计是吸引消费者购买的重要因素，而要将产品设计的特点完全展示给消费者，就需要在卖场中对陈列进行很好的规划。服装卖场的陈列对商品销售的作用至关重要，根据相关的市场调查数据统计，好的卖场陈列可以提升10%左右的销售额。运用最佳的色彩搭配技术，结合服装品牌和款式的风格，利用各种陈列道具展示独特的陈列技巧，最大限度地将服装的特点和品牌涵盖的文化特征传递给消费者，将会对服装商品的销售起到重要的推动作用。

第一节　陈列概述

一、服装卖场陈列的概念

商品陈列(Visual Merchandising Presentation)是一项强调从视觉角度对商品进行最佳展示的技术。早期的市场营销中并没有强调陈列的重要性，这是由于市场上同质化产品品种较少，消费者选择余地较少，因此只要把商品按照一定分类整齐摆放就可以了。但是随着商品供应量的迅速增加，同质化商品越来越多，买方市场的形成客观上也就要求服装企业必须重视卖场陈列，达到吸引消费者进行购买的目的。

服装卖场陈列是一种视觉表现手法，它是指运用各种道具(包括灯光、展示台、背景音乐等)，结合产品定位和品牌文化，通过不同的展示技巧将服装的特点表现出来的一种技术。这种展示要符合品牌定位和服装的设计风格，反映服装所要表现的生活方式和流行特点，并且要随着企业陈列目的的不同而进行变化。合理的商品陈列可以起到展示商品、提升品牌形象、营造品牌氛围、提高品牌销售的作用。

二、服装卖场陈列的基本要求

服装卖场的陈列要将服装的设计特色以最有效的方式展示给消费者，这种展示有时候取代了终端营销人员产品介绍的部分工作内容，并且以最直接的方式加深了消费者对产品的认识,激发了购买欲望,同时在消费者购买过程中提供了视觉的享受。为了达到这个陈列的目的,卖场的陈列就必须满足一定的要求。

1. 对服装具有说明性

关于服装的各种说明资料,包括面料、辅料、款式特点、价格等,在卖场陈列中都应该有全面、充分的说明。当导购人员没有时间顾及所有消费者时,他们也可以获得有关产品的信息。对与众不同的面料使用要有特殊的陈列,借此强调其特点。可以通过卖场POP或者实物展示的方式完成,相当于在卖场中增加了一个视觉上的卖点,让消费者对产品的特性产生重点记忆。而对于无法让消费者直接感觉到的服装填充料,例如羽绒服里的羽绒,也可以运用相关道具进行全面的展示。真维斯在2006年冬季的卖场陈列中，将冬季羽绒服中使用的羽绒做成一个“羽绒球”,配以相关的说明,在墙身货架的层板上进行了很好的展示,使消费者对产品的质量有了更直观的认识,并且也因为这个特殊的展示,给消费者留下了深刻的印象。

2. 符合产品设计风格

卖场陈列的方式要符合服装设计的风格和商场定位。卖场环境的营造是为商品的销售做铺垫的,所以应在保持服装本身设计美的前提下,通过各种道具的使用,达到环境和服装统一的效果,给消费者创造一种特殊的体验,激发其购买欲望。休闲风格服装的卖场中要体现动感、多变、色彩起伏的陈列特点,而男正装的陈列则要求展现沉稳又不失流行的陈列特色。不同风格要借助不同的道具完成,甚至连橱窗里模特的姿态和表情都成为陈列强调的部分。

3. 便于取放

为了吸引消费者,便于消费者选购,服装卖场应根据服装的特点灵活的选择展示方式、展示位置、展示空间和叠放方式,尽可能直观的展示设计卖点,让消费者对服装与众不同的特点一目了然。除此之外,不论是对于消费者还是对于卖场的营销人员,陈列的方式还必须便于他们取放服装。有时候当导购人员无暇顾及所有的消费者时,消费者需要自己取放服装进行试穿,如果服装摆放的地方或摆放方式不易取放,消费者可能不愿意更仔细的查看商品,这就可能丧失了一个将商品销售出去的机会。而且,在人来人往的卖场环境中,导购人员也要以最快的速度把服装取给消费者,并且在消费者不满意的情况下快速地将服装折好归位,如果摆放的不易导购人员取放，则会影响他们的工作效率以及提供给消费者的服务质量。

4. 符合消费者生理特点

根据消费者的生理特点,卖场中服装的摆放和陈列高度、方向应符合人们观察事物的规律和特征。不同身高的消费者,他们最佳的视觉范围是不同的,要充分考虑服装的目标消费者身高的特点,把服装在最佳视觉范围内陈列。

以我国人体平均高度大约为165~168cm计算，人的眼睛位置大约为150~152cm,人体的有效视线范围大约是49.5°。按照消费者在货架前常规的观看距离和角度,有效的视线范围一般在高度70~180cm之间,所以这个区间被称为货架陈列中的“黄金区域”,这里通常陈列主要推荐的服装,属于主要陈列空间。

三、服装卖场陈列的方式

为了更好地体现服装的特点,卖场服装的陈列可以采用以下方式:

1. 产品系列化陈列

产品系列化陈列就是按照服装本身的设计特点,精心地选择、归纳和组织,将服装按照系列化原则集中在一起进行陈列，在视觉上给消费者一种连续性并且相互呼应的效果。产品系列化有不同的分类方法,可以是功能、风格相似的服装形成的风格系列化,也可以是颜色不同、款式类似的服装形成的款式系列化、或者款式不同、颜色相同的服装形成色彩的系列化。不论陈列时选择哪种系列化,都要强调通过错落有致、差异中存在共同之处的商品组合,使消费者对商品有一个全面系统同时又存在差异的印象。

2. 配搭组合陈列

配搭组合陈列强调服装之间的可搭配性,服装及饰品的整体性。这种陈列方式可以为消费者提供一个完整着装形象的参考，在购买过程中获得服装如何穿着的流行信息。所以,在陈列时可以利用墙身货架或者人模完成上、下装、配饰的组合展示。

3. 重复陈列

重复陈列不是强调同一款式的服装重复性的出现,而是通过服装、POP等陈列主体或者广告、标志等其他视觉刺激,在不同的陈列面上呼应性的出现,通过反复强调和暗示性的手段,强化消费者对产品或品牌风格的认识,产生深刻的印象。不是卖场中所有的服装产品都必须采用重复陈列的方式,这种陈列方式更适合企业的主要推荐商品或者设计中和其他品牌完全不同的卖点，这个卖点可以是面料的与众不同或者风格的特别定位。

4. 分区陈列

分区陈列方式就是在卖场摆放货品前，按照消费者需求的不同特征或者企业对服装的不同销售预期,对卖场进行分区,达到最佳销售效果的目的。根据分区依据的不同,可以采取以下几种分区方式:

(1)根据流行因素的不同把服装产品分为时尚产品、畅销产品和长销产品,所以卖场可以分为时尚产品区、畅销产品区以及长销产品区，并且对不同区域进行不同道具的选择。

(2)可以利用服装价格范围的不同将商品按照高档产品、中档产品和低档产品进行界定，这样在卖场中划分出不同的区域，让消费者有目标性的进行商品的浏览，缩短他们寻找目标商品的时间成本。

(3)按照企业货品推出市场时间的不同，可以把商品分为新出货品、促销货品和清仓货品，在卖场中这些货品也需要进行分区销售，同时要配合使用POP进行区域的强调。

分区陈列方式具有产品分类清晰、重点突出，可以吸引不同类型的消费者，而且方便消费者的比较和选择。

5. 场景陈列

场景陈列是从整个卖场风格的角度出发，强调通过陈列能带给消费者一种适合的场景或者生活方式，以此吸引他们的注意力。这种陈列方式利用服装、饰物、灯光、背景等道具构成一种生活的或者是幻想的场景，体现服装风格所适应的环境。卖场所构造的场景能给消费者一种联想，注意现实感的体现和情调、气氛的营造，并且要强调艺术性和创新性。

四、卖场中服装的展示方式

卖场中服装的展示是借助不同的展示方式更好地将服装特征介绍给消费者的途径，一般包括人模展示、叠装展示、挂装展示三种展示方式。

1. 人模展示

人模展示就是利用模特人台对服装进行立体的展示。模特人台可以分为半身模特人台和全身模特人台，半身模特人台又有展示上装的模特和展示下装的模特两种。这种展示方式的优点是将服装用更接近人体的穿着状态进行展示，将服装的细节充分地展示出来，并且可以展示整体服装的穿着效果。

人模一般都放在橱窗里或卖场中醒目的位置，也可以放在卖场入口处的流水台上。一般人模展示的服装，往往是本季重点推荐或能体现品牌风格的服装，它的销售量要比其他方式出样服装的销售量高。而且在卖场中，人模展示的服装还要配合其他视觉强调方式重复陈列，才能够更进一步加深消费者的印象，促进消费量的增长。

人模展示虽然以立体的形式展示服装，但是这种展示方式中模特占用的面积较大，且在相对较大的面积中只能展示一件或者一套服装，单位面积利用效率较低。所以，当卖场的面积不大，且需要展示的货品较多时，应对人模展示的数量进行合理计划。而且，人模身上服装的穿脱不太方便，当消费者要求试穿展示服装，而卖场里又只有这一件时，导购人员从模特身上取衣服就比较费时。因此，一般用人模展示的服装在卖场中都应该备有同一尺码的存货，减少不必要的无效工作。

2. **叠装展示**

叠装展示就是将服装按照规定的大小折叠，再按照尺码的不同分号叠放进行展示的方式。整齐划一的叠装不仅可以充分利用卖场的空间，而且还使陈列整体看上去具有层次性和立体感，容易形成视觉冲击。叠装和挂装展示方式的间隔使用可以强化卖场陈列的节奏感，不会让消费者产生视觉的疲劳。

叠装展示形式常用于休闲装中，主要是因为休闲装的面料大多采用棉质，比较适合叠装的陈列方式。其次，休闲装一般一个款式会有多个颜色，在卖场中不需要所有的颜色都进行挂装展示，把同一款式整齐的折叠，按照一定色彩变化进行叠装展示效果会更好。一些大众化的休闲品牌，服装价格较低，销售量较大，因此需要有一定的货品储备，叠装可以对卖场面积的最大化利用，适合销售特点给消费者一种量多价低的感觉。

(1)叠装时应注意的问题。

①分区明确。在叠装展示时，同季、同类和同系列的服装应该在卖场中同一区域进行展示。

②数量限制。叠装展示时，应该拆除服装的包装，根据服装厚薄的不同控制一叠的服装数量。一般情况，夏季服装一叠最好控制在8~12件，冬季服装一叠4~6件。

③间距限制。货架上两叠货品间距为10~15cm左右为佳，这个间距既可以很好的区别货品，又能够有效利用货架空间。

④尺码规律排列。一叠服装的尺码从上到下按照S→M→L→XL方式排列，既方便导购人员查找货品，又能很快了解断货情况。

除此之外，在折叠服装时，应将吊牌放到折好的服装中，整个叠装区域内，由上到下颜色按照由浅到深变化。同时注意要将畅销款式或颜色的货品叠放在视觉的黄金位置，以引起消费者的注意。

(2)服装折叠的要求。叠装展示时，为了体现整齐的效果，服装折叠的规格应统一，并考虑长宽比例的协调。

①上装折叠要求。上装折叠后一般长宽的比例为1:1.3左右，视觉上比较协调。为了达到服装折叠后统一的尺寸，可以使用叠衣板辅助折叠，一般成人休闲装的叠衣板尺寸为27cm×33cm，折叠后的上装控制在这个尺寸比例上。对于面料比较轻薄的服装，为了增加服装折叠后的效果，可以在叠好的服装内加一层衬叠纸，以增加折叠后服装的质感。

领子和前胸通常是上装设计的重点部位，因此经过折叠后的服装应仍保持设计特点和风格。如果设计特点在服装的下半部分，则展示时可以将服装底摆部朝上，以强调卖点。

②下装折叠要求。下装包括裤子和裙子，这些产品设计点基本在腰部、臀部以及下摆。因此，折叠时应尽量做到能展示这些部位的设计要点。休闲裤折叠时为了增加折叠后的立体感。一般情况下，一条裤腿在膝盖处折回3cm，叠后效果比较好。

3. 挂装展示

挂装展示就是将服装用衣架挂出来进行展示的方法，它分为正挂和侧挂两种。正挂一般使用在墙身货架上，将服装用衣架挂起，更完整的展示服装的正面或者有设计特色的背面，以服装的款式及搭配来吸引消费者的注意。侧挂则是将服装用衣架挂起，以侧面展示给消费者，与正挂和叠装穿插使用。

(1)正挂展示。正挂展示方式可以进行上下装搭配式展示以此强调服装的风格和设计卖点。这种充分展示服装方式比叠装的展示更加全面，并且比人模展示方式更能有效的利用卖场空间，所以目前服装卖场会经常使用。正挂陈列既具有人模展示的一些特点，全面立体的展示服装，而且现在的正挂货架挂钩上可以挂几件服装，又起到了一定的储货作用。这样服装不重叠的展示方式使得消费者需要试穿服装时取放也比较方便。

当然正挂展示也有一定的要求，才能达到更好的展示效果。首先，正挂展示时一般挂3~5件服装，做到一码一件就可以了，过多的衣服使得取放不方便。其次，服装正挂时尺码要有一定的规律，一般情况从前到后女装按照M→S→L→XL尺码变化排列，男装按照L→S→M→XL排列，将最有可能销售的码数挂在前面。再则，正挂展示时，要考虑和相邻展示的服装风格、长短要协调，颜色也要避免雷同。

(2)侧挂展示。侧挂展示方式使服装保形性较好，适合一些对服装平整性要求较高的服装，而且侧挂展示服装的排列密度较大，对卖场面积的利用率也比较高。侧挂展示的服装便于消费者的随意挑选，他们在货架中可以非常轻松地同时取出几件服装进行比较，因此非常适合一些款式较多的服装品牌。当然，侧挂也是有一定局限的，它的缺点是不能直接展示服装，只有当消费者从货架中取出衣服后，才能看清服装的全部设计，因此采用侧挂陈列时一般要和人模展示和正挂展示结合，全方位的展示服装的特点。

侧挂展示时以下问题也应该注意，才能达到很好的展示效果：

①服装同一系列的款式即使颜色不同，也应该展示在一个区域，便于消费者对比挑选。

②侧挂时由于消费者看不到整体的款式效果，所以颜色就变得更加重要，相

邻颜色以及整体的颜色变化应该符合人的视觉特征，要有一定的变化规律。

③服装尺码从左到右按照S→M→L→XL排列。

④侧挂时不能把服装挂的太密，要注意两件服装之间的距离，一般情况下两件服装之间的距离为3~6cm，如果是高档服装或者是有填充里料的冬装，这个距离还应该再大些。

⑤侧挂时，一个货架最左边的第一件服装，正面一般朝左，面向消费者。

⑥面向消费者的第一件衣服除了要把扣子扣好，符合正常穿着状态，最好使用一定的佩饰，更完整的体现服装效果。

⑦挂服装的衣架，有品牌标志的一面朝向同一个方向，并且衣钩朝向同一个方向。

在卖场的实际陈列中，人体模特、叠装、挂装不会单独使用，都是组合使用来达到最佳卖场陈列效果。当然，到底使用什么展示方式应根据品牌的定位和价格等因素灵活变化。

第二节　服装卖场的构成和规划

服装卖场中商品配置规划要有一定科学性和规律性，把什么款式、颜色的服装陈列在什么位置，不仅会影响卖场的整体视觉效果，同时也会影响销售量的变化。因此，要根据品牌的特点和消费者的购买心理进行科学的分析，合理规划。

一、服装卖场的构成

在卖场规划前，应该首先了解服装卖场的构成和可以使用的设施包括哪些，然后才能根据想要达到的目的进行规划。一个服装卖场的构成其实就是按照卖场中每个区域在服装陈列和销售中履行的职责不同而进行的划分。这种卖场构成划分的方法有很多，从对销售的角度上来说，可以分为卖场导入部分、核心经营部分和服务提供部分三个不同的区域。

1. 卖场导入部分

卖场导入部分位于卖场的最前端，是卖场中最先接触消费者的部分，它在第一时间传递给消费者服装的风格和特色等信息，吸引他们进入卖场。所以，导入部分强调的是第一时间让消费者感知差别，在视觉方面强调强烈的刺激和吸引。卖场导入部分包括服装店店头、橱窗陈列和出入口。

(1)服装店店头。店头通常由服装品牌名称或图案组成，以简单、特殊的颜色和造型，在最短的时间内让消费者记住品牌或者相关重要信息，产生差别记忆。

店头可以使用品牌名称,也可以使用品牌标志。品牌名称是品牌的文字表示部分,例如ONLY、ZARA、H&M等品牌的店头,就直接使用品牌的名称,直观的告诉消费者将要进入的是什么品牌的卖场。品牌标志是品牌中只用于视觉识别的部分,多数采用别具一格的符号、色彩或字母,可以更加形象地传递信息,并且便于识别和记忆,例如李宁卖场的店头就只使用字母"L",用最简单的方式给消费者传递相关信息。服装店店头不论是使用品牌名称还是使用品牌标志,都必须强调简单、有可识别性、各地区卖场统一使用的原则。而且安放的高度适合行人的视野,在不需要把头抬的很高的情况下能够清楚看到。

(2)橱窗陈列。橱窗对于终端的卖场来说,是非常重要的组成部分,是吸引消费者进店的第一步。一般情况,橱窗中会使用模特或其他陈列道具组成主题,形象地表达品牌的设计理念和卖场的销售信息,在消费者还没有进入卖场时,就已经获得关于品牌风格和服装流行的信息。

(3)出入口。卖场的出入口应该是分开的还是合二为一由营业面积来决定,当受面积限制时,卖场的出入口就共用一个。卖场出入口的造型和大小虽然根据品牌的市场定位不同而不同,但是方便出入是设计的首要目标。如果卖场形状是规则的,出入口在同一侧比较合理,这样消费者在卖场中可以浏览所有的货架,避免某些角落没有走到;但如果卖场是不规则的,开放式的出入口设计可能更好,也就是从任何方向消费者都可以进出、入卖场,有较自由和随意的购物感觉。

2. 核心经营部分

核心经营部分是直接进行服装销售活动的地方,是整个卖场的核心,不论是卖场导入部分还是后面的服务提供部分,都是为这一部分服务的。既然是卖场的核心,它的规划就至关重要,因为这将直接影响到服装的销售。

核心经营部分主要由各种陈列设施和用具组成,这些用具的选择要适合卖场的特点以及服装的特点,当陈列设施的类型、形状、尺寸等与陈列的服装相配合时,才能获得最佳的陈列效果,并且获得很好的销售效果。常用的陈列设施包括流水台、墙身货架、中岛架、风车架、蛋糕台及饰品架。

(1)流水台。流水台通常放在卖场入口处或卖场显眼的位置,它是卖场中平面陈列服装的陈列桌或陈列台。

流水台有单个的,也有用两个或三个高度不同的陈列台组合成高低不同的台阶式的。单个流水台可以放置几叠叠装的服装,配合POP的宣传对服装进行介绍;也可以平铺一件或者一套服装,就像正挂展示一样,展示一种服装的风格或者一种搭配方式,充当了橱窗的风格和文化展示作用。台阶式的流水台常常用于休闲服卖场的出入口处,用于展示重点推荐的服装或者促销的产品。流水台上的服装一般不用包装,是为了让消费者更容易看清服装的款式,并且取放方便。流水台上的服装大部分是叠装的，所以为了更好地展示服装，应该配合半身模特展示，给消费者更全面的服装款式信息。陈列在流水台上的服装颜色在组合时要充分考虑到消费者的视觉舒适度，颜色的变化可以是纵向的也可以是横向的，但一定要有一定的规律。一般遵循上浅下深，左浅右深的原则。

(2)墙身货架。墙身货架是沿墙摆设，用以陈列服装的高架，高度通常为2~2.5m。墙身货架的陈列空间较大，可以进行叠装、侧挂、正挂等多种陈列形式，能够比较完整地展示服装的整体效果，尤其是可以展示套装的整体效果。而且由于有效的陈列高度较高，所以可以利用一些消费者视觉顾及不到的层板对服装进行存储，一般墙身货架的最低层可以用来存储一些正挂的服装，这样导购人员取放服装都很方便。

(3)中岛架。中岛架是放置在卖场中部，高度相对较低的货架，高度通常小于1.3m，这样比较符合消费者眼睛视觉高度。中岛架也可采用叠装、侧挂和正挂的陈列形式，但是由于高度较低，所以正挂陈列的效果没有在墙身货架上好，消费者需要把服装拿起来才能看地更清楚。为了更清楚地突出所展示服装的特点，还可以在中岛架的最上层放置POP或者半身模特加以展示。

(4)风车架。风车架也是放置在卖场中部的，它可以随意转动，通常有几个方向不同的挂杆，大多以正挂方式展示服装。自由转动的挂杆使消费者不需要围着货架转动就可以通过转动风车架看到不同方向挂着的服装，比较适合卖场面积不是很大的情况。有时为了更好地介绍服装，还可以在顶端放置POP，说明面料特点或者设计风格。

(5)蛋糕台。蛋糕台以其形状像一层一层的蛋糕而得名，圆形的展示层可以放置叠装的服装，多用于休闲服的陈列展示中，放置在卖场离出入口不远的地方。多层陈列的特点类似于流水台，可以较多的存储服装。而且在蛋糕台的顶层，也适合摆放半身模特或者POP进行更详细地介绍。

(6)饰品架。服装卖场中，饰品是可以和服装进行搭配的附带销售的商品，它的陈列将帮助服装的搭配变得更丰富。饰品的陈列一般采用挂在墙上的挂式陈列架，陈列架上的挂钩可以灵活拆卸符合多变的饰品变化。内衣、帽子、围巾、手套、袜子等大多使用这种饰品架。

3. 服务提供部分

服务提供部分是为了更好地为消费者提供附加价值和树立品牌形象而存在的，所以规划中强调使用的便捷性、空间利用率以及符合品牌形象。服务提供部分包括试衣间、休息区、收银台和仓库几部分。

(1)试衣间。试衣间不仅仅是消费者试穿服装的地方，它更多的是消费者感受品牌文化和人性化的一个重要内容。所以，试衣间不能摆放打扫卫生用的工具,更不能当仓库使用。而且,试衣间应该包括方便消费者试穿服装的各种辅助用具,如凳子、拖鞋、镜子及服装或包的挂钩。再则,试衣间的面积也不宜太小,一般不小于1.5m²,否则消费者在试穿衣服时就会受限。试衣间的墙面可以成为很好的宣传空间,通过张贴服装海报强化消费者对品牌的认识,也可以传递服装穿着方法的信息。

(2)休息区。很多服装卖场都设计了休息区,作为消费者等候或者暂做休息的一个场所，它的规划设计应该和服装及品牌风格相统一，使卖场成为一个整体。休息区也是消费者获得品牌信息的重要地方,所以,休息区除了有椅子或者沙发外,还应该有放置企业宣传画册的地方,让坐在这里的消费者对品牌风格有一个更深刻的了解,产生强化的记忆。

(3)收银台。收银台是提供给营销人员开票、收银使用的设施,一般设置在不影响消费者浏览商品、人流量较少的地方,正对出入口的靠墙位置是很多品牌布置收银台的地方。收银台本身以及后面的墙面是企业展示服装品牌和个性的重要部分,一般会在收银台的墙面上张贴巨幅广告,传递当季服装的风格特点和流行的信息,或者直接用企业标志作为背景。

(4)仓库。卖场中的仓库是营销人员提供给消费者快速服务的重要地方,强调在最短时间内能够完成卖场的补仓工作。因此,仓库规划时要求放置的服装能够便于查找、计数,销售量大的服装款式应该放置在货架的中层,便于取放和了解库存。

二、卖场规划的原则

卖场规划实际上是对服装的卖场合理分区，按照不同区域的特点进行服装配置和选择陈列方式的行为。服装是一个实用性和时尚性相结合的产物,它的产品属性除了实用性外还包括很多与审美及心理方面相关的因素，要比其他商品复杂很多,符合心理规律的卖场分区规划会给消费者带来更多的舒适感。而且,现在市场上服装同质化的现象越来越严重，购买商品时消费者的耐心也越来越少,怎样迅速地吸引消费者,让他们方便、快速的找到自己所需的服装,迫使企业不得不重视卖场合理的分区规划。

卖场分区规划的原则一定要从两个角度进行综合考虑，并保证两个角度都能达到满意的程度,这样的规划才是合理的分区规划。

1. 消费者角度

(1)方便选购原则。服装卖场的陈列是为了促进商品销售的一种手段,是为商品销售服务的,所以方便寻找就是首要的原则。对商品进行分类分区陈列、秩序化展示能够更好地符合这个规划原则。

现在的服装品牌为了满足更多消费者的需求,产品品种越来越多,包括了服装及各种配件。如果在卖场中不进行分类分区陈列,就会一片混乱,不仅视觉感觉不好,消费者也很难找到自己想要的商品,所以分类分区陈列就显得尤为重要。分类分区首先按大类对商品进行划分,例如将所售商品划分为服装类及配件类;然后在每一大类中,再按商品的风格进行第二次划分,将服装分类为运动系列和休闲系列;再根据服装面料、价格等不同进行三次划分,并且分区陈列,同时可以使用POP广告或者其他方式强化区域范围。

卖场中的商品应按照消费者的购物习惯或商品特点进行排列和分类,使卖场呈现整齐的秩序感,秩序使卖场的环境变得易于消费者掌握。这样分类、分区陈列的井井有条的卖场可以使消费者轻松地找到所需商品,降低购买的时间成本。即便是以特价形式随意丢放在花车中的商品,通常也应该采用价格或其他分类方式进行分类,这样才能使卖场有规则、分类清楚、易于寻找货品。

(2)视觉舒适原则。在服装卖场进行规划时,应充分考虑卖场各区的颜色以及细节的协调和融合,在视觉上能给消费者一种愉悦的视觉享受,激发消费者潜在追求美的欲望,使他们在卖场逗留的过程中,即使不购买商品,也能对品牌及风格产生很好的记忆,为以后购买行为的产生做好铺垫。

消费者对一件服装做出购买决策时,服装本身是否有美感在整个购买决定中起着很重要的作用。同样,一个服装卖场整体和陈列面是否有美感,都会影响消费者进入、停留和做出购买的决策。因此,对卖场进行分区和规划时,要充分考虑是否能详尽展示卖场和服装的美感,使卖场中的服装变得更吸引人。并且在陈列的过程中运用各种陈列手段,如可以通过平衡、重复、呼应等搭配手法使卖场色彩呈现节奏感,带给消费者美的视觉享受。

2. 商品组织与管理者角度

(1)便于管理原则。对于商品组织和管理者,卖场的规划一定要便于管理。按照品牌和服装的特点对卖场进行分区,并对服装按区域配置之后,整个卖场就可以变成一个规律性展示商品的空间,这不仅使得卖场可以得到充分有效的利用,而且也为管理者的工作提供了便利。将商品按照一定的类别进行划分,使商品的管理具有规律性,方便了营销人员的管理,并且提高了工作效率。为了给消费者更好地提供快捷的服务,整个卖场还可以进行分区管理,更加标准化,便于管理和监督,同时还可以在各地卖场中进行流程化的推广。

(2)推动销售原则。卖场的规划,还必须充分考虑和商品促销计划的融合。每个服装品牌在产品设计和生产规划阶段,都会对商品进行销售上的分类。例如会将每季的商品分为形象款、主推款、辅助款等类别,同时在实际的销售中还会出现一些销售量较大的畅销款,它们在卖场中所处的区域是完全不同的。卖场规划和陈列的过程中是要合理地安排这些货品，按照销售特点进行分区和商品配置。

服装卖场从入口处算起的前半场一般是黄金区，后半场的销售相对要差些，所以每季的主推款都会放在黄金区，为销售量的增加提供有利的空间。当主推款完成预期的销售任务后，就可以将一些滞销的货品调到黄金区，进行促销推广，刺激销售。

三、卖场通道规划

通道规划是指在卖场中按照消费者行走路线方向的特点和行走时所需的空间，对通道的宽窄和方向进行的规划。它是服装卖场空间规划的重要组成部分，也是决定服装卖场空间规划是否舒适合理的关键因素之一。通道规划过程中，首先遵循满足消费者身体舒适度的卖场设计原则，再根据消费者在卖场中的运动状态，设计出合理的服装卖场通道宽度，并进行合理的空间规划。

1. 卖场及卖场通道

服装的卖场是服装商品陈列、展示并完成销售的场所，是一个空间的概念。在这个场所里包含了商品空间、消费者空间和营销人员工作空间三个不同的空间。商品空间就是商品在卖场中所占的部分，它由各种陈列服装的货架构成，虽然根据每季商品的多少不同，空间大小有所变化，但是基本上这个空间具有相对的固定性。消费者空间是消费者浏览、挑选、试穿、购买商品的空间，由于消费者在购买过程中的这一系列行为是发生在卖场的不同区域，所以这个空间以流动性为特征，并且根据消费者的不同而变化。营销人员工作空间则是卖场中营销人员接待消费者、提供销售服务所使用的作业空间，随消费者行走路线的不同而不同。

服装卖场通道是卖场空间中除去柜台、货架、展示台、试衣间和休息椅等固定的空间后剩余的部分，是消费者和营销人员在卖场中总的活动空间。在服装卖场空间规划中，首先根据消费者行走路线的方向及运动状态，确定通道形状和宽度，然后再进行卖场货品空间的设计。卖场通道的形状及宽度设计的是否合理，将对消费者的购买心理和行为产生影响。

2. 卖场通道规划原则

卖场通道的规划第一，应从消费者角度出发，利于他们在卖场中的活动，第二，还要站在企业的角度上充分考虑成本因素，第三，品牌的市场定位也是通道规划需要重视的部分。从这三个角度出发，卖场通道规划应遵循以下几个原则：

(1)消费者活动舒适原则。在卖场入口附近往来的消费者较多，如果卖场的出入口合二为一，则还会出现两个方向的客流，经常会因为拥挤和碰撞而产生不愉快，这将会影响他们进店后的购买行为。如果在卖场的主要陈列区域，客流量较大，而通道又过于狭窄，消费者就会加快行走速度，忽略掉在这个区域陈列的服装，失去了销售机会。因此，卖场通道宽度不能过窄，不能小于消费者在卖场内基本活动所需的空间。这就是卖场设计的基本原则，它要求通道设计要从消费者的运动方向和实际出发，在感觉舒适而不拥挤的情况下，减缓行走速度，延长在卖场内的停留时间，让他们获取更多的商品信息。

(2)合理成本原则。为了让消费者在卖场中感觉舒适、活动自如，无限制地加宽卖场通道也是不可取的。在卖场空间的规划中，需要充分考虑成本因素。相同面积的卖场，成本一样的情况下，销售额高的就能获得更多的销售利润。而在卖场中尽可能多的陈列服装的款式，才可能推动销售业绩的增长。为了更多地陈列服装，通道就必须设计在合理的宽度范围内，这样有效的利用卖场空间才能获得更高的单位面积销售额。

(3)品牌定位适合原则。服装卖场通道规划还要考虑服装品牌的市场定位，这个定位决定了消费者的特征，从而区分了不同的消费心理和行为。一般情况下，服装品牌定位越高，产品价格越高，卖场中提供给消费者的活动空间就越大，所以卖场通道相对比较宽敞。而即便是同一品牌的服装卖场，不同产品大类的通道宽度也不同，因为购买不同产品大类的消费者也具有不同的心理和行为。例如，通常情况下正装卖场的通道宽度大于休闲装卖场的通道宽度，这是由消费者特点决定的。

3. 卖场通道的宽度

卖场通道宽度的确立要根据通道在卖场中的不同作用来确立，也就是要根据通道是主通道还是副通道，是试衣—休息区通道还是收银通道的不同而变化。同时，具体的尺寸范围还要符合我国消费者的体型特征数据和在卖场内的运动状态，以下的相关数据是根据GB 10000—88中国成年人人体尺寸数据(男18~60岁，女18~55岁)为标准的。

(1)主、副通道的宽度。消费者在卖场中活动所需的通道分为主、副通道两种，这是消费者和营销人员在卖场内的主要活动空间。主通道是消费者在卖场活动的主线，只要进卖场的大部分消费者都需要从主通道经过，所以这是企业重点推荐货品应该出现的区域。副通道则是消费者在店内活动的辅助线路，相对的客流量会比主通道少。主、副通道宽度的设计必须满足消费者的行走、浏览商品、进行挑选等基本活动。

根据数据显示，成年男性的肩宽值一般不会超过44cm，女性不超过40cm。考虑到人穿着服装后产生的宽度增加，以及行走时摆动双臂需要的空间和两个消费者之间应该存在的合理间隙，一个消费者基本行走时需要的宽度应该在最大肩宽值的基础上增加20cm，所以男性通过卖场时的基本宽度为64cm，女性为

60cm。而在通道设计时还要考虑卖场中消费者性别的不唯一性,一个人通过卖场的基本通道宽度取最大值,应为64cm。一个人面向货架挑选商品的基本宽度即为人体的厚度,一般是45cm,如果通道中一个消费者正面向货架挑选服装,而此时若另一位沿着通道正面经过,则通道的基本宽度为105~109cm。若两个消费者并肩同时通过通道,则通道的基本宽度为120~128cm。

服装卖场主、副通道宽度规划时,要根据男、女消费者的比例及卖场内客流量的多少,选择合适的通道宽度值。原则上,主通道的基本宽度不应小于两名女性并肩通过时需要的宽度,也就是120cm;副通道的基本宽度不应小于一个人正向通过的宽度,即64cm。

(2)试衣—休息区通道宽度。试衣区,包括试衣间和穿着服装后照镜子所需的空间,在卖场中是一个重要的部分。消费者在购买服装时有1/3或者更多的时间在试衣区活动,这是他们感受服装实际穿着效果的区域。消费者在试装时,他就已经处于一个购物状态,不良的情绪体验将会影响购买行为的产生。这就要求卖场在规划通道宽度时,要充分考虑消费者在这个区域的活动特点以及所需的空间宽度。可是目前很多服装卖场却没有更多地关注这个问题,试衣区内通道过于狭窄,空间拥挤,导致消费者不能很好地完成试穿活动,从而放弃了购买计划。

这个空间通道的宽度是根据消费者在试穿服装时的一些基本活动及活动尺寸而确定的。服装卖场试衣区的基本通道宽度为155~168cm,才能满足消费者试穿活动的基本空间,若卖场试衣区与休息区相连,则此区域通道要适当加宽,基本的宽度为208~223cm。

(3)收银区通道。服装卖场的收银区和零售卖场中的不一样,出现排长队付款的现象较少,所以不必像普通卖场顾及到通道的充分长度,只要能够容纳顾客等候付款时,两位顾客能够正面通过就可以了,所以这个通道的宽度一般不小于165cm。

第三节 服装卖场陈列构成要素

服装卖场陈列是由很多陈列要素综合构成的,不同的要素随着品牌文化和服装风格的变化而变化,为激发消费者购买欲望起到重要的推动作用。

一、橱窗的设计

橱窗是消费者还没有进入卖场就能够获取关于服装风格信息的重要途径,它的存在是为销售服务的。在橱窗陈列中,融入了风格创意、造型、色彩、道具、灯光等多种因素，这些因素很好的契合成一个整体，随着企业销售重点的变化而变化，吸引着经过的消费者产生购买欲望。

1. 橱窗的三种形态

按照橱窗陈列区和内部核心经营区是否产生连接的不同，可将橱窗的形态分为以下三种：

(1)封闭式橱窗。封闭式橱窗，指橱窗展示区与核心经营区被完全分隔，从正面无法透过橱窗看见整个卖场内部的橱窗形态。它传承于戏剧舞台布景，是最为传统的橱窗结构形式。在这个橱窗里，可以利用完整的空间，讲述一个故事或者展示一种生活状态，是营造橱窗气氛最有力的形式。

这种橱窗在后部用背板将展示和销售区域分开，有很大的平面部分面向消费者，所以在陈列的过程中，可以张贴巨幅宣传画用以宣传品牌本季的主题或者卖场的主要风格，再配以模特的立体展示，给消费者一种美好的遐想。

(2)半封闭式橱窗。半封闭式橱窗，是指橱窗展示区与核心经营区有分隔，但又没有完全分开的橱窗形态。这种若隐若现的分隔状态可以通过不完全封闭的背板或使用透明与半透明材料来实现。这种橱窗结合了封闭式橱窗和开放式橱窗的特点，既弥补了封闭式橱窗不能看见卖场状态的缺点，又比开放式橱窗更能营造橱窗氛围，是目前比较常用的一种橱窗形式。

(3)开放式橱窗。开放式橱窗，是指橱窗展示区与核心经营区之间没有任何隔断，消费者可以透过橱窗一目了然地看到卖场的全貌。这种形式的橱窗使消费者在没有进卖场时就获得了很多的商品信息，可以增加卖场的亲和力。但是，从另一个角度上讲，不能让消费者产生强有力的视觉冲击和震撼的效果，有可能达不到强化消费者对品牌和服装的风格的认知。

不能说哪一种橱窗展示是最好的，因为不同商品的特点是不同的，而且品牌的服装风格和市场定位完全不同，要选择适合商品特征的橱窗展示，才能达到刺激消费者购买的目的。鞋类或者其他饰品类商品大多会采用封闭式或半封闭式橱窗结构进行展示。因为鞋类和其他饰品有一个共同的特点，就是体积相对服装来说较小，不容易吸引消费者的注意。如果采用开放式橱窗结构，会使橱窗展示的物品与背景交融，更不易被发现。同时，封闭式或半封闭式橱窗比开放式橱窗更易体现产品的价值感，而对于鞋类产品来说，价值感正是一个重要的卖点。古典风格的女装多采用封闭式橱窗，是欧洲服装卖场较为常见的展示方法。这种橱窗的展示效果比较集中，更多时候是展示一种古典的生活方式，好像在利用封闭的橱窗讲述一个品牌的故事一样，比较容易让消费者对品牌产生联想和记忆。现代派女装橱窗多用半封闭式，陈列方式上突出服装与饰品的搭配性和休闲随意性。休闲风格的女装，也多采用半封闭式橱窗，以表现风格体现休闲化、运动化，展示了多姿多彩的休闲生活。

2. 橱窗的作用

橱窗原本只是表现服装的一个窗口,而在实际的设计和陈列过程中,它已经成为品牌文化和营销行为相结合的实用艺术,对卖场的作用意义重大。

(1)对品牌风格的体验。一个能让消费者驻足观看的橱窗,一定是将服装和相关的情境结合起来进行表现的,也就是我们所谓的情境橱窗展示。它营造出一个个的场景,让消费者在浏览橱窗内商品的同时,产生一种置身其中的感觉,充分体验了品牌和服装传递出来的文化和流行,甚至一种生活的理念,这种美好的遐想和体验能够给消费者深刻的印象,产生牢固的对品牌的记忆。

(2)激发购买欲望。企业通过橱窗把精选的重要商品进行展示,根据季节和流行的变化,把畅销品或新品摆在最显眼的位置上,再配合道具的使用,灯光的变化,引起消费者对卖场橱窗的关注,促使他们对所展示的服装风格或者服装本身产生兴趣,并进入卖场开始浏览商品。为了激发消费者的购买欲望,橱窗经常会使用新的科学技术、新的装饰材料以及新的表现手法,来刺激人们的好奇心。

(3)多元化信息传递。通过橱窗传递的信息是多元化的。可以通过橱窗内的设计、布置与陈列,将服装的性能、风格、颜色、款式、设计细节等信息直观地展示给潜在消费者,使他们对商品产生兴趣和信赖感。也可以传递一种品牌的文化和理念,唤起认同这种文化和理念的消费者进行购买。也可以展现一种关于流行的信息,引导消费者追求美的状态。甚至可以是关于一种生活方式信息的传递,在潜在消费群体中找到契合和欣赏这种生活方式的人,培养他们对品牌的忠诚。

3. 橱窗主体的确定

橱窗设计应该首先考虑到差别化,同时要选择一定的主题体现企业的服装风格和特征,服装卖场橱窗主题的来源可以从以下几个方面来确定。

(1) 对流行趋势的演绎。时尚流行趋势每年由各大流行趋势研究室进行发布,一般分为若干个主题。如法国的Nelly Rodi设计事务所,每年两次发布下一季的春夏和秋冬流行趋势,通常分为4~8个主题,每个主题都有其鲜明的特点,包括风格、色彩、面料和款式等元素。服装企业可以根据自己品牌的风格选择适合的主题,将流行趋势中的某些元素提炼成设计点使用在橱窗中,使得橱窗具有对时尚流行的感知和演绎,对消费者具有引导穿着和搭配的作用。这种紧跟流行趋势的橱窗陈列方式并不适合所有的服装品牌,有时候橱窗里的样品就只选择卖场里大量销售的服装作为展示对象,目的仅在于刺激消费者的购买。

(2)对服装品牌文化的解释。现阶段,很多服装企业的橱窗设计都是由服装设计师代替陈列设计师完成确定主题的分析和提炼这一步骤的。服装设计师除了会对下一季的流行趋势进行研究,更主要的是根据这些设计要素开发出主题鲜明又风格统一的主题，适合本品牌的文化和服装风格。更多情况下仅仅通过把握品牌自身的特点来确定主题，而将流行点缀在其中，做出既符合时尚流行趋势又忠于品牌自身风格的主题设计。而出现在主题中的设计要素，可能是一块面料的花型或肌理，或是一个款式的结构特点。

(3)对促销活动的支持。企业的促销活动需要利用橱窗这个重要的手段来有效的展示。尤其是新品上市，过季产品退市的特殊时机，需要进行有针对性的主题选择和设计，提醒每一位路过的消费者，卖场中的服装正在更新，同时有促销的产品。这样不仅吸引了流行引导者这些消费群体，也吸引了对价格敏感的潜在消费者。当然一些重要节假日的促销活动也是橱窗应考虑的主题，每个节日都应有适合的主题，这个主题要符合节日和季节的特征，并且表现的新颖、有吸引力。

二、灯光与照明的选择

灯光与照明是渲染卖场气氛重要的手段，相同的陈列设计，不同的灯光使用会对消费者的心理产生完全不同的影响效果，对服装的表现力也是完全不同的。

1. 卖场不同部位对照明的要求

在卖场中，消费者的视线总是被亮度最高的部分吸引，所以只要是卖场中强调的重点，或者是重点推荐的服装不管它是在货架、展示柜还是在墙面上，都要使用重点照明加以强调。但是一般情况下中岛架、流水台、风车架等不常使用重点照明的手段。

(1)天花板照明的功能大部分是为了满足卖场的基本照明，使卖场呈现空间感。有时也可以通过不同颜色灯光的使用起到装饰性的作用，渲染一定的气氛。

(2)墙壁上可以使用竖向照明的手段，使卖场空间整体上感觉更大。

(3)地面上使用的灯光是一种引导性照明，目的在于引导消费者在卖场中的行走路线。

(4)橱窗的照明需要通过戏剧性的灯光吸引消费者的视线，通常会采用射灯加强对所陈列服装的重点照明，与橱窗的背景形成较强的亮度对比，在视觉上形成一定的节奏感。

(5)墙身货架上重点强调的正挂服装需要高亮度灯光的使用，一般使用天花板上的射灯来达到这样的效果。

(6)展示柜内部需利用荧光灯或射灯照明，以达到清晰展示服装或配件的目的。

(7)试衣间照明应清楚展示服装的款式、颜色、面料肌理等服装的基本要素，不能使服装的颜色出现变色的现象，所以照明光线必须保证足够的亮度和显色性，而且光线要柔和。

(8)休息区域、收银台、仓库就只需满足一些基本照明。

2. 三类服装卖场照明使用的目的

照明设计在不同类型的卖场中的选择是完全不同的，这与服装品牌的文化背景、市场定位、销售对象等存在直接的联系。设计时，一般会根据卖场是低档的、中档的还是高档的进行区别。

(1)低档服装卖场，如特卖场、折扣店、会员制大卖场等，这些卖场的服装商品本身可能没有统一的风格和主题，也没有重点推荐的流行，而主要是依靠较高的客流量来增加商品流量、降低存货，所以提供简单的基本照明系统，让消费者感觉卖场很明亮即是照明的重点。灯光使用的目的是要消费者很容易地看清购物环境、陈列物品的颜色、款式、面料、价格等，从而迅速做出购买决策。

(2)大多服装品牌的卖场属于中档服装卖场，在使用基本照明的基础上，增加作业照明，同时对某些重点强调的服装款式增加重点照明手段，在卖场中将它突出出来，从而达到提升所陈列服装的档次，促进销售。在这类卖场中照明设计的目的是突出重点的商品，吸引消费者注意。

(3)高档服装卖场，如高档时装专卖店、国际大品牌销售店，通常使用基本照明的灯光明度较低，不能起到突出产品和渲染气氛的作用，所以应考虑大量使用重点照明，通过这种方式可以为消费者创造更轻松的购买氛围。高档的商业环境一般客流量较低，所以，灯光也起到指引性照明的作用。同时，也会利用一些新型的灯具、智能照明控制系统等营造一些特殊灯光氛围，从而提升品牌形象。高档服装卖场照明设计的目的在于用各种照明手段强调品牌的市场定位，为消费者创造心理暗示作用。

3. 卖场照明的分类

卖场的照明根据功能的不同分为三类。不同种类的照明可单独使用，不过更多情况下会根据服装卖场不同的区域，组合使用不同的照明种类。

(1)基本照明。基本照明是卖场中最基本的照明种类，任何风格的服装卖场都需要。它主要起到提供足够的照明亮度，引导消费者在卖场中对服装进行浏览和选择的作用。基本照明强调柔和、无眩光的效果，可以采用镶嵌式安装、表面安装或吊装型灯具来实现。

(2)重点照明。重点照明是为强调或突出重要陈列商品的颜色、款式、质感、设计细节等而刻意使用的亮度高于基本照明的灯光。重点照明需要有特定的亮度来突出被陈列的商品以吸引消费者的注意，重点照明要比基本照明明亮两倍以上，才会在视觉上产生明显的差别，而达到五倍时会产生一种戏剧性的感觉。

在重点照明中，通常采用的是轨道灯、射灯等点状照明灯具，它可以控制和调整投射角度和照射范围，在重点强调的面积不是很大的情况下使用。而当需要重点强调的不是一个点而是一面墙或一个展柜等平面状时，则需要用到线性的洗墙灯具来完成。

对于品牌的主推款式和当季流行的款式，应用重点照明就显得十分必要，重点照明不仅可以使产品形成一种立体的感觉，同时光影的强烈对比也有利于突出服装设计的特色。当然在橱窗、店头等突出品牌重点的地方也经常使用。

(3) 气氛照明。气氛照明是渲染卖场气氛和突出卖场陈列特点而使用的照明。它通过一些颜色和动感上变化的照明控制系统，创造与众不同的卖场环境，引起消费者注意，促进商品的销售。气氛照明通常不是强调所陈列的商品本身，而是商品背景、卖场的地面、墙面等做一些特殊的灯光处理，达到渲染的目的。气氛照明使用时要符合服装的风格和设计特点，并要和基本照明及重点照明结合使用。

4. *卖场灯光设计的原则*

卖场灯光设计时要充分考虑到品牌的市场定位、服装价格、服装风格等因素，通过不同灯光的使用带给消费者最佳的视觉感受。所以在设计时要遵循以下原则：

(1)区别原则。当卖场的灯光同旁边卖场或者周围建筑物的亮度一样时，消费者不会在视觉上产生有差别的感觉，这样的卖场缺乏对他们的吸引力。所以，卖场灯光设计时，首先要考虑和周围环境区别开来，这可以从灯光的明度或者颜色变化上选择。

(2)舒适原则。当消费者进入卖场后，卖场内部的基本照明能够让他们感到舒适，所以灯光的照射明度和光源选择要进行很好的控制。合理的照射明度会使卖场显得明亮宽敞，而且也有利于消费者观看服装的细节，更好地了解产品。

(3)真实原则。卖场中服装的颜色在灯光的照射下也必须保持在自然光的条件下一样的颜色，这一点对消费者来说非常重要。如果消费者在卖场中购买的服装在离开店铺时却出现了颜色的差别，这会影响他们购买后的满意度和重复购买的可能性。

(4)重点突出原则。卖场中灯光合理的使用可以在真实展示所有服装的基础上强调销售和展示重点，起到突出重点的目的。灯光强弱的不同，不仅可以对卖场进行分区作用，也可以给消费者一种心理暗示。主要强调的区域和服装可以加强灯光的强度，一般的区域只使用基本照明的强度，可以在整个卖场中营造一种主次分明的效果。

在服装卖场中，不同部位的重要性是不同的。一般情况，橱窗是最需要灯光强调的，其次是墙身货架，再次是中岛架，最后是其他部位。

(5)变化原则。卖场灯光的使用一定要和每季的服装主题相切合，随主题的变化而变化。采用多变的手法在整个卖场中创造出一种照明的节奏感,这样消费者的视觉才不会产生疲惫感,有兴趣浏览完整个卖场。

三、色彩的合理搭配

卖场陈列过程中整体色彩主题的确立和局部色彩的变化反映了一个品牌的个性和定位,是创造不同卖场氛围的重要手段,也是品牌准确把握流行的表现。

1. 基本色彩知识

基本色彩知识是在卖场中创造色彩变化规律的基础,只有了解并且切实掌握色彩的基本原理,才能根据卖场的特殊规律进行灵活的运用。

(1)色相、明度、纯度。色相指色彩相貌的名称,也就是我们常说的红、黄、绿等这些颜色本身。明度是指色彩明亮的程度,也称为光度、深浅度,如黑色的明度就比白色的低,不同明度色彩的使用产生色彩的节奏感。纯度即色彩的纯净程度,纯度越高,色彩越鲜艳。

(2)冷色、暖色、中性色。冷色、暖色是指色彩给人以冰冷或温暖等不同感觉的色彩。暖色常给人以温暖、快活的感觉,冷色给人以清凉、寒冷和沉静的感觉。如果将冷暖两色并列,则暖色有扩张、前移的感觉,而冷色有收缩、后退的感觉。中性色也称无彩色,由黑、白、灰几种色彩组成。中性色常常在色彩的搭配中起间隔和调和的作用,在陈列中运用非常广泛。

(3)类似色、对比色。根据不同色彩在色环上相邻位置的不同,一般分五种色彩:邻近色、同类色、中差色、对比色、互补色。在实际的运用中,它被分成两大类:类似色和对比色。两个颜色在色环排列上在60°之内的色彩统称为类似色,110°~180°的色彩统称为对比色。类似色的搭配有柔和、秩序、和谐的感觉,大多用于卖场内相邻货架上服装颜色的选择。对比色的搭配视觉冲击力强,一般用于橱窗的陈列,或在卖场中做一些点缀的作用,以吸引消费者的视线,调节购买的情绪。

(4)色彩对消费者情感的影响。不同的颜色会给人产生不同的心理感觉,而在卖场中不同色彩搭配的展示,也会带给消费者意想不到的情绪体验。除了色彩本身的差别外,色彩的其他一些因素也会影响消费者的情绪体验。暖色系常会让人能产生热情、明亮、活泼、温暖的感觉,而冷色系会令人产生安详、沉静、稳重、消极的感觉。不同风格的服装卖场在陈列设计时,要充分考虑到冷暖色系的这些特性,通过很好的搭配和点缀,更贴切的体现服装的风格。不同的色彩明度给人不同的视觉感受,明度高的色彩会给人轻松、明快的感觉;明度低的色彩则会令人产生沉稳、稳重的感觉。当卖场面积相同的情况下,明度高的给人宽敞、轻松的感觉;明度低的则感觉较沉重,并且空间收缩的感觉。不同纯度的色彩让人有不同的风格体验,纯度高的色彩显得比较华丽,纯度低的色彩给人一种柔和、雅致的感觉。当不同纯度的色彩运用在橱窗中时,应与服装风格、品牌文化等相吻合,才能更好地具有说明和演绎作用。

2. 卖场中色彩陈列的方式

服装本身的颜色就是卖场色彩陈列最好的道具,卖场色彩的陈列方式可以借助这些颜色的变化和统一,根据色彩的基本原理,结合实际的操作要求而进行变化。色彩陈列的搭配使得卖场变得有序,并且主次分明,易于消费者识别与挑选。

(1)对比色搭配。对比色的搭配使视觉的冲击力加大,可以很好的吸引消费者的注意力。对比色搭配的方法经常使用在橱窗中,再配合灯光的渲染可以让橱窗的陈列产生戏剧化的效果。在卖场内应用时也可以在局部使用,如服装上装和下装的对比色搭配、服装和背景的对比色搭配,产生一种有跳跃感的视觉冲击。但需要注意的是,太多的运用对比色陈列会让人有躁动不安的情绪,所以点缀式的应用可能更合适,同时可以再配合其他色彩陈列方式,让整个卖场既和谐又有动感。

(2)类似色搭配。类似色搭配是一种保守的色彩陈列方式,它通过同一色系颜色的使用,产生一种柔和、协调、有秩序的感觉。这种色彩陈列方式在卖场可以表现为服装上装和下装的类似色搭配、服装和背景的类似色搭配。但是类似色搭配对人的视觉冲击力较弱,容易产生视觉疲劳,从而影响消费者对所陈列服装的注意,所以需要借助明度的调节,来丰富陈列效果。

(3)明度排列。色彩无论是同色相还是不同色相,都会有明度上的差异,这是色彩中的一个重要指标,陈列中使用不同明度的色彩,可以使货架上的服装变得有节奏感。

①上浅下深排列。上浅下深的排列就是将色彩按明度深浅的不同依次进行排列,排列在货架上端的是明度较高的服装,然后从上到下明度越来越低。这样的排列能够产生稳定、和谐的感觉,而稳定感最符合人的基本视觉要求。

不论是在卖场中的墙身货架上,还是流水台和蛋糕台上的叠装陈列,经常会采用这种上浅下深的明度排列方式,将明度高的服装放在上面,明度低的服装放在下面,增加整个货架服装视觉上的稳定感。

②左深右浅或左浅右深。明度排列法使整个卖场有一个统一的序列规范,有一定的节奏变化感。一般从卖场入口处开始的左右两边,服装颜色较浅,然后渐渐变化明度。这种排列方式在侧挂陈列时被大量采用。叠装陈列时,同一层板上的服装,从左到右明度从浅到深或者从深到浅进行规律变化。

③前浅后深。不同明度的色彩会给人一种前进或后退的感觉,利用色彩的这种规律,在陈列中可以将明度高的服装放在前面,明度低的放在后面,有一种向外扩张的效果,借此来增加整个卖场的空间感。因此,陈列在中岛架和风车架上

的服装要进行很好的选择，要与墙身货架上的服装形成很好的明度变化效果，使卖场具有扩张感。服装和背景的明度变化也可以用这种方式，使卖场具有层次感。

(4)彩虹排列。彩虹排列法就是将服装在陈列面上按色环上的红、橙、黄、绿、青、蓝、紫的排序排列，形成多彩和谐变化的陈列效果。这种排列给人以非常年轻、亲切、和谐的感觉。彩虹排列方式有一些限制因素，首先，服装本身的颜色要足够丰富，才能有彩虹排列的可能；其次，这种排列不一定适合所有的服装类别，对于童装和休闲女装可能是很好的卖场表现手段，而对于高档职业女装或许明度排列方式更适合。彩虹排列还可以在橱窗背板中或者墙身色彩中使用，可增强整个卖场的动感和活力。

(5) 间隔排列。间隔排列法就是通过几种不同的色彩进行间隔和重复的陈列，让卖场产生韵律感和节奏感，富于变化。因此，在一个陈列面上，色彩不一定只按照从浅到深的变化，也可以将一个陈列面分为几个部分，在每个部分里进行色彩的重复，让整个陈列面有意识的被分为几个不同的服装系列展示区域。

四、背景音乐

背景音乐的使用是从听觉的角度影响消费者购买心理和购买行为的手段，音乐具有激发消费者潜意识的作用，同时也是更好演绎服装风格的手段，因此会对卖场陈列效果起到很好的加强作用。

背景音乐的选用要符合一定的要求。首先，音乐要符合服装风格的特点以及潜在消费群体的审美，能够形成有差别的卖场个性。其次，音量高低也会让消费者产生情绪变化，音量的选择既不能影响卖场内消费者之间的交谈音量，又不能被店内外的噪音淹没。太高分贝的音量不仅不会带来愉悦感，反而会使消费者产生不适，甚至厌烦，反而不会达到预期的效果。再则，不要长时间的重复播放同一个音乐，这样会分散消费者的注意力，对卖场氛围的烘托起不到任何作用。最后，在促销、特价、节假日等特殊的时期，音乐的选择要符合主题，用以感染消费者的情绪，激发他们的冲动购买。

本章要点

商品陈列是一项强调从视觉角度对商品进行最佳展示的技术。服装卖场陈列是一种视觉表现手法，它是指运用各种道具(包括灯光、展示台、背景音乐等)，结合产品定位和品牌文化，通过不同的展示技巧将服装的特点表现出来的一种技术。为了达到这个陈列的目的，卖场的陈列就必须满足一定的要求，包括对服装具有说明性、符合产品设计风格、便于取放、符合消费者生理特点等。卖场服装的陈列一般可以用以下几种方式完成：产品系列化陈列、配搭组合陈列、重复陈列、分区陈列、场景陈列。卖场中服装的展示是借助不同的展示方式更好地将服装特征介绍给消费者的途径，一般情况下有人模展示、叠装展示、挂装展示三种展示方式。

服装卖场中商品配置规划要有一定科学性和规律性，把什么款式、颜色的服装陈列在什么位置，不仅会影响卖场的整体视觉效果，同时也会影响销售量的变化。从销售的角度上来看，可以分为卖场导入部分、核心经营部分和服务提供部分三个不同的区域。卖场规划实际上是对服装的卖场合理分区，按照不同区域的特点进行服装配置和选择陈列方式的行为。通道规划过程中，首先遵循满足消费者身体舒适度的卖场设计原则，再根据消费者在卖场中的运动状态，设计出合理的服装卖场通道宽度并进行合理的空间规划。

服装卖场陈列是由很多陈列要素综合构成的，不同的要素随着品牌文化和服装风格的变化而变化，为激发消费者购买欲望起到的重要的推动作用。橱窗是消费者还没有进入卖场就能够获取关于服装风格信息的重要途径，它的存在是为销售服务的。按照橱窗陈列区和内部核心经营区是否产生连接的不同，可将橱窗的形态分为三种：封闭式橱窗、半封闭式橱窗、开放式橱窗。灯光与照明是渲染卖场气氛重要的手段，相同的陈列设计，不同的灯光使用会对消费者的心理产生完全不同的影响效果，对服装的表现力也是完全不同的。卖场的照明根据功能的不同分为基本照明、重点照明、气氛照明三类，不同种类的照明可单独使用，不过更多情况下会根据服装卖场不同的区域，组合使用不同的照明种类。

卖场陈列过程中整体色彩主题的确立和局部色彩的变化反映了一个品牌的个性和定位，是创造不同卖场氛围的重要手段，也是品牌准确把握流行的表现。卖场色彩的陈列方式可以借助这些颜色的变化和统一，根据色彩的基本原理，结合实际的操作要求而进行变化。色彩陈列的搭配包括对比色搭配、类似色搭配、明度排列、彩虹排列、间隔排列等。背景音乐的使用是从听觉的角度上影响消费者购买心理和购买行为的手段，音乐具有激发消费者潜意识的作用，同时也是更好演绎服装风格的手段，因此会对卖场陈列效果起到很好的加强作用。

思考题

1. 简述服装陈列的原则。
2. 简述侧挂展示的特点。
3. 从消费者角度分析卖场分区的原因。
4. 简述卖场通道宽度确定的原则。
5. 简述橱窗主题的来源。
6. 简述不同色彩对消费者情感的影响。

品牌策略与应用——

服装品牌策略

本章内容: 1.服装品牌概述
2.服装品牌价值
3.服装品牌的策略决策
4.服装品牌重新定位

教学时间: 6课时

学习目的: 通过本章的学习,使学生对服装品牌的原理有基本认识,并学会在实际中运用这些原理进行服装品牌的运作和管理。

教学要求: 掌握服装品牌的内涵和分类,了解服装品牌名称确立的要素;掌握服装品牌价值概念和品牌价值构成的元素,了解品牌价值的管理方法,了解品牌价值的评估方法和提升品牌价值的途径;掌握品牌策略决策,了解品牌化决策以及品牌使用者和品牌名称决策;掌握品牌重新定位时要考虑的因素,了解品牌重新定位的原因和定位步骤;学会利用以上知识点分析服装品牌运作的实际案例。

第七章　服装品牌策略

在激烈的服装市场竞争中,品牌已成为服装营销的焦点,品牌在确定服装价格及获取服装市场份额中发挥着越来越重要的作用。正确认识或评估服装市场中竞争对手的服装品牌价值与定位,制订或调整服装品牌策略,加强服装品牌宣传与推广,有助于提高服装企业的品牌价值与市场竞争力,从而全面提升服装企业的经营业绩。

第一节　服装品牌概述

一、服装品牌的内涵

1. 服装品牌的定义

美国市场营销协会把品牌定义为:"品牌是一个名称、术语、标志、符号、图案或这些要素的组合,其目的是识别一个卖者或卖者集团的产品或服务,并使之与竞争者的产品或服务相区别",在这个定义中强调了品牌的区别作用。

一个品牌主要由两部分组成——品牌名称和品牌标志。品牌名称是指品牌中可以用语言表达的部分, 而标志则是指品牌中可以识别但不能用语言直接称呼的易于识别、便于记忆的部分。品牌标志包括符号、图案、独特的字体、色彩等。品牌标志很多时候比品牌名称更具有识别性,更容易让消费者产生记忆和联想。

2. 服装品牌含义的六个层次

一个服装品牌不仅仅是一个名称或者代号, 它本质上代表了服装生产企业给消费者的一种关于产品特征、利益和服务的承诺。因此,一个称之为服装品牌的概念,本身就涵盖了几部分的内容,它的含义可以分为六个层次:

(1)商品的属性。服装品牌首先使消费者想到所购买的服装的某种属性,这种属性也就是品牌与品牌不同的定位,有些品牌可能定位在穿着舒适上,有些品牌则定位在价格便宜上,不同的属性是消费者购买这个品牌的基本出发点。例如贝纳通服装就意味着随意、舒适、融合等属性,企业的广告都是以这些属性为诉求重点。多年来,贝纳通都是以"United Colors of Benetton"这样的广告语进行推广,强调了这个品牌的融合的属性。

(2)获得的利益。所有服装商品的属性在消费者购买时都必须转化成一定的利益,这个利益包括服装本身的使用价值所带来的利益,也包括心理满足的情感性利益。情感利益是很多消费者购买品牌服装的重要原因,尤其是世界顶尖级品牌带给消费者的心理满足感已成为购买的重要利益表现。

(3)生产者的价值。服装的品牌不仅说明了消费者可以获得的利益,也表明了服装生产者的价值,也就是生产者所带有的价值观在品牌中的体现。例如Zara这个品牌就代表了服装界中快速反应和紧跟流行的价值,如果消费者对这个价值认可,就会对这个品牌产生购买行为。

(4)传递的文化。文化是附加在服装品牌中不可仿效的核心竞争力,有可能两个服装的款式一样只是品牌不一样,就会让消费者有不同的文化感受和认定,消费者会接受和自己相同的文化,并且肯定代表这一文化的服装品牌。例如路易·威登就代表了一种经典、高贵的法国文化,这是其他品牌不可仿效的,有同样文化共鸣的消费者会产生重复性的购买,建立对这个品牌的忠诚度。

(5)体现的个性。服装品牌一定要具有鲜明的个性,也就是当消费者在看到这一品牌时就能产生相关的联想,这是消费者对品牌产生长时间记忆的保证。一个清晰的个性定位不仅体现品牌的特征,更强调了品牌的与众不同之处。

(6)使用者的特征。不同的服装品牌暗示了购买或穿着这类服装的消费者的类型,这些信息包括消费者的年龄范围、收入水平、社会阶层,甚至职业范围等特征。这一点就是强调品牌定位应当和消费者的这些特征相符合,更好的满足细分市场消费者的需求。

生产者的价值、传递的文化和体现的个性构成了一个服装品牌的实质。

二、服装品牌的作用

品牌的作用可从以下两个不同的角度来体现:

1. 品牌对服装企业的作用

(1)权利象征。通过注册专利和商标,品牌是受到法律保护,这可以防止其他企业损害品牌的声誉或非法盗用品牌进行产品的销售。法律赋予的权利有助于保护本品牌产品的生产和销售,并且在更大的范围内推广产品。

(2)获得超额利润。品牌是企业的一种无形资产,能为产品带来重要的价值,而这些价值最终会在产品的价格上反映出来。即使是同样的服装,由于贴上不同的品牌标志,在价格上会出现明显的差别,这也是品牌企业获得超额利润的重要手段。

(3)维持稳定的销售业绩。服装产品现在同质化现象越来越明显,而且消费者对品牌的忠诚度也日渐下降。品牌的存在为企业和产品赋予了个性、文化等许多特殊的意义，有助于消费者选择适合自己个性的品牌，培养对品牌的忠诚度，从而进行重复性购买。

(4)降低新产品开发成本。通过建立消费者对品牌的偏好，导入市场的新产品宣传费用也会降低，以此降低新产品的开发成本，降低企业运作的风险。

2. 品牌对于消费者的作用

(1)区别作用。品牌产生的本质就是让消费者将自己的品牌从众多的同类产品生产厂家中区别出来，帮助消费者辨认出品牌的生产商、产地等基本要素，从而在各个方面区别于同类产品。

(2)降低购买风险。在购买产品的时候，消费者希望对自己所购买的产品有一个质量保证，同时还希望能得到其他人的认可。选择信誉好的品牌可以使消费者从精神上和金钱上降低可能产生的购买风险。

(3)契约功能。一个契约就是一种关于产品和服务的保证，品牌赋予的契约功能表达了消费者对品牌的一种信任，是形成稳定购买行为的保证。

(4)展现个性特征。品牌是有个性和文化内涵的，消费者在对服装进行购买时，需要选定一个完全反映个性特征的品牌来完成表达自我形象的目的。

三、品牌的分类

1. 根据产品销售范围的不同

根据品牌在多大范围内被消费者认知和接受，产品在多大范围内进行销售状况的不同，可以将品牌分为区域性品牌、全国性品牌和国际性品牌。

区域性品牌是指在一个相对较小的区域内进行生产销售的品牌。区域性品牌产品辐射范围不大，这主要是受产品特性、地理条件及某些文化特性影响，使得生产、销售范围有限，也有可能和企业运作成本有关，短期内无法将品牌在更大范围内进行推广。

全国性品牌是指国内知名度较高，产品在全国范围销售的品牌，如雅格尔、白领等这些服装品牌。

国际性品牌则是指在国际市场上拥有知名度较高，产品在全球市场上进行销售的品牌，例如皮尔·卡丹、GUCCI、BOSS、耐克等品牌。国际性品牌一般都拥有深厚的文化底蕴，能被全世界很多市场接受和认可，品牌价值较高。

2. 根据品牌来源不同

按照品牌来源的不同可将品牌分为自有品牌、外来品牌和混合品牌三种。自有品牌是指企业自己创造并且一直使用的品牌，它不以国别作为区分要点，而是以企业是否创立品牌为参照，不论是国外的品牌还是国内品牌，只要是企业自己创造和使用的，都称为自有品牌。

外来品牌是企业通过特许经营、兼并、收购或其他形式而取得的品牌。例如香港迪生集团收购法国名牌商标S.T.Dupont，那么S.T.Dupont就成为一个外来品牌。外来品牌的运作，可以在保持原有品牌市场份额的基础上，利用新的所有者的资源，巩固和扩大品牌的知名度，推动产品的销售。

混合品牌是指通过合资、合作方式形成的带有双方品牌的新产品，这是对双方优势的整合，有充足的资金利于品牌的运作和在更大范围内进行产品的销售。

3. 依据品牌的用途分类

依据品牌的用途不同，可将品牌分为三种类型。

(1)营业品牌。营业品牌是指生产者或经营者用企业名称及标志作为品牌。例如，“盛锡福”帽店用店名作为它所销售的产品的品牌，品牌多来源于企业的名称。这种作法的好处是品牌与企业名称一体化，便于记忆又好称呼。过去使用这种品牌的主要是一些历史悠久和富有传统特色的服装企业。而近些年来，国内外品牌与企业名称一体化的形式在越来越多的企业中得到应用。

(2)风格品牌。风格品牌是指同一企业的服装产品，因风格或质量上的差异而使用的不同品牌。其目的在于区别本企业服装产品中不同风格定位或质量上的差异，便于消费者有针对性的购买。

(3)保证品牌。保证品牌是指用于证明产品产地、原料、制造方法、质量或其他特征的品牌。有的国家称之为“统一质量品牌”或“担保品牌”。国际著名的“纯羊毛标志”就是一种保证品牌。保证品牌通常为具有一定权威的社会团体所有，准许那些在原料、制作工艺、质量等方面达到该组织规定的企业，在产品上使用其特定标记。这些社会团体具有证明企业的产品是否符合保证品牌的要求，但社团本身并不使用保证品牌，而是由达到其规定标准的企业使用，在营销中作为一种产品质量或工艺的证明。保证品牌的目的和功能在于，通过提供权威的质量证明，强化产品对顾客的吸引力。各国对保证品牌的管理一般都极为严格，企业获准使用的审查的时间也较长，所以一旦获得保证名牌的证明，产品的竞争优势都比较明显。

4. 按品牌的构成要素来分类

(1)文字品牌。文字品牌是指品牌的表现形式是由各种文字要素构成的，包括文字、数字、字母组合、签字等形式。如“雅戈尔”、“天意”、“真维斯”等品牌，用独特的结构与造型所蕴含的美感，表现出品牌的风格。根据目标市场的情况，品牌可用少数民族文字，出口产品还可使用外国文字，但都需要具有很好的表达功能。文字品牌使用范围较广，除了产品的通用名称和法律禁用的词句，企业可以根据自己的需要和创意，自由选择单字或词组，甚至创造字典上没有的词汇。而且文字品牌由于音节少，能发音，具有易呼，易记的特点，适于多种传播媒体和传播方式。

(2)图形品牌。图形品牌是指用各种图形要素构成的品牌内涵。如以飞禽走兽、花草鱼虫、天象地理和其他写实或抽象的形象都可以作为品牌表现形式的内容。这种品牌形式视觉效果好，易于识别，便于记忆，而且不受语言文字的限制，在任何国家或地区，人们只要见到其图形，便能认出其品牌，具有很好的传播范围。

(3)组合品牌。组合品牌是将文字、图形结合起来构成品牌的表达风格。组合品牌图文并茂，形象生动，引人注目，既便于识别又易于称呼，大部分品牌的表达都采用这种形式。

一般来说，组合品牌多以图形为主，文字为辅，文字与图形融为一体，以文字表达形意，以图形加深人们对文字的理解记忆，从而达到形象更鲜明、表意更清晰的效果。因此，组合品牌所用文字、图形要素必须相互协调、图文一致，表达共同的主题或思想。英文Adidas和三叶草的图形结合，形成的阿迪达斯品牌，就是一个组合品牌。

四、品牌名称的确立

品牌在使用之前一定要经过仔细的设计，从市场角度上看，好的品牌应该准确、形象、清晰地展示服装产品的风格和特色，具有一定的个性，并成为消费者下一次购买时很好的识别符号和代码。消费者购买服装时，除了购买服装的使用价值，还希望购买到品牌所体现的风格、身份、价值、文化、时尚，而这些正是品牌的意义和魅力所在，要用品牌名称承载起品牌的文化内涵，成为品牌的代言符号。品牌名称确立的好，容易让消费者产生认同感，并且在心目中留下深刻的印象，对于产品的销售来说起到了很好的推动作用。而品牌名称确立的不好，会使消费者看到品牌就产生反感，从而降低购买欲望。

1. 服装品牌名称确立的原则

在品牌名称确立的过程中一般遵循以下几个原则：

(1)易读、易认、简洁。读音响亮、音韵好听的品牌，不仅叫起来顺口，听起来顺耳，而且便于流传。根据人们记忆规律的特点，品牌名称一般以2~3个字为宜，最多不过5个字。简洁、易读的品牌名易于形成有冲击力的印象，名字越短，就越有可能引起消费者的联想，形成更宽广的概念外延。从日本《经济新闻》对企业名称数的一则调查材料可以看出，企业名称字数为4个字、5~6个字、7个字、8个字以上的企业名称，其平均认知度分别为11.3%、5.96%、4.86%、2.88%。由此可见，名称越简洁越有利于传播，其认知度往往就高。例如耐克这个品牌名称就很便于发音和记忆,同时可以形成很好的联想。

(2)独特的构思。与众不同,超乎想象的品牌名称是易被消费者记忆并产生好感的,这种独特和新颖的品牌名称在切入市场时容易于找到切入点,易让消费者产生购买欲望,当然也就易于成功。由法国克里斯汀·迪奥公司推出的世界十大著名香水品牌之一的"Poison"品牌,其中文译名是"百爱",而这个单词的英文原意则是"毒药、毒液",这种奇特的品牌名称构思,吸引了众多好奇型的消费者尝试产品,使"Poison"香水迅速扩展了市场。

(3)展现服装个性特征。一般来讲,品牌代表的是一种文化特色或一种心理感受,所以好的品牌名称除了构思独特外,还必须和产品特征相联系,并能暗示产品本身的优点,使消费者产生某种联想。例如从"淑女屋"这个女装品牌的名称上,就可以清楚感受到这种服装产品的个性特征和适应的消费群体。

(4)寓意深刻。品牌良好的寓意是使品牌名称长久传播的条件。除了寓意深刻,耐人寻味外,品牌还应做到名副其实,符合消费者心理需要,易于消费者对品牌所象征的意义进行理解。如"美尔雅"品牌就有这样的联想寓意,而当产品的质量又符合名称所赋予的意义时,更容易让消费者产生良好的印象,便于对品牌进行记忆。

(5)文化的认同。品牌是需要在一个较大范围内传播的,社会本身是由不同地域、不同民族风俗和习惯、不同文化及审美心理构成的,所以品牌名称确立时要充分考虑这些文化的差异,在不同文化背景下获得认同。这个原则就是要求品牌在确立时尊崇广泛的深刻寓意,不仅在国内也包括国外,这个寓意都要有认同。而对出口商品的品牌则更要全面考虑,最好能针对目标市场的特点专门命名和设计,一般不要将国内品牌直接变为汉语拼音文字,因为这涉及发音是否符合国外语言习惯的问题。如果用意译或音译,则要注意品牌名称在外语中的含义是否妥当。

例如国际知名的运动品牌Nike,译为"耐克",其中"耐"字寓意非常深刻,深受中国人的喜爱;我国男装名牌"雅戈尔"英文译成Younger,能够很好地表达出其品牌的青春定位。

2. 服装品牌名称常用的命名方法

(1)企业式名称。借用企业或公司的名称为产品命名称为企业式名称。企业式名称可采用全称式和缩写式两种。例如顺美服装公司为其生产的服装命名为顺美牌,使用的就是企业本身的全称,江苏美尔姿集团生产的美而姿羽绒服,阿迪达斯公司生产的阿迪达斯体育用品系列等都是应用的这种命名方法。

(2)人物式名称。直接以人物的名字作为服装品牌的名称,可以是古人的名字也可以是创业者的名字。在服装行业人物式名称很多,如夏奈尔、范思哲等国际品牌,也包括李宁这些国内品牌,用名人或者著名设计师作为品牌名称有利于消费者认识品牌,并将对这些名人的认可转化为对这一品牌服装的购买上。

(3)动物式名称。以动物的名称为品牌命名,这种命名通常能给消费者较深刻的印象。成功运用动物式名称的有海螺牌衬衫、雪豹皮衣、彪马(美洲豹)体育服饰用品、鳄鱼牌服装、七匹狼男装等。动物式名称的选择也要考虑到动物本身意味的特性和象征的意义。

(4)植物式名称。以植物的名称作为品牌名称,杉杉西服隐喻着挺拔的概念,苹果牛仔从形状和含义都富有性感的特征,红豆西服则源于王维的古诗,具有一定的寓意和想象空间。

五、品牌生命周期

品牌生命周期是指品牌从开始在市场上使用到被淘汰出市场为止的整个过程。品牌生命周期和产品生命周期是两个完全不同的概念,服装产品生命周期是产品的市场寿命,其生命周期较短,这是服装产品特性所决定的。服装品牌代表了一个企业的形象,也代表了企业系列产品的形象,包括过去的、现在的以及将来还未开发出的服装。品牌的生命周期长短是由科学技术、消费者需求、产品竞争等众多社会因素决定的。

一种品牌进入市场,其生命周期过程即开始,企业关注的是如何使人们在最短时间内接受这个品牌产品,并使此品牌能长时期给企业带来更多的利润。品牌在其生命周期过程中主要经历投入期、成长期、成熟期和衰退期这四个阶段。如何缩短投入期、延长成长期和成熟期,是每个企业都非常关注的问题。由于一种品牌可以派生许多产品,在市场上自然会经历很长的生命周期。但也有的品牌由于设计失误或受市场环境等许多因素的影响,尚未进入旺盛的发展阶段就萎缩甚至夭折。

企业产品的品牌,是产品策略中非常重要的内容。由于市场不断繁荣和扩大,同类产品的品牌也越来越多,消费者的选择多了,任何一种品牌都不可能永远被消费者接受。因此,为了延长品牌生命周期,企业只有不断开发新产品,保证产品质量,保护好品牌。如发现品牌不理想,可推出新品牌,这样才能保证企业占有市场,在竞争中立于不败之地。企业的营销人员,要了解消费者的品牌心理,制订相应的品牌营销策略。

六、品牌管理

纵观当今世界经济强国,无不以名牌产品称雄世界。企业要生存和发展,就要有创名牌的意识。创名牌不是一朝一夕的事情,而是一项长期艰巨的工作,是创一流产品，一流管理，一流服务，一流人才的过程。创立名牌之后，还要发展、保护、管理好名牌。品牌的管理包括以下几个方面：

1. 保护品牌

申请注册取得法律保护是保护品牌最有效的方法。对于实力较强的企业，最好做到产品流通前，品牌先保护。否则被他人抢先注册，其后果就不堪设想。商标经过注册，能够获得商标专用权。商标专用权也称为商标的独占使用权，即一方面注册商标所有人有权在核定商品上使用其注册商标，另一方面可以禁止他人在未经许可的情况下在与核定商品相同或相似的商品上使用与注册商标相同或相似的商标。

品牌经过注册，可以得到法律保护，有效地禁止侵权行为的发生。商标有多种形式，品牌经营者根据品牌的具体情况选择适当的商标形式，以有效维护品牌形象，保护品牌的市场地位。我国商标法确定商标专用权的原则是申请在先，而非使用在先，所以企业在创立品牌之初，应尽早向国家商标局申请注册。企业在注册时，可以采用以下三种策略：一是同一商标注册策略，即企业生产的所有产品都以同一商标注册，既有利于识别，又有利于提高企业产品知名度；二是联合商标注册策略，即将与自己商标近似的容易混淆的标记一同注册，形成系列商标；三是防御商标注册策略，即在多种商品中注册同一品牌，甚至在国内的多种商品中均注册，但并非每类产品都生产。

红豆集团注册策略是联合与防御共用，他们在将国内34种商品全部注册了商标的同时，还把与“红豆”中文近似的发音，相同的含义，如虹豆、相思豆等都进行了注册。同时还在国外54个国家和地区申请了注册商标，从而形成了完整有效的市场商标体系。

2. 强化品牌意识

企业管理人员要使员工明确意识到著名品牌的信誉来之不易，是企业全体人员长期努力奋斗的结果，是管理和智慧的结晶，是产品信誉和质量的标志，是产品的主要附加值，要自觉地做好重视品牌的工作，不要轻视品牌的作用和价值。

对于国际名牌服装，有观点认为：要有消费者熟悉的品牌标志；名牌留给消费者的是信心和保障；名牌产品是成功的，质量可靠，让人有满足感；名牌需要时间的考验，应有一定的历史积累；名牌要不断创新；名牌要有高的市场价值，是一种无形资产。

服装品牌很突出的一个特点，是多采用著名服装设计师的姓名作为服装品牌。主要原因有三点：一是服装与人一样，富有个性，以设计师姓名作为品牌，可以更好地体现服装的品位与艺术追求；二是以设计师姓名作品牌名称，代表了一种质量意识，因为设计师以自己的名誉作质量担保；三是可以发挥设计师的名人效应，通过名人的各种社交活动，推广服装品牌。

3. 创立与CI导入

CI是Corporate Identity的缩写，其中文意思是企业识别系统或企业形象体系，就是运用统一的视觉设计来传达企业特有的经营理念和活力，从而提升和突出企业形象，使企业形成自己内在独特的个性，最终增强企业整体竞争能力。CI由三部分组成：理念识别，指将企业经营方针、经营宗旨、行为准则、精神标准等予以明确的规范；行为识别，指企业组织制度、管理方式、教育训练、社会公益活动、营销活动等行为方式结合理念识别予以明确和规范；视觉标志，是将企业理念、文化特质、服务内容、企业规范等抽象化语言，用可视的具体符号予以明确和规范。

CI作为企业确立其完美形象的有效手段，其主要功能有三种：

(1)识别功能。CI凭借系统地设计或改变企业形象，注入新鲜感，勾画出企业形貌，这是CI最基本的功能。

(2)促销功能。在各种营销活动中贯彻体现有意识设计的产品品牌和企业形象特征，从而使营销活动更为有效。CI一般将产品形象设计、企业形象设计与销售环境有机地统一起来，从而对消费者产生较强的号召力，起到促销的作用。

(3)凝聚作用。这是CI的最深层的作用，CI是在一定的企业理念、企业精神的基础上发展起来的精神的外化。同时，CI帮助企业形成独特的企业文化和企业精神，从而起到凝聚企业员工共同价值观的作用。企业形象与品牌树立互为目的也互为手段，CI的成功导入有利于品牌的树立和品牌内涵的演绎。CI具有独特的标志性，同一的系统性，能有效保证企业经营理念的整体性，企业行为的统一性，企业形象的鲜明性，而这些正是创名牌的重要因素。通过导入CI，把企业名牌产品的文化含量和审美价值的内涵转化为市场视觉符号，形成对社会公众的直观和理念的诱导力，这必然会产生现实的市场效应和久远的市场反响。

4. 重视质量、外观

要成为知名度高的品牌，光有好的名字是远远不够的，还要有高质量的美观产品，才能使品牌立于不败之地。要保证服装的质量和外观，首先材料要好，不论面料质地、色彩等都要保持优质；做工必须精细，不论裁剪、缝制、熨烫都要精益求精；设计的造型要新颖，外观要美观，确保名牌产品始终具有优于竞争对手的质量，这是名牌久盛不衰的首要条件。其次，要重视企业员工的培训，员工技术业务素质高低，决定了产品质量的好坏。严把质量关，不合格的材料不能用，不合格的产品不出企业。

目前，我国服装总产量、出口额为世界第一，两个世界冠军足以令我们骄傲，但冷静比较一下，我国的服装业与发达国家相比相差还很远。一是档次不高，二是名牌太少，至今还没有一个在国际上叫得响的品牌。出口的服装在国际市场上基本是中低档产品，销量大，附加值低，一般只相当于发达国家的1/3甚至更低的售价，多出现在国外的摊市和超级市场，很难进入高档商店。当然这里边有许多原因，但关键是质量、外观等过不了关。

5. 保持特色、不断创新

品牌产品要有鲜明的特色和独具的价值。国际名牌无一不是依靠自己的个性特色立足于世界市场的。对于服装来说，就是产品的设计风格方面有鲜明的特色，并符合消费者的审美标准，顺应时代潮流。

不断创新并体现时代感的品牌在竞争中能够长盛不衰。创立于1908年伦敦的“Lee Cooper”牛仔裤是世界上最著名的服装品牌之一，是欧洲牛仔裤生产商的领头羊。近百年来，该品牌不断赋予面料和色彩时代动感变化，设计风格不断创新，不仅抵制住来自美国最大的牛仔品牌“Levi's”的冲击，而且也保持了其在欧洲的领先地位。不同的年代，“Lee Cooper”牛仔裤都在不断创新，以适应时代的要求。20世纪40年代追求自由无拘束，50年代追求叛逆性，60年代追求轻松时髦，70年代追求豪放粗犷，80年代追求新潮下的标新立异，90年代追求返璞归真。正是由于内部不断创新，使其牛仔裤在全世界70多个国家拥有7亿多消费者，还因开创了将女性牛仔裤拉链从侧面改为中间，对服饰界做出划时代的贡献。“Lee Cooper”品牌也由于创新而保持了旺盛的生命力。

6. 加强宣传

重质重名，一手抓质量，一手抓宣传，是保护和发展名牌不可缺少的重要环节。由于市场上同一类别产品的品牌越来越多，人们对企业和品牌很快就会忘记。品牌拥有者必须坚持不懈地加强宣传，巩固品牌的地位，使之在人们心中根深蒂固。据调查表明，如今消费者购物消费，有84%的人注重产品品牌，特别是经常做宣传的名牌，更是消费者想拥有的。名牌不光代表质量好，还能满足消费者的自我表现心理，选择名牌能给消费者最大的享受感与最小的遗憾感。

服装品牌很突出的一个特点，是大多采用著名服装设计师的姓名作为服装品牌。因此，要创立品牌，就要积极支持、培养和宣传服装产品的设计者，帮助他们成名，这样可以更主动、更有力地表现品牌的个性特色，从而促进品牌知名度的提高，产生名人出名品的效果。我国服装业长期以来缺少国际名牌的一个不容忽视的原因，就是缺乏一批具有国际知名度的服装设计师。近年来，这个问题已经得到重视，一些政府和企业提出要扶持和培养中国的知名设计师。同时，以著名影星、模特、运动员等知名人士做品牌代言人，也有利于提高品牌知名度，创立品牌形象，这是国外企业常用的创牌手段。迈克尔·乔丹就是耐克公司的代言人。

但选择品牌代言人时要慎重，要注意代言人的公众形象，代言人的不检点行为会损及品牌形象。另外，还要注意代言人能否在长时间内保持较高的知名度。

7. 加强服务

抓好售后服务和产品质量跟踪，保证消费者利益，也是保护好品牌的因素。因为名牌并非百分之百质量保证。如耐克鞋闻名天下，然而也会有鞋面与鞋底分家的厄运，在运动会上如有这种情况，该公司的有关人员必会火速赶到，并寻找“万分之一开胶可能”的原因，这种可贵的精神唤起人们对耐克质量的信赖和对它的好感。这样的服务不仅宣传了品牌，而且以真诚赢得消费者，赢得市场。

8. 自我保护

著名品牌本身就是一笔财富，品牌越出名财富越大，它是强大竞争力和巨大赢利能力的来源，使其他经营者无不为之瞩目。如果企业不善于保护自己的著名品牌，就可能被不法之徒假冒，甚至使品牌这一无形资产在不知不觉中流失。如广东恒丰制衣公司的飞高牌牛仔裤，当时这一敢与国外名牌比高低的品牌，由于被假冒产品大量仿制，恒丰生产一条牛仔裤，假冒企业就能生产出150条假品牌牛仔裤，真货竞争不过假货，飞高品牌被假冒者吞失殆尽，从此在市场上消失。为了保护自己的品牌，企业一方面可依靠法律，另一方面可提高服装产品的技术含量或新产品上市的突然性，使之不易仿制。

第二节　服装品牌价值

当消费者购买了某一品牌的服装时，就必然会将自己对产品质量或其他方面的预期转移到品牌本身，这样品牌就构成了消费者评价的实际客体，无形之中形成了品牌附加在产品使用价值之上的一种价值体系。

一、服装品牌价值概念

1. 服装品牌价值内涵

消费者对不同品牌类似产品愿意支付的价格是不同的，产生这种不同的本质就是品牌价值上的差别。服装品牌价值基于消费者对于某品牌的接受、认可或喜爱，而使品牌产生的溢价，然后把这个溢价通过技术手段折算成货币，就是品牌的价值。这个溢价是超出行业平均利润率的利润，所以可以说，品牌价值是超额利润部分的反映。但是，消费者愿意支付高价的前提是消费者对这一品牌的接受、认可或喜爱，也就是说，在公平市场中如何获得消费者的认可才是能拥有品牌价值的前提。

2. 服装品牌价值的体现

品牌价值是消费者对品牌整体实力的全面心理反应，分为品牌带给消费者的可感知的情感利益和可感知的功能利益，是与某一品牌相联系的品牌资产的总和。一款服装有无品牌，以及品牌美誉度、知名度的高低不同，对消费者的吸引截然不同，体现在价格上也有着极大的差别。也就是说，同种商品，不同的品牌，其市场价格就会存在着很大差异。服装品牌有其内在的价值，通常会体现在以下几个方面：

(1)服装价格。服装品牌的价值是对品牌进行的量化分析，作为品牌的影子价格，构成了服装产品价格的一个部分，同时也直接体现为企业的无形资产。

(2)超额利润。品牌价值是由服装价格中超出平均利润的超额利润体现的，同时在市场竞争中进行价值实现。超额利润意味着同样的成本下品牌价值高的商品可以获得更多的利润，这是企业努力提升品牌价值的重要原因。

(3)科技水平。品牌价值是服装产品科技含量的体现，那些不可仿效的因素体现着服装生产科技水平，是吸引消费者产生购买的催化剂。

(4)企业美誉度。服装企业的经营业绩也是构成品牌价值的重要内容，一个只有知名度而没有美誉度的品牌，因为没有优良的经营业绩支撑，其品牌价值相对而言较低，所以，在提升品牌价值的努力中，提升企业的美誉度成为重要的内容。

3. 品牌价值的利益

品牌价值作为品牌内涵的体现，本身是无形的，而品牌价值的力量却无时无刻的影响着消费者和服装企业。

(1)对消费者的利益。品牌价值对消费者而言不仅意味着可以获得可靠的关于服装质量的承诺，同时还享受到企业文化、信誉和物超所值的概念；消费者对品牌产生的联想会增加购买后的心理满足感；不同的品牌价值除了体现在产品本身的差别上，也体现在企业所提供的服务上，服务上的优势也会融洽企业和消费者之间的关系，增加消费者的满意度。

(2)对于服装企业的利益。由于品牌代表的可察觉质量高，公司可为产品制订比竞争者高的价格，这是品牌价值最基本的体现；品牌价值高的产品在影响消费者的购买决策上会有重要的意义；品牌还为企业对抗激烈的价格竞争提供了有效手段；由于品牌的认知度高，消费者愿意购买企业的产品，所以在选择分销商和零售商时企业会处于较有利的地位；由于品牌名称代表很高的信誉，所以在品牌运作时很容易在本品牌名称下推出不同类别的产品，进行品牌扩展。

二、品牌价值的管理方法

在市场中，消费者对品牌的认同实质上就是对品牌价值的认同，认同这个品牌价值才愿意付出更高的价格。所以企业要获得更高的利润就需要有效地维持品牌价值的认同，有效地定位和管理品牌的核心价值。

1. 品牌价值管理的必要性

(1)服装产品同质化竞争需要。在服装行业，同质化竞争越来越严重，原来某些品牌的主导地位也慢慢被不同品牌代替。想要消费者从众多的品牌中识别出自己的品牌，并进行产品的购买，这就要求品牌在价值理念上要与其他品牌区别开来，在同质化的竞争中创造出差别，便于识别。

(2)消费者需求细化需要。消费者本身的特征和需求是千差万别的，具有不同特征的消费者对服装的选择原则差异很大，消费者不再相信品牌表面化的承诺，他们的选择目标越来越集中在一些与他们的价值观念接近的品牌上。这些隐藏在服装产品背后的价值观念和价值认同才是消费者最终选择购买的重要因素。消费价值的认同，生活态度上的共鸣，这才是品牌价值的核心，也是品牌能够持续发展的关键。

(3)忠诚消费者影响力需要。营销中有个巴法雷法则，20%的消费者贡献了企业80%的利润。让这些少数消费者能够贡献这么多利润的原因就是重复性地购买，而消费者对服装品牌价值认同，是使消费者产生持续购买行为的最有力的因素。

2. 建立品牌价值定位的原则

要有效地进行品牌价值管理，首要任务就是进行有效的品牌价值定位，品牌价值的定位一般会遵循以下几个原则：

(1)需求最大化原则。有需求意味着品牌价值能够进行转换，足够大的需求就代表着足够大的潜在市场和被认可的可能，也就是获得更大利润的保障。企业在分析研究品牌的核心价值时，必须以消费者的需求作为首要遵循的原则，并以发展的眼光去分析需求的发展趋势，进行品牌价值的定位。

(2)价值关联原则。品牌是沟通产品和消费者之间的桥梁。品牌在销售链中需要完成的使命就是塑造产品与消费者之间的最大利益关联点。对于品牌核心价值的研究，必须结合产品的优势使用价值和消费者期望的消费价值，使两种价值产生最佳的结合和关联，这样才能保证赢得广泛的价值认同。

(3)差异优势原则。建立品牌的关键在于如何使品牌印象具备与众不同的识别优势。一方面，品牌的产品本身必须存在优势，才能成为吸引消费购买的理由；另一方面，品牌必须具备独特之处，才能与其他竞争对手明显的区分开来。品牌的持续发展是创造持续价值的途径，这就要求企业在品牌价值定位时，必须确定适合自己的细分群体,提出清晰的差异化价值定位,这是建立品牌价值定位的重要原则。

(4)交叉定位原则。品牌价值定位要综合三方面的因素进行综合考虑:产品本身、消费需求和市场竞争状况。三个方面需要交叉分析:产品独特的卖点是什么?消费者的消费需求是什么?市场竞争空白点在哪里?定位时要对三个方面进行综合,达到最优化的定位。

3. 品牌价值管理的内容

品牌价值的巩固和提升是一个长期的过程,品牌价值的管理也就必然成为一个持续性的工作。要对品牌积累一个有足够认同度的价值,就必须动态的考虑到消费者需求发展变化的趋势。品牌价值是在实际市场的运作中得以确认的,所以需要不断调整,适合市场发展的特点,但不能出现经常性的彻底改变,否则消费者对品牌稳定的认知就会发生改变,不利于培养对品牌的忠诚度。

品牌价值管理工作一般包括以下内容:

(1)品牌价值定位的确定。

(2)核心价值的确定和宣传。

(3)品牌价值理念系统的建立。

(4)品牌识别系统的建立和应用。

(5)与消费者进行有效信息沟通的方法。

(6)品牌价值系统的修正。

服装品牌价值管理是推动和巩固品牌价值的重要工作,同时也是一项系统性的工作,因此要根据企业的实际情况进行因地制宜的管理。一个服装品牌想要保持强盛持续的发展动力和品牌在消费者心目中的认知度,就必须采取一定的方法进行有效的品牌价值管理。

三、品牌价值构成的元素

品牌价值是属于企业的一种无形资产,在产品的价格和企业获得的超额利润上都可以清楚地体现,但是这个价值体系是一个复杂的系统,一般情况下它的构成从五个方面进行界定:

1. 品牌忠诚度

品牌忠诚度是品牌价值的基础,它由消费者使用经验、认知及品牌辨识和产品质量所构成。品牌忠诚度的产生,主要是来自消费者对曾经购买的服装是否满意的体验。

现阶段的消费者满意度和忠诚度可以用来衡量服装品牌的潜在价值,也就是消费者群体的质量。如果某品牌服装的消费者满意度及忠诚度高,就说明该产品消费者不仅在现阶段会购买该品牌产品，还很可能在未来继续重复购买该品牌产品。而且,如果消费者满意度及忠诚度高的话,则该品牌的消费者不但会自己购买该品牌产品,还很可能推荐其他消费者购买该品牌产品。实践证明,降价和促销等手段在短期内是可以有效地刺激一些消费者的购买，而要想长期留住消费者,就一定要提升他们的满意度及忠诚度。

2. 品牌名称认知

品牌名称认知代表着企业与消费者之间的连接程度，消费者对品牌名称的认知绝非短时间内可以达到的,这必须通过品牌名称多频率、大范围的传播才能进入消费者的记忆中。服装品牌在营销上最大的作用,在于它能在消费者心中成为代表品牌所有信息的一种速记符号。所以,确定消费者对品牌认知体现了品牌潜在价值的大小。

3. 品牌质量认知

品牌质量认知则是消费者对产品或服务质量优劣的判断比较，这是维持消费者对品牌忠诚度和满意度的基础。消费者可感知的服装质量高,意味着企业可以为产品确定更高的价格,这充分体现了品牌的价值。

4. 品牌识别系统

品牌识别系统是一种企业概念的传播，在于构建和传递关于品牌有形或无形的印象,这种印象有利于消费者从各方面区别不同的品牌,并且把识别系统当作很好的品牌识别标志,有利于对品牌产生恒定和长久的记忆。

5. 品牌的其他相关资产

品牌的其他相关资产包括专利、销售渠道优势等方面的优势,这些优势具有其他品牌不可仿效的特点,为提升企业的销售业绩作出贡献。

上面所提及的这些构成元素是创造品牌价值的基础,如果没有这些资产,品牌也就谈不上所谓的价值了。品牌在扮演为消费者创造附加价值的同时,也直接或间接的为企业创造大量的竞争优势,为企业创造了可能的销售的增加。

四、品牌价值的评估

评估品牌价值时,通常都要从企业和消费者两个角度衡量。从企业的角度可以用不同的量化元素去评估,这包括利润、市场占有率、价格差异等内容。在消费者这方面,则偏重于质化元素的评估,如心中的品牌联想、品牌偏好度、满意度等。由于品牌资产具有无形的特性,提高了价值评估的难度,1996年营销学者戴尔·李欧(Del Rio)在对品牌价值评估方法进行总结和归类后,提出了品牌价值评估的两大标准：

(1)营销评估法与财务评估法。营销评估法也就是直接面向消费者进行分析评估,而财务评估法则是针对品牌的经济价值提出估算。

(2)品牌效益评估法。品牌效益评估法是针对品牌价值所产生的效益进行评估、分析形成价值的原因。

五、提升品牌价值的途径

品牌价值既然可以帮助服装企业在竞争中获得优势，那么价值的提升就可以将这种优势巩固和延续下去。提升品牌价值的方法很多,总体上都是从增加服装销售和获得消费者对品牌认可的角度上进行的。

1. 向消费者售卖一种体验

一个成功的服装品牌已经开始摆脱只是为消费者提供服装产品的思维模式,转而向消费者提供一种体验,以获得他们对品牌文化的认可。当消费者的注意力从服装转向服务,又转向购买体验时,体验就可能成为消费者购买的一种重要动力。体验所强调的就是品牌能给消费者带来的和自我形象相关的联想,所以企业要深刻认识到卖场中不仅在售卖服装,更重要的是售卖一种梦想或者体验,让他们产生共鸣,这样消费者才可能产生一种忠诚度。

2. 全方位信息的一致

信息传递的一致要求企业在经营理念、视觉系统、组织系统、品牌定位、品牌传播等方面进行全方位和深度的整合，做到给消费者传递出的信息具有统一的特性。这样在消费者的记忆中就会形成关于企业的整体和系统的信息,有助于对品牌的认知。

3. 树立优秀品牌形象

品牌形象是一种连接产品和消费者的纽带，是企业的一种资产。从外部来讲,具有独特个性形象的企业可以获得更多的消费者的注意,为企业带来更多销售的机会,为商品增加价值。从内部来讲,以企业核心价值观为核心的企业文化的建设,更是可以到达企业制度所不可及之处,有效地增加企业凝聚力,提高工作效率。

4. 调整企业的经营重心

原来服装企业都非常强调服装是否卖出去，而不是强调重视与消费者良好关系的建立,现在这种经营重心应该进行调整,从交易转向关系的建立。良好关系的建立是消费者产生重复性购买的重要原因，这为企业品牌价值的提升提供了有力的保证。要将经营重心很好的调整过来,就要求企业在经营过程中,除了要信守基本的诚信原则以外，还需要在交易过程中提供一些超出服装产品本身之外的额外价值,如舒适的服装卖场、营销人员的良好态度等,让与之接触的消费者感到,除了服装本身所带来的满意之外,还愿意确立良好的关系。

5. 利用公关手段

良好的公关手段是提升企业品牌知名度和美誉度的有效方法，选择社会公益活动则会使提升效果事半功倍。社会公益活动是以赞助社会福利事业为中心开展的公关促销活动，常见的公益活动包括赞助体育盛会、赞助灾区活动、资助社会福利事业、赞助文化教育事业等。尤其是影响力比较大的体育盛会，是服装企业提升品牌价值的重要方法。

第三节　服装品牌的策略决策

服装品牌本身除了区分不同产品定位的作用外，还是一种重要的营销手段，品牌策略的使用，可以帮助企业在市场竞争中获得更好的竞争优势，同时也是更好地吸引消费者产生重复性购买的重要手段。服装品牌的策略决策将从品牌化决策、品牌使用者决策和品牌策略决策几个方面进行介绍。

一、品牌化决策

品牌化决策是指服装企业是否要给所生产的服装加上品牌名称的决策。品牌在服装营销中有很重要的作用，因为消费者在购买品牌服装时，不仅购买了服装本身，还购买了品牌带给消费者的一种心理满足。虽然在对产品使用品牌决策时，会在包装费用、广告费用方面增加成本投入，而非品牌产品则在这几个方面具有一定的成本优势。但从长期利润角度上讲，品牌化决策有更好的持久性。

二、品牌使用者决策

服装企业决定对产品使用品牌时，一般有三种选择方式：

(1)生产商品牌。这是生产商拥有的品牌，适用于具有较高信誉的服装生产企业。这种决策的使用是生产企业试图运用品牌来占有和控制市场，同时为消费者传递了关于产品质量的相关信息，使得生产商品牌具有一定的优势。

(2)分销商品牌。分销商品牌又称零售商品牌、商店品牌或私人品牌。是分销商利用自己的分销渠道优势，找生产商进行生产，并为产品贴上零售商自己的品牌进行产品的销售。虽然生产商品牌趋于在市场上占有支配地位，但是近几年大型零售商和批发商的迅速发展已使得建立分销商品牌成为可能。分销商通常可以找到具有过剩生产能力的生产商，这些生产商能以较低的成本生产出分销商品牌的产品。同时，由于这些产品最终在分销商店铺里销售，其他成本如广告费和物流费等比其他品牌要低。这就意味着分销商品牌使用者有可能制订较低的产品价格,在与竞争者产品竞争的时候获得价格优势,并通过大量产品的销售来获得总利润的增加。

(3)许可品牌。许可品牌是指企业对其他企业品牌具有使用权的品牌。为了获得对品牌的使用权,企业在品牌被许可使用期间,向品牌所有者交纳事先约定的许可费用。

三、品牌策略决策

企业在运作品牌的过程中,为了使品牌带来最佳效益,通常有以下几种策略决策方式:

1. 产品线扩展策略

产品线扩展是指服装企业利用现有的品牌名称,在现有的产品类别中增加新的产品项目(新款式、新颜色、新面料、新包装等),以满足消费者需求的策略。产品线扩展的方式,既可以采取设计和生产新款服装方式,也可以采取对原有款式增加颜色或更换面料的方式,还可以采取更换包装的方式。

大部分情况下,企业的新产品开发都属于产品线扩展策略。求新、求变、追求流行的消费者需求,往往驱使着企业不断更新服装款式来把握流行趋势。有时,企业一旦发现消费者的潜在需求,立刻开始进行新产品的推出,包括新款式的设计和新面料的使用,满足他们的需求。有时,竞争对手成功地实现了产品线扩展,企业就开始跟随其成功,进行新产品的生产。

产品线扩展策略虽然在满足消费者多变的需求方面有着明显的优势,但这种策略也涉及多种经营风险:

(1)新款服装的生产有可能没有获得成功,那么投入的设计、开发、生产成本就不能得以抵偿。所以企业要避免为了取悦消费者而没有考虑其经济可行性的不必要的产品线扩展。

(2)使企业产品内部的竞争加剧。有时企业新产品的销售出现增加,但这种增加有可能是以其他产品项目的降低为代价的,实际上并没有给企业带来真正的效益。所以,成功的产品线扩展应该通过抑制竞争对手的产品销售来获得本企业产品销售的增长,而不是本企业产品的相互竞争。

2. 品牌扩展策略

服装品牌扩展是指以现有的品牌名称推出新产品类别的策略,也被称为统一品牌名称策略。这种策略可以利用已经获得成功的品牌推出产品,消费者会对新产品产生良好的品牌联想,有利于新产品进入目标市场。例如“七匹狼”这个品牌,不仅生产男装,还包括烟、酒等不同种类别的产品。

这种品牌策略具有多种优势:

(1)新产品导入成本低。因为不必像新品牌导入那样需要在品牌名称认知和偏好上花费大量的广告费用,所以利用已有品牌推出新产品,有利于新产品进入市场进行竞争。品牌扩展可以节省用于促销新品牌所需的大量费用,并且使消费者迅速了解新产品。

(2)在广告宣传时又同时使品牌旗下的所有产品得到推广,广告宣传的效率高。

品牌扩展使品牌价值在不同领域得以体现，并且在新产品导入时产生成本优势,但也存在着一定的劣势:

(1)假如新产品不能令消费者满意,就可能影响消费者对同一品牌其他产品的态度,带来一定的销售风险。

(2)即使是成功运作的品牌,也不能无限制的进行扩展,因为消费者本身对品牌的认知都是有一定个性界定的，所以一些品牌名称可能对新推出的产品类别也未必适用,这就要在扩展之前充分考虑扩展的界限问题。和以前产品有关联的产品类别使用品牌扩展的效果相对较好。

(3)品牌过分扩展也会导致品牌名称失去其在消费者心目中的特殊地位,产生品牌淡化的现象。这种淡化将消费者本来已经建立的关于品牌的联想变得模糊,这样当消费者再次看到品牌时不再能立刻联想到特定的服装风格和特征。

这些风险使企业在实施品牌扩展策略时要充分考虑限定因素，最好是能够达到新产品销售迅速增加,同时又没有影响现有产品的销售,一定要避免新产品失败了,同时又妨碍了现有产品的销售。

3. **分类品牌策略**

针对不同目标市场的消费者生产不同风格的服装，并以不同个性的品牌名称推出,这种品牌策略决策称为分类品牌策略。这种策略往往是满足消费者不同的购买动机,确立不同特色和诉求的有效方法。例如Hogo Boss公司将男装市场分为三个部分:一是商界老板,采用Boss这个品牌名称,设计和生产商务风格的男装;二是年轻人市场,服装品牌的名称是Hogo,服装的风格时尚,流行性强;三是有品位的高层人士，使用了BALDESSARINI这个品牌，服装品位独特但不张扬。这样,不同品牌定位确立各自形象,在目标细分市场上可以更好地满足消费者的需求。

分类品牌策略也存在着一定的风险:

(1)市场细分得太细,两个市场之间的差别不太明显,会使得两个品牌个性和服装风格的差别不大,造成企业资源的浪费。所以在操作的过程中,要充分考虑市场的差别性,选择核心差别点进行品牌的确立。

(2)同时运作多个品牌,会分散企业有限的资源,有可能使每个品牌都不能得到很好的推广。所以,企业应该根据实际的能力和预期的利润预测,剔除比较疲软的品牌,降低运作成本,并且建立较为严密的筛选程序来选择新品牌。分类品牌策略应该是在和竞争对手竞争的过程中逐渐获得对方的市场份额,而不是自己的几个品牌在相互竞争。

4. 个别品牌策略

当服装企业推出新的产品类别时发现原有的品牌并不适合,就需要采用个别品牌策略。个别品牌策略指的是为每一个产品项目选择特有的品牌,或者同种产品不同质量标准采用不同品牌。个别品牌在向消费者清晰、明确地传递产品信息时有一定的优势,这种策略的选取取决于产品特性以及企业总的产品战略,如果企业的产品战略推崇的是为单个产品项特征进行定位和宣传,就比较适合个别品牌名称的策略。

使用个别品牌策略有以下优点:

(1)风险分散优势。当企业生产的一个产品项目出现质量问题或美誉度受到影响时,由于各个品牌之间的关联性较小,消费者不会将对这个产品的不满转移到另一个品牌上,所以对企业的其他品牌影响较小。

(2)目标市场针对性强。个别品牌策略可以使企业为每一种风格的服装寻找最佳名称,反映服装的个性,符合目标市场消费者特征,容易被消费者接受。

(3)有利于产品线延伸。个别品牌策略使企业可以生产不同品质的产品,采用不同的名称推向市场,这样企业低档、中档、高档的服装产品就可以明显地区别开来,易于消费者寻找适合的价格范畴。

个别品牌策略在成本上不具优势,企业要为各种不同的服装制订不同品牌,增加了产品销售的成本。同时,在进行产品促销过程中,要分别对不同品牌进行推广,大大增加了促销成本。

第四节　服装品牌重新定位

服装品牌重新定位就是对原有的品牌定位进行重新的确立,目的在于摆脱现在的困境,使品牌获得新的增长与活力。品牌重新的定位与原有的定位有截然不同的内涵,它不是原有定位的简单重复,而是企业经过市场的分析之后,重新确定进入和发展市场的方向。

一、品牌重新定位的原因

企业重新定位的原因有很多,有企业的内部因素,也有市场竞争的外部因素,这些原因一般表现在四个方面。

(1)原有定位的不准确。虽然企业在进行生产之前都会对市场进行调研,找出市场的空白点,但依然会出现产品投放市场以后,消费者反应冷淡,销售情况与预测差距太大的情况。这时企业就应该对市场重新分析,并对企业进行诊断。如果是因为对消费者分析不充分而导致品牌定位不准确时,就需要对品牌重新定位。

(2)原有定位的局限性。企业发展初期,品牌的定位可能很好地适应了消费者的需求,但在发展过程中,原有定位可能会成为制约因素,阻碍企业渗透到相关行业、发展相关产品和开拓新市场。面对新的市场环境和不同文化、社会背景的消费者,品牌原有的定位也可能不再适合,出于企业更好发展的目的,就需要对品牌原有的定位进行调整。

(3)竞争优势丧失。企业在竞争中,可能会因为竞争对手不断的发展而丧失原来的优势,建立在此优势上的品牌原有定位也会成为削弱品牌竞争力的原因,甚至竞争对手会针对企业定位存在的缺陷,塑造自身的优势,推出更适合的同类产品。企业如果仍强调原来定位,就会在竞争中处于被动的地位,最终丧失市场。在这样的情况下,企业应对品牌进行重新定位,创造新的竞争优势。

(4)消费者偏好和需求发生变化。消费者的需求始终处于不断变化之中,所以有时企业品牌原有的定位并没有错误,但目标消费群体的偏好由于流行或其他因素而发生了变化,原本喜欢的企业品牌,由于款式、价格等方面的原因,不再能够吸引他们的注意、激发购买欲望,从而转向购买竞争对手的产品。或是随着时代的变迁,消费者的消费观念发生改变,如消费者原来注重服装的使用功能,而现在注重利用服装进行个性宣扬和品牌的心理满足。这就需要企业针对这些新的消费观念对品牌重新定位。

二、品牌重新定位时要考虑的因素

品牌重新定位是一个复杂且需要成本投入的工作,因此在做出品牌重新定位的选择时,应当充分考虑以下因素:

1. 转移成本

品牌的重新定位意味着重新在市场中确立想要进入的细分市场,所以要充分考虑从原有细分市场进入新细分市场转移时发生的费用。品牌重新定位的代价是昂贵的,一般说来,新的定位离原定位越远,所需成本越高。重新定位的资金投入通常会超过第一次定位,因为企业需要在宣传上加大力度,以消除消费者对原有定位的印象,同时还要让新的定位获得消费者认同,产生新的记忆。因此,是否有足够的资金,就成为企业能否实施重新定位的重要因素。

2. 可能的收益

要考虑的第二个因素就是品牌新定位的市场能获得多少收益，新目标市场上的消费者数量、消费者的平均购买率、竞争者的数量和实力等因素，都是企业品牌重新定位收益大小的重要影响因素。因此，企业需要进行细致的分析和研究，预测投入和产出的比例，以决定品牌定位是否应当重新确立。

3. 困难和风险

企业在品牌重新定位的过程中，企业内部和外部都会存在一定的困难和风险。这些困难和风险包括：

(1) 达成内部共识的困难。企业品牌重新定位首先需要在企业内部达成共识，分工合作、共担风险来完成。有时企业的一些部门或者一些高层管理人员，并没有意识到品牌重新定位的重要性，或者考虑到重新定位意味着改变原有决策和计划，由此而产生一定的阻力，使得重新定位工作出现困难。

(2)改变消费者认同的困难。品牌原有的定位经过市场的考验，不管它是否准确，在消费者心目中都已经形成了一定印象。而且如果原来的定位曾经很成功，消费者对它的印象就会非常稳定。由于先入为主的原因，新的定位想让消费者认可必然存在一定困难。特别是原有定位很成功，为了更大发展而不得已重新定位的品牌，会在较长一段时间内不能被消费者接受。如果重新定位执行方法不当、力度不够，可能会使新的定位无法让消费者产生清晰的印象，同时又对原有的定位产生影响，消费者对品牌的认识变得模糊。

(3)丧失原有市场的风险。对品牌重新定位时，企业往往要承担很大的风险，如果重新定位出现失误，可能导致失去原有的市场，甚至毁掉一个品牌，损失前期所有的投入。

服装企业在品牌重新定位时，要衡量受益和投入，应充分认识到品牌重新定位时面临的困难和风险，并为此做好细致的准备工作，才能进行下一步的决策和执行工作。

三、品牌重新定位的步骤

当企业决定对品牌重新定位后需要按照一定的步骤实施定位工作，一般有以下五个步骤：

1. 确定重新定位原因

企业对品牌重新定位的原因是多方面的，在实施新定位目标时，必须仔细分析原有定位需要改变的原因。一般从市场状况、竞争对手、消费者行为及企业本身四方面着手，重新考察分析市场环境。这就需要分析哪些因素发生了变化？发生了什么变化？对品牌的影响有哪些？根据这些变化，重新评价企业在市场中的地位。与竞争对手比,企业有何明显的被消费者认同和关注的优势?这些优势要在新定位时充分反映出来。原有定位有哪些不足?哪些限定了品牌进一步的发展?这些问题要在重新定位时尽量避免。

2. 市场调查与研究

当企业已经确定了品牌重新定位的必要性后,必须对品牌目前的状况进行客观的评估,评估的依据来源于对消费者的调查。对消费者调查时,应包括消费者对品牌的认知和评价,消费者选择产品时的影响因素以及这些因素排列的序列,消费者对品牌产品的心理价位,消费者是从何渠道认识产品的以及渠道的排序,消费者对同类产品的认知和评价等,并根据调研的结果对现有形势做出总体评估。

3. 确定新的目标细分市场

细分市场有各种不同的细分方法和细分标准,不管什么服装品牌,它生产的服装都有目标消费群体,因而企业应根据消费者特点,将市场划分成不同类型的消费者群体,具有共性的消费者群体即为一个细分市场。重新定位的品牌应该明确自己的产品满足的是哪个细分市场的消费者需求。企业根据市场调研获得的数据和关于产品的特点和优势的信息,确定自己的目标消费群体。

4. 确定定位策略

企业确定自己的目标消费群体以后,还必须对目标消费群进行进一步的分析,对目标消费群体的生活方式、价值观、消费观念、审美观念进行广泛的定性调查,以确定新的定位策略。新的定位策略是对不同方案进行测试后进行优选的结果。

5. 传播新定位

当企业定位策略确定后,就需要制订新的营销方案,将新定位下的品牌信息传递给消费者,并通过不断强化的过程,改变消费者对品牌原有的认知,最终达到完全取代原有定位。企业制订的营销方案以品牌新的定位为核心,整合传播媒介,让消费者通过更多的渠道接触新定位的信息,通过重复性信息的传递,形成关于品牌新的印象。

品牌重新定位的效果不是立刻就能显现的。因为原有的品牌定位形成的印象不能立即消除,形成新的印象需要一定时间。同时在信息传递的过程中,要注意来自市场的变化和反应,根据这些反馈信息,及时调整企业的市场营销活动以及广告与促销策略,保证新定位的成功实现。

本章要点

一个品牌主要由两部分组成——品牌名称和品牌标志。品牌名称是指品牌中可以用语言表达的部分，而标志则是指品牌中可以识别但不能用语言直接称呼的易于识别、便于记忆的部分。品牌标志包括符号、图案、独特的字体、色彩等。

服装品牌含义包括商品的属性、获得的利益、生产者的价值、传递的文化、体现的个性和使用者的特征六个层次。服装品牌名称常用的命名方法包括企业式名称、人物式名称、动物式名称和植物式名称。服装品牌价值体现在服装价格、超额利润、科技水平和企业美誉度等方面。品牌价值构成从品牌忠诚度、品牌名称认知、品牌质量认知、品牌识别系统、品牌的其他相关资产五个方面进行了界定。

品牌化决策是指服装企业是否要给所生产的服装加上品牌名称的决策。品牌使用者决策有三种选择方式：生产商品牌、分销商品牌、许可品牌。品牌策略决策包括产品线扩展策略、品牌扩展策略、分类品牌策略、个别品牌策略。

服装品牌重新定位就是对原有的品牌定位进行重新的确立，目的在于摆脱现在的困境，使品牌获得新的增长与活力。品牌重新定位时要考虑的因素有：转移成本、可能的收益、困难和风险。当企业决定对品牌重新定位后需要按照一定的步骤实施定位工作。

思考题

1. 简述服装品牌的作用。
2. 品牌名称确立时应该遵循的原则包括哪些。
3. 简述品牌的知名度与品牌价值大小之间的关系。
4. 简述品牌价值的利益。
5. 简述品牌化决策的意义。
6. 服装企业使用个别品牌策略具有什么优点。
7. 品牌重新定位的原因有哪些？

促销原理与应用——

服装促销策略

本章内容： 1.促销组合
2.服装广告
3.服装的销售促进
4.公共关系
5.人员推销

教学时间： 6课时

学习目的： 通过本章的学习，使学生对服装促销方式有基本认识，并学会在实际中根据不同的目的和产品特点进行促销策略的选择。

教学要求： 掌握服装商品促销的概念，了解促销组合包括哪些；掌握广告的含义、功能、目标，了解如何进行广告的设计以及媒体的选择应该考虑哪些因素；掌握公共关系的含义和类型，了解公共关系的主要方式和原则，了解公关实施的流程；掌握人员推销的概念和优缺点，了解人员推销的方法和步骤，了解推销人员绩效评估的方法；学会利用以上基础知识分析服装商品促销的实际案例，并学会选择合适的促销方法。

第八章　服装促销策略

现代市场营销要求服装企业不仅能够提供满足消费者需要的服装，制订有竞争力的价格，选择合适的分销渠道，使目标消费者容易获得他们想要的服装，而且还要塑造并巩固品牌在公众中的形象，与他们进行有效的沟通。在服装营销活动中，企业同时负担着信息传播者和促销者的角色，促销的目的是向消费者传递生产者所提供的产品和服务信息，以促进销售量的增长。促销策略是市场营销组合的重要组成部分，也是企业营销决策的重要内容。

第一节　促销组合

消费者对服装的购买，是在对众多信息进行筛选后采取的决策，他们获得信息的渠道是多方面的，而服装企业促销是信息传递的重要途径。促销的本质也就是信息的传递和沟通，不论用任何方式，企业都在向消费者传递着某种信息，并用这些信息影响他们的购买决策。

一、促销概述

1. 促销的概念

促销是指服装生产、销售企业通过媒介向消费者传递关于服装产品的各种信息，包括设计理念、风格定位、价格水平等，帮助消费者认识产品能带来的利益，引起消费者的兴趣，激发消费者购买欲望，最终产生购买行为的一系列活动。市场营销组合中的产品决策、价格策略决策、分销策略是在企业内部或者在营销者与营销者之间进行的营销活动，促销策略则强调的是向消费者宣传或介绍其产品，说服和吸引他们对产品进行购买。因此，参与促销活动的双方是营销者与购买者或潜在的购买者。

2. 促销组合

服装企业进行促销活动的实质是传播与沟通关于服装产品的相关信息，目的是强化或刺激消费者的购买欲望，甚至创造对产品的需求，从而促进企业产品销售。促销中信息的传播与沟通，达到了促进销售、提高企业市场占有率的作用。服装市场营销中促销的方式包括广告、销售促进、人员推销和公共关系四种类型，将这四种促销进行组合搭配使用，达到促进销售的目的称为企业的促销组合。促销组合策略就是对这四种促销方式组合搭配和如何运用的决策。

3. **促销的作用**

促销是企业市场营销活动的重要内容，在影响消费者购买决策方面有着重要意义。服装企业促销的作用包括以下几个方面：

(1)传递服装商品信息。消费者品牌的选择和购买决策的确定都是建立在信息收集和分析基础上的。通过促销宣传，可以使消费者了解企业生产、销售的是什么风格的服装，有什么特点，符合怎样的生活理念，在什么地方可以购买，价格怎样等信息。从而引起消费者的注意，激发并强化购买欲望，为实现和扩大销售做好准备。

(2)突出服装的卖点。促销活动通过传递服装设计与众不同的特点和特殊面料使用等关于产品卖点的信息，在消费者心中创造差别记忆，增强消费者对产品的了解，培养偏好，同时提高企业的知名度，提高企业和产品的竞争力。

(3)强化企业的形象。通过一定的促销活动可以树立良好的企业形象和商品形象，使消费者对企业及其生产的服装产生信赖感，从而培养和提高消费者的忠诚度，形成稳定的消费群体，不断地巩固和扩大市场占有率。

(4)影响消费者购买决策。这个作用在服装新款上市时效果更为明显，企业通过促销活动让消费者产生购买欲望，有利于加快新产品导入市场的速度。同时，促销也有利于培育潜在需要，为企业持久地挖掘潜在市场提供了可能性。

服装企业在对服装进行促销时，就是要用一定的成本付出获得市场销售的提升，所以企业在促销组合决策时，应有针对性地选择好各种促销方式的搭配，兼顾促销效果与促销成本的关系，同时还要和其他营销因素协调配合，形成一个整体营销战略。

4. **促销方式**

促销的方式有人员促销和非人员促销两类：

(1)人员促销。人员促销又称直接促销或人员推销，是服装企业通过促销人员向消费者介绍、推荐服装的一种促销活动。这种方式主要适合于消费者数量少并且相对比较集中的情况下进行。人员促销可以有针对性地将有关信息传递给消费者，信息传递的效果较好，但受众却比较有限，所以效率较差。

(2)非人员促销。非人员促销又称间接促销或非人员推销，是服装企业通过一定的媒体传递有关服装的信息，以促使消费者产生购买欲望、发生购买行为的促销活动，适合于消费者数量多且比较分散的情况下进行。非人员促销使信息覆盖面大,可以在较大的范围传递,效率较好,但信息传递的效果不一定很好。

二、促销组合及其影响因素

促销组合由广告、销售促进、人员推销、公共关系四种促销方式组成。促销组合的决策就是要根据企业的促销目的，有计划地将四种促销方式配合起来综合运用,形成一个有助于服装产品销售的促销策略。每种促销形式都有它的优点和限制,所以应该从整体的角度对促销组合进行选择和调整。也就是说,促销方式的选择要根据服装风格和价格定位的不同、产品生命周期的不同阶段、市场特点、企业营销目标和能力不同等影响因素来选择合适的促销形式，制订相应策略。影响促销组合的因素包括以下几个方面：

1. 服装产品的特性

不同风格和价格的服装,消费者购买的动机不同,对产品的要求也不同,所以采取的促销方式也不同。一般来说,大众化服装产品价格偏低,风格和特点不太明显,消费者人数多,分布范围较广,服装洗涤和保养方法简单,若采用人员推销方式,促销效率较低且成本高,而选择广告的促销方式效果就会非常好。而对一些专业化服装产品,如劳动保护服,购买者多数是专门用户,购买者人数不多,但购买数量大,因此,对他们的促销主要使用人员推销方式,有针对性地详细介绍服装的使用、洗涤和保养注意事项,其他促销方式可以作为辅助形式。

2. 产品的生命周期

产品所处的生命周期阶段不同,企业促销的目标也不同,因此促销组合的选择也是不同的。

(1)投入期。在新一季服装导入市场时,促销的目标是使消费者形成关于产品的认识,同时还要说服和诱导经销商进货。所以,企业应采用大规模的广告促销活动,吸引消费者的注意力,提高产品的知晓率。

(2)成长期。成长期是产品销售量迅速增长的阶段,此时企业促销的目标是增强消费者的兴趣,并逐渐产生对品牌和产品的偏爱。促销方式多会选择广告,但此时广告的内容已从原先介绍新产品上市转为宣传服装的特点和优点，同时也可以适当使用人员推销方式,提高促销效果。

(3)成熟期。成熟期时,大量同质化服装的出现使得竞争加剧,企业促销时要让消费者对品牌和产品产生偏爱,使消费者意识到同类产品之间的区别,并且劝说他们从购买其他品牌转向本品牌服装。企业采用销售促进,尤其是优惠券和特价销售活动会带来很好的促销效果,但同时会损害品牌已树立起来的形象,因此要用其他促销方式进行互补。

(4)衰退期。衰退期意味着这季服装进入了退市阶段,所以企业的促销目标就是以较少的成本达到降低库存的目的。这个时期的促销活动有所减少，只要能够达到维持消费者对品牌和产品的记忆就可以了。在这一阶段，由于服装已不再流行并且穿着时间也越来越短，所以不需要在促销成本上投入太多。因此，不宜在广告和人员推销上附加成本，适当使用费用低廉的销售促进方式可能效果更好。

3. 市场特点

市场特点是指目标市场本身存在的不同。既然目标市场具有不同特点，就需要采用不同的方式对服装进行促销。如果服装销售市场范围小，消费者在地理位置上比较集中且交易额大，并且潜在顾客不多时，促销方式以人员推销为主，强调促销效果；而无差异市场范围较大，消费者相对较分散，且购买次数多、随机性强。因此，促销以广告为主，同时要注意消费者的不同需要和购买动机，为下次促销方式的选择提供依据。

4. 促销策略

促销策略是指服装企业在促销时是采用推动战略还是拉动战略。推动战略是服装生产企业通过相关促销活动，说服经销商销售其服装，在销售渠道中强化经销商推动产品销售的作用，通过在终端市场上密集的分销产品，吸引消费者认识和选择这个品牌的服装。在这种情况下，针对经销商的诸如参加展览会、销售奖励等销售促进活动就很重要。拉动战略则在于吸引消费者对产品产生需求，以消费者的需求促使零售商储存该商品。在这种情况下，通过媒体广告激发最终消费者的兴趣和购买欲望就成为重要的促销方式。

服装企业任何促销方式的选择都是有一定条件的，必须根据需要来选择适当的促销组合，以适应不同营销目标和市场营销环境。

第二节　服装广告

服装企业的广告促销是营销活动中的一个环节，虽然实施广告可能使企业销售服装的成本增加，但是通过广告宣传，服装企业可以在消费者心目中树立稳定的企业和品牌形象及风格定位。这是企业进行市场竞争的有力手段，并且可以从长远的角度为企业带来利润。

一、服装广告的定义和分类

1. 服装广告的定义

服装广告是指由企业以付费的方式对服装穿着搭配理念、服装产品本身或服务进行的非人员展示和促销。

2. **服装广告的分类**

服装广告可分为广义和狭义两种。广义的服装广告不以服装销售获取利润为目的,企业关于宣传环境保护意识、防止空气污染、促进公共福利等方面的社会公益性广告都属于广义广告范畴。公益可以理解为公众的利益,所以根据广告的定义,公益广告是服装企业对有助于公众利益的观念所做的包括各种内容的非人员性陈述与推广。

狭义的服装广告是指以服装销售增加获取利润为目的广告,也就是常见的商业广告。服装商业广告有明确的广告主,也就是服装产品的生产商或销售商,同时它是关于服装产品和服务信息的传播。商业广告是有偿服务,广告主要向广告经营者偿付广告设计、制作、代理服务等费用,并且广告要通过一定的媒体如报纸、杂志、广播、电视等传播信息。这些媒体的使用本身也是要付费的,这些费用最终成为服装价格的一部分。

二、广告的功能

广告作为一种重要的促销手段,在信息传递和吸引消费者注意方面具有一定的优势,除了传递服装商品信息外,它的功能是多元化的。

1. **广告的信息功能**

广告的本质核心就是产品信息的传播,传播信息的功能是广告第一位,也是最基本的功能。这种传播通过具体的文字、声音和图像,向消费者传达明确的关于产品的所有信息,从而改变消费者的态度和购买意愿,朝广告宣传的目标趋近。广告是沟通服装生产者、服装经营者和消费者三者之间的桥梁,通过各种媒体的信息传递,帮助消费者了解服装的风格和设计特点,为商品销售创造机会。

通过广告,可以传播以下信息:

(1)服装产品信息。服装产品信息包括服装的风格与设计特点、服装的品质、服装的穿着方式和保养信息等。这些信息使消费者对企业所推出的服装有一个全面的认识,这是进行购买的必要信息储备。

(2)服装企业信息。企业信息的传递主要是在消费者心目中树立一定的企业形象,对企业及其产品产生信赖感。这些信息包括企业的经营宗旨、企业品牌个性与声誉、企业的市场地位与发展等相关信息,帮助消费者对生产企业进行认识。

(3)市场信息。市场信息是告诉消费者什么时候以什么方式,用怎样的价格在哪里可以购买服装等相关的信息。

(4)服务信息。服务是附加在服装产品之上能让消费者增加满意度的工作。在广告中服务信息是多方位的,包括售前服务、销售服务、售后服务、公益服务、公关服务等,这对企业美誉度的增加起到了一定的推动作用。

2. 广告的心理功能

服装广告的心理功能指的是广告引起消费者注意，诱发消费者的购买兴趣与欲望,促进消费行为。除了影响消费者购买决策外,消费者购买产品后获得的心理满足感也体现了广告的心理功能。

3. 广告的美学功能

广告本身是一种实用艺术,它以艺术方式所独具的潜移默化的作用,影响着消费者的审美和生活方式。优秀的广告实际上就是一个精美的艺术作品,可以使受众通过对广告的欣赏,引起丰富的生活联想,发挥其娓娓诉说、循循诱导、形象感染、愉悦心情的审美功能。服装广告在满足消费者对服装信息需求的同时,能让他们在看到广告后得到精神上美的享受,提升生活品位。这个功能是其他促销方式难以达到的。

4. 广告的认识功能

服装广告可以及时向消费者介绍产品和知识,指导购买、引导消费者改变原有的穿着方式而接受新的流行。广告中传递的一些与产品和服务有关的新的生活观念、生活方式等相关的信息,引导消费者改变原有的穿着习惯,尝试新的风格和穿着方式。

当中国人还习惯于穿军便服、中山装时,生产西服的企业便在广告中大讲西装制作省料、穿着合体潇洒、富有时代感等优点。虽然广告中传播的信息不是某个品牌服装本身,而是一种新的消费观念和流行,当这个信息被消费者认可后,就开始改变消费习惯，转移自己的购买对象以至形成了令西服生产企业感到震惊的“西装热”。

5. 竞争功能

服装广告中全面信息传递，多渠道的宣传方式帮助企业树立了全方位的竞争观念。借助广告,服装企业树立了信誉和产品形象,让消费者在众多同类服装品牌中对本品牌产生记忆,强化企业的竞争力。

广告功能发挥的过程,是做广告的服装企业对消费者传播相关信息、塑造企业形象、刺激需要和欲望以及带来美的享受的过程,也是企业引起消费者注意并进行记忆的过程。在广告过程中要明确用何种方法可以让消费者产生注意,不能引起消费者注意的广告是无效的，但仅仅引起注意而又不产生购买欲望的广告也是没有意义的。引起注意还必须有明确的导向性,要让消费者对产品产生兴趣和购买欲望,或对企业宣传的某种观点表示认同,才能使广告功能发挥全面。

三、广告的目标

广告的目标必须根据企业确定的目标市场、市场定位以及市场营销组合决策的不同而进行选择。一般情况，广告的目标可分为提供信息、说服购买和提醒使用三种。

1. 信息性广告

信息性广告主要用于服装新上市的市场开拓阶段，此时消费者对新产品的了解并不充分，所以广告的目标是在消费者中建立初步的市场需求。通过广告告诉消费者新产品和流行的信息，吸引潮流倡导型消费者产生购买。

2. 说服性广告

说服性广告常用于竞争趋于激烈的阶段，也就是产品的成长期，此时广告的目标是让消费者在众多服装品牌中区别不同品牌定位和服装特征，影响消费者心理，为品牌培植选择性需求。大多数服装广告属于这种类型。在对特定品牌培植选择性需求时，企业也对自己的形象进行巩固。

在实际运作中，很多说服性广告已经变成比较性广告，通过与其他品牌的特定比较来突出自己品牌的优越性和不可替代的作用。比较性广告已用来帮助消费者加深对广告品牌与参照品牌间的差别性的理解，对改变消费者态度和购买行为有一定的作用。比较性广告即时效果比较好，但是当受到其他广告干扰后效果就会下降。所以，这种显示品牌特点的信息应该考虑全方位、重复性的出现，在消费者心中形成稳定的差别记忆，影响以后的购买选择。

3. 提醒性广告

提醒性广告是另一种形式的强化性广告，在产品进入成熟期时，这种广告更为重要。此时广告的目的是让已经购买了服装的消费者相信自己做了正确的购买决策，并得到很好的心理满足。

对广告目标的选择，应该建立在对目前市场营销情况透彻的分析基础上，如果产品已经到成熟期并且企业又是市场的领导者，但品牌的使用率较低，广告的目标应该是刺激潜在消费者对产品进行购买或者让已经购买的消费者产生重复性购买。相反，如果是推出新的产品，虽然企业不是市场的领导者，但产品比市场领导者更有优势，广告目标就放在宣传产品的优势所在，让消费者产生注意。

四、广告的媒体选择

广告需要借助媒体才能将相关信息很好的传递出去，不同的媒体有着不同的优点和缺点，在对服装产品特性和消费者特征等众多因素进行分析后，才能选择最佳的宣传媒体。

1. 广告媒体的种类

广告媒体也就是传递服装广告信息的载体。广告媒体可以分为大众传播媒体和企业自办媒体两大类。大众传播媒体包括报纸、杂志、广播、电视、互联网等五种,是广告信息传递的主要工具,被称之为“五大广告媒体”。企业自办媒体,是企业自己制作的广告媒体,主要有户外广告、交通流动广告、招贴广告、邮递广告、灯光广告、包装广告,等等。

(1)报纸。报纸具有传播及时、传播范围广、覆盖率高、读者面宽而且稳定、版面伸缩余地大的优点,而且广告费用相对较低。但是也具有时效短、注目率低、表现效果受限的缺点。选择报纸作为服装产品广告的媒体,虽然成本较低,但广告表现的效果并不佳。所以对广告的内容要进行很好的规划,对于市场信息的内容可以在很大范围内传递,但对于服装风格、生活方式界定方面却不能清晰表达。

(2)杂志。杂志的出版周期要比报纸长,这种传播媒体的优点是:读者群稳定、针对性较强,尤其是专业性期刊,读者专业水平高,群体相对固定;杂志的印刷特点使得广告效果比报纸要好,具有一定的欣赏性;杂志比报纸更容易保存,所以可以通过传阅提高广告的再现率。但是由于杂志其他信息过多,使消费者关注广告的干扰较多;而且杂志出版的周期长,广告的适时性差,不太适合对流行性强的服装进行广告宣传。

(3)电视。电视广告是一种将视听结合在一起的传播媒体,从信息的吸引强度上说,是一种很有效的信息传播途径;这种媒体覆盖面广,收视率高;能综合利用各种艺术形式,表现力丰富;形象生动,具有很强的感染力。这些优点都提高了广告传播的效率,但是电视广告的成本偏高;展露时间短,不易让消费者产生记忆;同时再现率低。电视媒体很适合服装企业在更大范围内巩固企业和品牌形象,传递服装风格和特点等相关信息。

(4)广播。广播媒体也是一种覆盖面很广的传播媒体。它的听众广泛,信息传播及时、迅速,广告制作简便,费用较低廉。但是这种媒体传递的信息量有限,时效短,遗忘率高,而且对于强调视觉效果的服装,这种媒体传递信息的效果是较差的。

(5)互联网。网络广告是伴随着网络发展而日显重要的媒体。网络广告具有时间不限、空间无限、即时互动、效果即时衡量的优点。互联网在不久的将来,可能会成为最重要的广告媒体,也会成为企业重要的宣传媒体,很多服装企业都已经建立了自己的网站,借助这个媒体向目标消费者时时传递服装企业、品牌和产品信息。

2. 选择广告媒体

不同的广告有不同的特点，在有限的费用内，如何选择媒体，以便将服装及企业信息有效地传递给消费者，这是广告媒体选择策略的重要问题，它直接关系到广告效果和成本。在选择媒体时，应该要考虑到以下几个因素：

(1) 产品的特性。不同性质的产品应选择不同的广告媒体做宣传。

(2)媒体习惯。在选择媒体时要考虑广告信息传播的目标受众的媒体消费习惯，也就是这些目标消费者经常和什么媒体接触获得信息，这样媒体选择后广告宣传效率较高。

(3)广告成本。不同媒体的广告成本不同，企业根据产品特点、目标受众的特点，预测要达到一定广告效果在不同媒体上的成本是多少。

(4)媒体覆盖范围。在选择媒体时，需要看所选媒体的覆盖范围与企业的目标是否一致。

3. 广告投放的选择

选择了广告媒体之后，就需要明确企业用何种媒体、广告推出的时间、广告频率等问题。企业应该制订一个媒体时间表，对何时采用何种媒体进行规划。在制订媒体时间表时要考虑目标受众和实际媒体接触到的受众之间人口统计的数据，这两者之间的消费心态是否匹配，竞争对手的广告模式以及媒体准确传递广告信息的能力等因素。广告展露率，也就是目标市场通过某一媒体接触到广告的程度，成为广告媒体时间选择的一个影响因素。

广告频率也就是在单位时间内广告投放的次数，它的不同将对产品的销售量产生不同的影响。这时企业可以选择两种不同的频率投放——连续性进程安排和脉冲式进程安排。连续性进程安排也就是全年稳定地播出广告，这种频率最适合稳定服装品牌个性，传递服装风格信息方面的广告。脉冲式进程安排，就是依据一年中对产品需求的变化而调整广告投放的量，如某品牌的服装可能全年都在做广告，但过节时广告量会增加，这是随着消费者对产品需求量增加而变化的。飞跃式进程是脉冲式进程的一种极端形式，广告以短暂的、多频率的形式出现，强调短时间内重复性信息的传递。这种广告频率可以在低成本的条件下，被消费者注意并留下较深的印象，产生很好的品牌认知效果，但品牌的美誉度不一定增加。

五、广告设计的原则

1. 创造性原则

服装产品广告设计一定要有创意，能让消费者看过后产生记忆。没有创造性的广告无法让消费者区别出自己品牌的个性和形象，影响购买欲望。

2. 真实性原则

真实性原则强调在广告中,企业所传递的关于服装及企业的信息是真实的,不能夸大其词,任意吹嘘,应充分考虑到在消费者心目中树立可靠的品牌和产品形象。

3. 针对性原则

广告是要付出一定成本的,所以在信息的传递上必须针对消费者心理特征、消费偏好的不同,选择他们认可和欣赏的广告方式。那种不顾企业特点、服装风格、市场特点、消费者特点而设计的千篇一律的广告,这样的信息传递必定效果较差。

4. 简洁性原则

由于人的注意力和记忆信息量是有一定极限的,所以不能在广告中传递太多的信息,影响消费者的记忆。因此,广告设计必须遵循简洁性原则,广告要主题明确,诉求点清晰,使消费者易于理解和记忆。

5. 艺术性原则

广告创造是一种艺术活动,广告要用形象的语言、巧妙的构思、唯美的画面将服装的特点表现出来,给消费者一种美的享受,这样才能转化成他们对品牌形象的肯定上。

6. 合法性原则

广告在内容、项目、形式上都必须遵守国家广告管理法规和其他有关法规,同时还要顾及到广告播放国家的相关法律法规,做到在合法的原则下运作。

六、广告效果评估

广告的目的是要将产品的信息准确地传递给目标消费者,影响他们的购买行为,所以应当对广告效果做一个客观的评估,这个评估主要是确定广告投放后的有效性。企业对广告效果的评估可以在两个阶段进行。

1. 预审

预审就是在广告实施前对广告策划及其效果进行审核。主要有两种方法:

(1)直接评价法。邀请部分专家和部分目标市场上的消费者,让他们对几种广告稿的注意力、易读性、辨认力、感染力等进行评价。

(2)样稿测试法。邀请部分目标市场中的消费者,发给他们广告样稿或将广告播放给他们,请他们看完广告后回答一些问题,以了解记忆率及其对广告的感觉。

2. 复审

广告正式播出后,企业还要对广告效果进行复审评估。主要有以下三种方法：

(1)回忆测试法。从接触到广告媒体的消费者中抽取一组样本，请他们回忆服装品牌名称、设计特点、风格定位等问题，以测定广告的吸引力和效果。

(2)销售实绩法。在广告发布一段时间后，通过调查销售量的变化，来判断广告是否对销售起到了应有的作用。

(3)认知测定法。通过市场调查询问消费者是否接受企业广告，认知程度如何，根据被测者认知程度的深浅来测定广告效果。

第三节　服装的销售促进

一、销售促进的含义和特点

1. 销售促进的含义

销售促进即Sales Promotion简称SP，是能直接刺激购买动机，以求短期内达到销售量的促销方法。销售促进的短期促销效果好，服装卖场的陈列、服装表演、服装博览会等非经常发生的推销努力都属于销售促进的范畴。当然在每季服装即将退出市场时的各种价格折扣形式也是典型的销售促进形式。

2. 销售促进发展的外部因素

在消费市场上，以前企业促销活动中广告占有比较重要的地位，如今，由于一些外部因素的影响，使得销售促进这种促销方式日显重要，在企业中所占促销费用的比例持续增长。这些外部影响因素包括：

(1)服装市场上品牌数量的增加。服装的品牌现在已经越来越多，消费者的选择范围也越来越多，所以就需要用一些可以刺激即时购买的促销手段对消费行为进行强化。

(2)竞争者对手经常使用销售促进方式吸引消费者，为了保持自己的竞争优势，企业不得不进行仿效。

(3)企业服装设计生产都是根据相同的流行趋势信息，所以不同品牌的服装同质化现象，也就是服装面料的使用和风格定位已经很类似了，为了吸引消费者的注意，对本品牌产生购买行为，而不得不采取销售促进的促销方法，短期激励他们的购买行为。

(4)随着消费者消费经验的不断积累，他们的购买行为已经变得更加理性，在购买同类商品中更强调服装的性价比，所以企业也不得不迎合消费者需求，更多的提供优惠。

(5)分销商在将企业的产品分销给消费者时，为了获得更多的商业利润，也客观的提出了销售促进的要求。

(6)常用的广告促销因成本上升、媒体干扰和法律约束而使宣传效率下降，对消费者购买决策的影响越来越小，这就使企业必须寻找更有效的促销方式为企业的销售行为起到推动作用，销售促进因短期效果明显的特点受到重视。

3. 销售促进的特点

销售促进最主要的作用是刺激需求，增加销售量。销售促进选择单独使用或配合广告和公共关系使用，就能达到不同的促销效果。相对于广告、人员推销和公共关系相比，销售促进具有以下特点：

(1)收效迅速。销售促进的方式灵活、形式多样，可以根据服装产品生命周期的不同、消费者心理和市场营销环境等因素，采取针对性强的形式，向消费者提供特殊的购买机会，具有强烈的吸引力和影响力，能唤起消费者的广泛关注，立即促成购买行为，在较大范围内都能收到立竿见影的效果。销售促进一般情况会在三个方面得到收效：首先，增加购买人数，即借助这种促销使还未购买过本品牌服装的潜在消费者转变为现实消费者，卖场的促销、竞赛抽奖活动、价格折扣、赠送礼品、赠寄代金券、服装贸易展览等都是有效的方法；其次，增加平均购买数量，使购买过产品的消费者有买得越多越便宜的感觉，可选择使用价格折扣、奖品、附加赠送、交易推广等销售促进的方法达到这种效果；再则，提高人均购买次数，即提高重复购买率，通过购买进行积分返利、商业贴花等销售促进方法，有效地提高重复购买率。

(2)易影响企业声誉。销售促进采用各种方式引起消费者的即时购买，一般会体现在对服装价格的调整上，因此会使消费者产生产品质量是否一致的怀疑，或者认为产品原有价格制订不合理，从而影响了品牌的形象，抑制了本品牌服装下季产品的购买。因此，企业应该避免对同一产品频繁的使用销售促进，使消费者产生不信任的心理，而应该结合其他促销方式，使短期和长期促销效果都提高。

二、销售促进的分类

根据销售促进对象的不同，可以将企业的销售促进行为划分为对消费者促销、对经销商促销和对销售员促销三大类。而每一大类又可以有不同的操作实施方法。

1. 对消费者促销

这一类促销活动的对象是消费者，也是最终购买者，是企业最直接的促销方式，使用频率也很高，其中主要包括几种手段：

(1)赠寄代金券。向消费者(包括现实顾客和潜在顾客)用邮寄或在商品包装中、或以广告等形式附赠小面额的代金券,持券人可以凭此代金券在购买某款或某季服装时免付一定金额。赠寄代金券这种销售促进方式可以使消费者节省支出,引起尝试的兴趣,增加每次购买商品的数量,还可以起到刺激潜在购买者的作用。这是一种刺激成熟品牌服装销路的有效方法,代金券的优惠要在一定的范围内才能对消费者的购买产生影响,专家们认为代金券要提供15%~20%折价率才有效。

(2)价格折扣。价格折扣是指企业采用直接降价或折扣的方式刺激消费者购买的策略,这种促销包括廉价包装和降价招贴。在卖场中以明显的方式告诉消费者价格调整的信息和促销时间,或者招贴吸引消费者注意的"大减价"、"清仓处理"、"血本买卖"等刺激信息。这种价格折扣的促销方式有立即见效的效果,因此经常被企业采用,但却可能引发企业间的价格战。直接价格折扣所起的作用包括引起消费者购买兴趣、转变购买习惯、增多每次购买数量、增强经销商的接受强度。

(3)商业贴花。商业贴花又叫绩点优惠,商业贴花的种类很多,但其最终目标都是以刺激消费者产生重复性购买为主。常用的有以下两种方式:

①消费者对每次购买服装后的积分点券、标签或购物凭证等证明进行收集,只有达到一定数量时,才可以兑换成企业提供的赠品。

②消费者必须重复多次购买某品牌服装或光顾某品牌店多次之后,才得到收集成组的赠品。

相对而言,商业贴花持续时间较长,因为消费者必须连续数次购买或光顾,达到一定数量或金额后,才符合兑换赠品的条件,当然需要花费相当一段时间才能完成。而其他的大多数促销活动,如折价优待、随货附赠等,消费者可以立即获得回报。积点优惠方式最大的好处就是建立品牌忠诚度。由于消费者参与了此项促销活动,并且持续不断地进行购买,这种转变,就是品牌忠诚度建立的基础,也是企业运用商业贴花这种促销方式的重要目的。

(4)赠送样品。也就是给消费者赠送实物,使消费者了解和接受产品。赠送样品是将产品直接送达到消费者手中最便捷的一种销售促进方式。运用其他促销方式时,消费者一般要完成某些购买,或符合某些条件,才可拿到商品或获得赠品,如代金券必须在店铺购物时才能享有等值优待。而赠送样品方式,消费者却不必付出任何代价,因此是诱导消费者试用新品的最佳方法。但是,使用赠送样品方式的费用较高,因此事前需谨慎考虑,做好预算工作。

不是所有的商品都适用赠送样品方式进行促销。通常只有当产品差异性或特点明显优于竞争对手的产品时,运用赠送样品试用的方式,能让消费者产生购买。而对于高度特殊性商品或诉求的市场小又有选择限制时,赠送样品刺激购买的效果难以发挥。

一般来说,运用赠送样品的目的有三点:刺激对新产品或改良后产品的尝试购买意愿;现有品牌挖掘潜在顾客,吸引新的消费群体;唤起消费者对新包装的注意与兴趣。

对服装商品,很少采用赠送样品的促销方式,因为促销效果并不明显而且成本较高。

(5)赠品促销。赠品促销是促销方式中消费者较为熟悉的一种,它主要有两种方式:一种是用消费者购买商品的凭证换取奖品,又叫包装外赠品促销。这种方式赠送的赠品,常在卖场内送给消费者。此类赠品通常有多种选择余地,摆在卖场内让消费者对赠品一目了然,产生购买欲望。另一种是将赠品与产品一起包装,也就是捆绑在一起以免费的方式赠送给消费者,将这种方式又称为包装内赠品促销。此类赠品通常体积较小,价位较低,包装内赠品促销方式一般为保健品、美容类产品所运用。

赠品促销方式的特点是消费者在完成购买行为立即就可获得回赠。当商品差异性不大时,促销效果较佳,可以有效地用来应对竞争对手的价格折扣或优惠券促销。充当赠品的商品一般是新颖、独特、符合促销主题且价钱又不太高的商品,如购买服装赠送配饰,购买鞋子赠送袜子等活动都属于赠品促销的形式。赠品促销与赠送样品方式的目的完全不同,样品促销是为了将新产品介绍给消费者,让消费者产生尝试性购买,并以此建立品牌知名度和忠诚度。而赠品促销却是为了增加商品对消费者的吸引力,增加消费者的好感,使消费者愿意购买有赠品的商品,增加购买后的满意度。

(6)竞赛抽奖活动。通过竞赛或抽奖活动,吸引消费者对服装某些特性的关注,如关于服装特殊面料的保养知识竞赛。这种方式的销售促进,可使消费者对某些信息产生强化性记忆,有助于树立品牌间产品的差别。

2. *对经销商促销*

把产品卖给消费者的是经销商,所以对于生产商而言,对经销商促销,提高他们的积极性,也是非常必要的。对经销商的促销主要有以下四种形式:

(1)全方位协助。全方位协助也就是通过各种渠道协助经销商,更好地推销企业服装,使他们获取利润,赢得好感。全方位协助包括与经销商合做广告、提供详细的产品技术宣传资料、帮助经销商培训销售技术人员以及帮助经销商建立有效的管理制度,协助店面装潢设计等内容。

对经销商广告方面的协助适合于新产品上市时期,是为便于消费者了解购买地点、购买方式等有关该产品的特点而采用的一种销售促进。一些具有一定高科技含量的服装产品在导入市场时,较多采用了这种促销方式。品牌拥有企业和分销商联合做广告或促销，可使分销商投入的成本及承担的风险相应减少。对经销商而言，通过品牌所有企业提供的技术或其他协助，可使卖场服务、卖场陈列及展示都有所提高，有利于服装销售的增加。因此，品牌拥有企业与经销商这种全方位合作关系，有利于促使双方提高销售额、降低成本和风险、增加利润。

(2)现场演示。在卖场中生产商安排经销商对企业产品进行特殊的现场表演或示范及提供咨询服务。

(3)交易推广。指通过折扣或赠品形式来促销和促进服装企业同经销商的合作。

(4)经销商竞赛。这和促销中的竞赛活动不同，它是指生产商采用现金、实物或旅游等形式来刺激经销商以达到促销目的。

3. 对销售员的促销

上述两大类促销都是针对企业外界的，对销售员的促销是企业内部的促销，其目的是建立员工的销售意识。这种促销包括对销售员的培训和奖励。

(1)销售员培训。销售员的培训目的在于加强销售人员对产品的认识，尤其是关于服装设计特点、流行信息及面料的洗涤和保养知识的获得。典型的培训方法有课堂讲授方式、集体讨论方式、个案研究方式及角色扮演方式。

(2)销售员竞赛。销售员竞赛是以销售员的销售金额、新开拓客户数目、总利润额以及各种评估结果，促使销售员彼此竞赛，对于表现优良者给予表扬和发给奖品，激发他们的工作热情。

以上销售促进方式是服装企业经常采用的形式。它们各有利弊，企业通常针对所面临的问题及需要达成的目标，将这些方式组织起来，并结合广告、人员推销、公共关系等方式，取长补短，发挥合力作用的效果。

三、销售促进决策过程

在运用销售促进的过程中，需要进行一系列的决策活动，其中主要的决策包括建立销售促进目标，选择销售促进工具，制订销售促进方案，试验、实施和控制销售促进案，评估销售促进效果。

1. 建立销售促进目标

销售促进的目标常以总的促销组合做参照，受企业市场营销总目标所制约。在不同类型的目标市场上，销售促进的特定目标各不相同。如对于消费者，目标可以确定为鼓励经常和重复购买、吸引潜在消费者试用、建立品牌知名度、改进和树立品牌形象等；对于中间商，销售促进的特定目标可以确定为促使零售商购买新的产品项目和提高购买水平，鼓励非季节性购买、对抗竞争者的促销活动，建立分销商的品牌忠诚等；对于推销人员，销售促进的目标可以确定为鼓励对新款服装的销售，鼓励降低过季服装库存的工作，鼓励更高的销售业绩等。企业促销部门要通过多方面因素的分析，确定一定时期内销售促进的具体目标并尽可能使其量化。

2. 选择销售促进工具

销售促进的工具是多种多样的，各有其特点和适用范围。在选择销售促进工具时需要考虑以下内容：

(1)市场类型。不同的市场类型需要不同类型的促销工具，如产业市场和消费品市场的需求特点和购买行为就有很大差异，所选择的促销工具必须适应企业所处的市场类型的特点和相应的要求。

(2)销售促进目标。特定的销售促进目标往往对促销工具的选择有着较为明确的条件要求和制约，从而规定着这种选择的可能范围。

(3)竞争条件和环境。这包括企业本身在竞争中所具有的实力、条件、优势与劣势及企业外部环境中竞争者的数量、实力、竞争策略等因素的影响，这需要综合考虑。

(4)促销成本预算。服装企业对促销费用的预算以及对销售促进的预算往往也对销售促进工具的选择形成一种制约。所以，在方式选择时应充分考虑成本因素，在一定的成本内选定最合适的方式。

同一特定的销售促进目标可能可以采用多种销售促进工具来实现，在确定时要对销售促进工具进行比较和优化组合，以实现最优的促销效益。

3. 制订销售促进方案

在确定了销售促进的目标和工具后，接下来就是着手制订具体的销售促进方案。在方案制订过程中，以下几点是需要注意的：

(1)比较和确定刺激程度。要使促销取得成功，一定程度的刺激是必要的。刺激程度越高，引起的销售反应也会越大，但这种效应也存在递减的规律，因此，要对以往的促销实践进行分析和总结，并结合新的环境条件确定适当的刺激程度和相应的开支水平。

(2)选择销售促进对象。在制订销售促进方案时，要充分考虑这次的销售促进是面向目标市场的每一个消费者还是有选择的某个特征群体。销售促进的范围控制在多大面上，对促销对象要有充分认识。

(3)销售促进方式的选择。不同的销售促进方式有着不同的效果，因此要对此做出整体的规划。如果企业选定礼品赠送这种促销工具，那么还须进一步确定有多少用来在卖场中赠送，多少用来邮寄，多少放在杂志、报纸等广告媒介中，而这些又涉及不同的接收率和成本支出，都会对促销效果产生影响。

(4) 销售促进时间的确认。企业还要考虑销售促进开始的时间和持续的时间。如果持续时间过短,由于在这一时间内无法实现重复购买,很多应获取的利益不能实现。而持续时间过长,又会引起成本投入过多和失去刺激购买的作用,而且还容易使品牌形象在消费者心目中受到损害。

(5)销售促进预算的分配。也就是确定销售促进预算在各种促销工具和各个产品间如何分配。这又要考虑到各种促销工具的使用范围、效果,各种产品所处生命周期的不同阶段等多种因素来加以平衡和确定。

4. 试验、实施和控制销售促进方案

虽然销售促进方案是在经验的基础上确定的,仍然需要进行必要的试验来检验促销工具的选择是否适当、刺激程度是否理想、现有的途径是否有效。如果销售促进方案的试验与预期效果接近时,销售促进就可以进入实施阶段了。在实施中要测量市场反应,及时地进行必要的促销范围、强度、频度和重点的调整,对促销方案实施进行的良好控制,保证促销效果。

5. 评估销售促进效果

关于销售促进效果的评估工作实际上在选择促销手段之前就已经开始了。在销售促进方案实施完以后,对其有效性进行总的评估,最普通的方法是比较促销前、促销期间和促销后的销售变化。例如一个品牌的服装在销售促进之前享有2%的市场份额,在销售促进期间激增至4%,在销售促进刚刚结束之后落到1%,过了一段时间又上升到3%。这就表明这次促销活动吸引了新的购买者并刺激原有购买者,增加了他们的购买数量。促销结束后销售的回落是消费者使用他们已购买的存货引起的,最终的3%说明企业的确通过销售促进赢得了新的消费者。如果这一市场份额在促销结束后又回到原有水平,那么它表明这次促销仅是改变了需求的时间模式而没有改变总需要。促销人员也可以采用消费者调查的方法来了解事后有多少人能回忆起这项销售促进活动,他们如何看待这次活动,有多少人从中得益,它如何影响他们后来的品牌选择行为,等等。销售促进效果的评估还可以通过变更刺激程度、促销时间和促销媒介来获得必要的数据,加以比较分析和得出结论。

第四节　公共关系

一、公共关系的概念和特点

公共关系是一个重要的促销工具,任何一个服装企业的营销和促销活动不仅和消费者、供应商和经销商相联系,而且还与其他一大批公众相联结,这些公众可以在企业实现自己目标的过程中起到推动或者阻碍的作用。

1. 公共关系的概念

公共关系是指企业为了获得公众信任，加深消费者印象而进行的一系列树立企业及产品形象的促销活动。企业实施公共关系的目的在于创造并且维持一个有利的社会形象,并通过相关宣传,创立知名度及美誉度。品牌在公众中的知名度可以激发消费者的兴趣,同时引起人们对品牌的关注。

2. 公共关系的特点

由于服装企业间竞争的加剧,使得采用的相似的促销模式效果较差。而且媒体干扰的增多,消费者对普通商品信息的关注度越来越低,这都使得大规模广告的作用被削弱。销售促进的使用虽然在短期内起到了促销商品的作用,但却可能损害到企业的形象,同时长期效果也并不理想。因此,就需要利用公共关系塑造有利的企业和品牌形象。不论是对新品牌还是已经在市场站稳脚跟的品牌,公共关系在形成企业知名度及品牌认识方面都非常有效。公共关系有以下几个特点:

(1)间接促销。公共关系和广告不同,它不直接对产品进行宣传和推广,而是通过积极参与各种社会活动,对企业的形象进行宣传,扩大知名度,在公众中树立良好的形象,赢得消费者对企业的信赖,为企业未来的销售奠定基础。所以,公共关系考虑的是未来销售量的增长和消费者持续性的关注。

(2)促销效果好。公共关系在实际的运用中被证明是比广告更有成本效益的促销方式,只需要广告费用的一部分,就可以潜在的影响消费者的态度,一旦这种态度形成,会保持在很长一段时间内不会改变,为产品销售提供很好的心理基础。

(3)可信度高。一般来说,公共关系比广告更具有可信度,专家认为公共关系宣传对消费者的影响约是广告的五倍左右。企业通过报道这种形式来传播信息,同时又借助了第三方进行宣传,增加了信息的可信度。

(4)激励范围广。公共关系的实施不仅对消费者具有影响力,对帮助企业分销产品的中间商和本企业员工都具有激励作用。企业对内的公共关系能够强化员工的归属感、激发工作热情,从而提高工作效率;对外的公共关系鼓励了分销商对商品进行分销的活动。

3. 公共关系的职能

公共关系的对象包括消费者、新闻媒体、政府、业务伙伴等,公共关系被用来促进品牌、产品、人员、构思、活动、各种组织机构甚至国家关系。企业也常利用公共关系去吸引公众的注意力或者抵消曾留在消费者头脑中企业不佳的形象。公共关系作为一种企业促销的方法,其职能表现在信息收集、咨询建议、信息沟通、社会交往、培训和平衡六个方面。

二、公共关系的类型

公共关系的类型是指在促销过程中将公关媒介和方法有机地结合起来，根据公关目标的不同而实施具体工作。按照这种界定，服装企业经常使用的公关类型可分为以下几种：

1. 宣传型公共关系

宣传型公共关系是指服装企业运用各种传播媒介向社会各界公众有意识、有目的地传播有关企业的信息，以影响和改变消费者的态度、意见和行为的活动。这种公共关系可以扩大企业的社会影响，在消费者群体中易于形成对企业有利的舆论环境。宣传型公关经常通过撰写新闻稿、举行服装知识讲座或者举行服装发布会等形式，进行信息的传递。这种方式传播面广，推广企业形象效果好，容易提升企业的知名度和美誉度。

宣传型公共关系根据宣传对象的不同被分为对内宣传和对外宣传。对内宣传公共关系的主要对象是组织的内部公众，如员工、股东等，目的是为了让他们及时了解企业运作的现状和所面临的问题及应对措施。常用的宣传媒介包括企业报纸、职工手册、黑板报、照片、宣传窗、闭路电视、电影、座谈会、演讲会、讨论会等形式，而对于股东则采取报告的形式。对外宣传公共关系的对象包括消费者及与组织机构有关的各种公众，目的是让他们迅速获得对服装企业有利的各种信息，形成良好的舆论。对外宣传常使用公关广告和新闻报道的形式，借助相关新闻的手段进行宣传。

2. 征询型公共关系

征询型公共关系就是通过开办各种咨询业务、制订调查问卷、进行民意测验、设立热线电话、聘请兼职信息人员、举办信息交流会等具有特定目的的公关调查活动，收集关于市场、社会情况、公众意向等与企业有关的信息，并进行整理、分析、研究，为企业的经营管理提供科学依据，以促进企业经营决策科学化、民主化。对于企业来说，征询型公共关系既是获得信息的有效渠道，同时也树立了企业热心为公众服务、对公众负责、接受建议的良好形象。

萨姆斯耐特是世界著名的箱包公司，在20世纪90年代，这家公司开发的便携式Piggyback旅行箱风靡全球，是该公司硬边旅行箱中最畅销的款式。这一受欢迎的产品是通过充分的市场细分调研、创意调研和产品调研来仔细倾听消费者的要求，然后按照满足消费者需求的方向，进行产品的设计和生产。在实施征询型公关活动中，主要考虑消费者在旅行中遇到的问题，组织了11个焦点小组座谈。调研对象事先经过过滤性问卷测试，使得每个小组都代表一种特定的生活方式，信息具有广泛的代表性。焦点小组座谈进行的讨论从对与旅行相关问题的一般讨论到对更加具体问题的讨论，如离家旅行、使用的旅行箱、整理检查或搬运行李、行李箱的印象和理想的行李箱等。在广泛收集信息的基础上开发出来的产品自然会让消费者满意，并且对树立企业的形象也起到的一定的作用。

3. 服务型公共关系

这是为消费者提供各种实质性的服务，获取消费者的了解和信任，以实现既有利于促销，又有利于树立和维护企业形象与声誉的活动。企业可以以各种方式为公众提供服务，如穿着搭配指导、赠送服装保养手册、免费修改裤脚、个人定制化服务等都有助于树立企业的服务形象，拉近与消费者之间的距离，获得消费者的满意。企业以这种方法在消费者心目中淡化买卖关系，强化服务关系，易于完善企业形象。服装企业向公众提供的服务，其质量的好坏直接影响到它在公众心目中的形象。因此，开展优质服务是各类组织的一项重要的公共关系工作。

如果能有一家企业对消费者的服装或配饰采取定制化的服务，那么势必会提高消费者对品牌的信任度，同时对企业而言，也可以获得定制化的高额利润。国内的品牌涉足这方面服务的还比较少，但是国际知名体育品牌耐克的专门提供个性化设计服务的Nikeid.com网站，在1999年就开通了提供定制化设计与生产服务，2007年3月耐克又对这一网站进行了更新，提供更多的款式，添加了新的技术，包括运动鞋、背包、高尔夫球在内的产品，消费者都可根据自己的需求进行个性化设计。据统计，2006年耐克这项订购个性运动鞋的销售额仅在美国就上升了18%，接近6亿美元。由此可见，服务型公关对商品的销售起到的极大的促进作用。

4. 社会型公共关系

企业通过一些社会活动，如通过赞助科学、教育、文化、卫生等事业，支持社区福利事业，参与国家、社区重大社会活动等形式，来塑造企业的社会形象，提高企业的社会知名度和美誉度。这种方式影响力大，社会公益性强，但是成本相对较高。经过精心策划的社会性公共关系活动，一般可以在较长的时间起到作用，具有潜移默化地加深公众对企业美好印象的功能，这种公关的效果要比单纯商业广告好得多。

社会型公关活动并不仅仅是一种慈善事业，这种促销行为要求企业必须把公益活动与企业的营销相结合，通过公益活动增加企业的知名度，使消费者对其产品和服务产生偏好。福建七匹狼实业股份有限公司2007年通过为国家广电总局、中央电视台、中央新闻纪录电影制片厂等单位组织的国家重大题材项目《文明之路·世界文明环球纪行》提供全程的服装赞助，在国内和国际树立了企业优秀的社会责任形象。国际品牌Kappa对中国网球公开赛进行的官方服装赞助，也属于社会型公共关系的活动，通过赞助活动，Kappa所倡导的"时尚、运动、性感及品位"的运动时尚将会被更多的消费者熟知，提高了品牌的知名度。

5. 危机型公共关系

危机型公关一般都由于某些事件而使企业形象受损，为了重新塑造企业形象，企业所推行的一系列活动。进入信息时代后，危机的信息传播速度加快了很多，所以对危机进行适宜的公关行为，有助于弥补企业的社会现象。

造成企业形象受损的原因，一类是由企业自身原因引起的，如因产品质量问题引起的消费者不满；另一类是由企业外部因素引起的，如某些人为制造的事端而引起企业形象受损。在这种公关中，企业要最大限度地平衡企业与消费者的利益，同时积极做好弥补工作，把危机的损失降到最低，并且着手重塑企业形象。

2006年国家质检总局在日本SK-Ⅱ品牌的多款化妆品中，查出禁用成分铬和钕，使品牌美誉度下降。宝洁公司开设了专门集中退货的“SK-Ⅱ消费者服务中心”，但是，所有前来退货的消费者都必须和该中心签订一份被指为“霸王条款”的协议书，正文条款还有产品“不存在质量问题”字样，而且很短的时间内，中国的退货服务中心就暂时停止了运作。后来在各方压力下，宝洁设立专项退货基金。虽然后来质检总局又发出对SK-Ⅱ质量有利的信息，SK-Ⅱ也逐渐恢复销售。但是直到年底，消费者对SK-Ⅱ产品质量仍有怀疑，产品的销售受到极大影响。这次宝洁公司失败的危机公关，降低了消费者对原有品牌形象和产品质量的认可程度。因此，危及公共关系措施的采取一定要及时，实事求是承认自己的错误，并加以改正，这样才能重新树立企业在消费者心目中的形象。

三、案例分析

真维斯品牌是香港旭日集团收购的澳洲服装品牌，产品1993年进军国内市场，目前在国内20多个省市开设了千余间专卖店，拥有现时中国最大的休闲服饰销售网络。服装的目标消费群体是18~25岁的年轻人。真维斯品牌的定位是“名牌大众化”，“名牌”就是受到广大消费群体的认同和喜爱，而“大众化”是在价格上具备竞争力，以可配搭性强来吸引消费者。

真维斯的公共关系活动形式很多。企业通过与杂志社进行合作，定期以软文广告形式发放真维斯潮流信息与产品信息，持续品牌的曝光率。同时，企业领导在全国各大高校进行演讲，有效地提升了品牌的知名度及美誉度。通过中央电视台的《财富故事会》专访真维斯品牌首脑人物杨先生，弘扬了企业的文化，让消费者对品牌有了更深刻地认识，提升了公司形象及品牌美誉度。《真维斯快讯》是每月定期向真维斯内部员工、VIP顾客及百多名重要的新闻媒体发放的介绍企业的刊物，它让消费者和媒体充分感受真维斯的企业文化，为增加企业的影响力和美誉度起到了重要的作用。《旭日之声》每月向各媒体的派发，加强了公司与媒体间的联系。在社会活动中，企业通过冠名赞助超级新秀、极限大师赛和真维斯杯服装设计大赛这些大型活动，联合强势电视媒体和网络，扩大了覆盖面，极大地提高了真维斯的知名度和美誉度，取得了较好的树立企业形象的效果，并达到了双赢的目的。同时，旭日集团还为24所高校提供真维斯助学基金，帮助困难的大学生完成高等教育，在大学生群体中企业和品牌获得了很好的认知。

公共关系的实施要充分考虑到企业的定位和目标市场的特点，采取多方面全方位的公共关系活动，能够在不同的媒体上进行曝光，才能获得更好的效果。当然，公共关系既然是一个促销方式，那么就应该结合其他促销方式，起到促进产品销售的目的，并且利用公共关系的优势巩固企业和品牌的形象，为以后销售量的持续增加，提供有利的保证。

第五节　人员推销

服装企业要进行卓有成效的市场营销活动，扩大企业自身及其产品的影响力，就必须要运用各种促销工具。这些工具除了广告、销售促进和公共关系之外，还包括人员推销。

一、人员推销的概念

人员推销是一种通过与目标消费者的直接接触来推动销售的促销方法，是指专职推销人员在一定环境里，直接向顾客介绍商品，并运用推销技术和手段，说服消费者接受商品，满足消费者的一定需要，同时达到推销者的特定目的。

当销售人员直接与消费者接触，向他们介绍并售出一种商品或某项服务时，人员推销的行为就产生了。个人推销方式获取的信息是双方向同时发生的，可以有针对性的将服装的特点和优势介绍给消费者，并同时收集他们关于对产品的认识和疑问等信息。当产品及服务过于复杂或昂贵，无法在一个非个性化的行业广告中得到充分的解释或展示时，就必须借助相关人员进行详细信息的传递，这就是人员推销产生的必然要求。

二、人员推销的优、缺点

在促销措施中，人员推销是一种最普遍、最直接、最基本、最灵活而且具有针对性的促销方法，特别是在争取消费者的喜好、信任和促成产品迅速成交方面效果比较显著。

1. 人员推销优点

(1)针对性强。人员推销运用推销人员与消费者保持直接接触，可以根据消费者的欲望、需求、动机和行为,有针对性地采取必要的协调行动。同时也便于观察他们的反应,及时调整推销计划和内容,对消费者的意见或问题也可以及时回答和解决。

(2)效果好。人员推销可以对潜在消费者进行信息沟通,通过电话或传真的预约并确定推销对象。在卖场推销时,目标明确,容易获得推销成果,同时也可将不必要的经费和时间浪费降低到最低限度。

(3)功能全面。推销人员除了对产品推销外,还负有对消费者潜在信息进行收集、市场调研、帮助解决某些产品具体使用问题等功能。

2. 人员推销的缺点

人员推销受市场环境影响, 当市场范围较广, 消费者不集中时推销成本较高。而且推销人员的管理也存在一定难度,因此,人员的挑选和培训也是获得这种促销方式成功的必然要求。

三、人员推销的流程

人员推销是一个系统的过程,和其他促销活动一样,要有完善的计划过程,一般情况下,人员推销包括以下几个环节:

1. 确定人员推销活动的目标

在展开促销活动以前,首先应该明确企业促销的目标。是因为竞争对手展开了相关的促销活动,还是本身企业有新产品退出,需要和消费者进行信息的双方面沟通。不同的活动目标使得推销活动的范围和力度不同。

2. 组织推销人员

人员推销中的关键因素是人,因此,适当的推销人群数量和质量直接影响着产品推销的效果。因此,要对推销人员的选择、人员的培训、人员的统筹安排等方面充分考虑。

3. 明确消费者需求

有时候消费者购买服装的目的并不明确, 可能是随便看看是否有特别的产品,所以,信息的获取就至关重要。在对某个品牌服装进行推销的过程中,推销人员可以通过和消费者进行交谈,获取相关信息,争取明确他们的潜在需求,寻找适合的产品满足其需要。

4. 有效的产品信息传递

在服装产品促销过程中,首先应该强调它的使用价值及风格特征,让消费者对产品有一个全面的认识。其次,如果有设计上与众不同的地方,还应该着重强调,唤醒消费者对产品的偏好情绪。再则,可以强调品牌的作用,满足消费者购买的心理需求。

5. 推销活动的管理

为了达到企业促销的目的,在促销过程中,必须对促销人员和整个过程进行控制,对促销过程中的错误要及时更改,保证促销活动达成原订目标。人员推销不仅仅要提高产品的销售量,还需要在活动中培养消费者对品牌的忠诚度,完成寻找新消费者的工作,并且准确地传播产品和公司的信息,以有效地服务完善企业的形象。将消费者对产品的潜在需求如实地反映给企业,为产品的改进和设计的变化提供信息保证。

6.推销活动的总结

推销活动结束后,需要有一个认真的总结。通过总结,企业可以发现这次促销活动效果如何,是否达到预订目标,并为以后开展类似活动总结相关经验。

四、推销人员的培训

人员推销活动中,推销人员是信息传递和服务体现的重要载体,对他们的培训要考虑到以下几个方面。

1.服装商品知识

推销人员要充分了解自己所推销的服装产品的各种商品知识,这是取得消费者信任的基本前提。服装商品知识包括服装商品编号、品名、产地、规格、质量、服用性能、价格及维护与保管方法等,同时还应该了解本品牌服装的特点和搭配方法。

2. 商品陈列知识

良好的陈列,本身就可以承担推销人员的部分工作职责,同时又可以将服装最佳的状态展示给消费者,让他们充分了解服装的风格和特点,起到了很好的展示作用。服装的陈列要随着流行的变化和本季服装的变化而变化,推销人员要有一定的感受流行和审美的眼光,将服装陈列得既符合消费者的审美需求,又可以有效地推动产品的销售。但是服装商品陈列的知识是很多推销人员缺乏的,所以全面的陈列知识需要系统的进行培训。

3. 服装商品的进、销、存记录

每天对店铺的进、销、存要有详细的记录,这样有利于推销人员了解本品牌的服装存货,有利于进行针对性的导购。尤其是对存货量较大的款式,充分的介绍和推荐可以激发消费者的购买欲望,同时优化商品库存量。

4. 良好的沟通技巧

良好的心理素质和沟通技巧,可以很快拉进推销人员与消费者之间的距离,获取购买目的的信息, 有针对性地进行服装的推荐, 这样推销的成功率相对较高。并且在消费者产生购买行为后,能够保持对品牌的情感依赖,容易培养品牌忠诚度,产生重复性购买。

本章要点

促销的本质也就是信息的传递和沟通，不论用任何方式，企业都在向消费者传递着某种信息，并用这些信息影响他们的购买决策。促销是指服装生产、销售企业通过媒介向消费者传递关于服装产品的各种信息，包括设计理念、风格定位、价格水平等，帮助消费者认识产品能带来的利益，引起消费者的兴趣，激发消费者购买欲望，最终产生购买行为的一系列活动。服装市场营销中促销的方式包括广告、销售促进、人员推销和公共关系四种类型，将这四种促销进行组合搭配使用，达到促进销售的目的，称为企业的促销组合。促销的方式有人员促销和非人员促销两类。促销组合的决策就是要根据企业的促销目的，有计划地把四种促销方式配合起来综合运用，形成一个有助于服装产品销售的促销策略。

服装广告是指由企业以付费的方式对服装穿着搭配理念、服装产品本身或服务进行的非人员展示和促销。广义的服装广告不以服装销售获取利润为目的，企业关于宣传环境保护意识、防止空气污染、促进公共福利等方面的社会公益性广告都属于广义广告范畴。狭义的服装广告是指以服装销售增加获取利润为目的的广告，也就是常见的商业广告。广告作为一种重要的促销手段，在信息传递和吸引消费者注意方面具有一定的优势，除了传递服装商品信息外，它的功能是多元化的，包括广告的信息功能、广告的心理功能、广告的美学功能、广告的认识功能及竞争功能。广告的目标必须根据企业确定的目标市场、市场定位以及市场营销组合决策的不同而进行选择。一般情况，广告的目标可分为提供信息、说服购买和提醒使用三种。广告媒体也就是传递服装广告信息的载体。广告媒体可以分为大众传播媒体和企业自办媒体两大类。大众传播媒体包括报纸、杂志、广播、电视四种，是广告信息传递的主要工具，被称之为"四大广告媒体"。企业自办媒体，是企业自己制作的广告媒体，主要有户外广告、交通流动广告、招贴广告、邮递广告、灯光广告、包装广告，等等。选择了广告媒体之后，就需要明确企业用何种媒体、广告推出的时间、广告频率等问题。广告的目的是要将产品的信息准确地传递给目标消费者，影响他们的购买行为，所以应当对广告效果做一个客观的评估，这个评估主要是确定广告投放后的有效性。

销售促进是能直接刺激以求短期内达到效果的促销方法。销售促进的短期促销效果好，服装卖场的陈列、服装表演、服装博览会等非经常发生的推销努力都属于销售促进的范畴。销售促进最主要的作用是刺激需求，增加销售量。当销售促进选择单独使用或配合广告和公共关系使用，能达到不同的促销效果。根据销售促进对象的不同，可以将企业的销售促进行为划分为对消费者促销、对经销商促销和对销售员促销三大类。在运用销售促进的过程中，需要进行一系列的决策活动，其中主要的决策包括建立销售促进目标，选择销售促进工具，确定销售促进方案，试验、实施和控制这一方案，评估销售促进效果。

公共关系是一个重要的促销工具，因为企业的营销和促销活动不仅和消费者、供应商和分销商相联系，而且还和其他一大批公众相联结，他们可以协助或者阻碍企业达到自己的目标。

公共关系是指企业为了获得公共信任，加深消费者印象而进行的一系列树立企业及产品形象的促销活动。企业实施公共关系的目的就在于创造并且维持一个有利的社会形象，并通过相关宣传，创立知名度及美誉度。品牌在公众中的知名度可以激发消费者的兴趣，同时引起人们对品牌的关注。公共关系的对象包括消费者、新闻媒体、政府、业务伙伴等，公共关系被用来促进品牌、产品、人员、构思、活动、各种组织机构甚至国家关系。企业也常利用公共关系去吸引公众的注意力或者抵消曾留在消费者头脑中企业不佳的形象。公共关系作为一种企业促销的方法，其职能表现在信息收集、咨询建议、信息沟通、社会交往、培训和平衡六个方面。公共关系的类型是指在促销过程中将公关媒介和方法有机结合起来，根据公关目标的不同而实施具体工作。按照这种界定，公关类型被分为宣传型公关、征询型公关、服务型公关、社会型公关、危机型公关等五种类型。

人员推销是一种通过与目标消费者的直接接触来推动销售的促销方法，是指专职推销人员在一定环境里，直接向顾客介绍商品，并运用推销技术和手段，说服消费者接受商品，满足消费者的一定需要，同时达到推销者的特定目的。在促销措施中，人员推销是一种最普遍、最直接、最基本、最灵活而且具有针对性的促销方法，特别是在争取消费者的喜好、信任和促成产品迅速成交方面效果比较显著。一般人员推销包括确定人员推销活动的目标、组织推销人员、明确消费者需求、有效的产品信息传递、推销活动的管理和推销活动的总结几部分。推销人员的培训要包括服装商品知识、商品陈列知识、服装商品的进、销、存记录和良好的沟通技巧。

思考题

1. 简述促销的作用。
2. 简述不同产品生命周期的不同促销方式。
3. 简述广告媒体选择时应考虑的因素。
4. 简述针对消费者的销售促进手段。
5. 简述公关的主要方式。
6. 简述人员推销的优、缺点。

市场调查理论与方法——

服装市场的调查与分析

本章内容： 1.服装营销环境的分析

2.服装市场调查的内容与程序

3.服装市场调查方法

4.问卷调查法

教学时间： 8课时

学习目的： 让学生了解服装市场调查的概念与程序，并能根据服装企业市场调查的需要选择市场调查方法，开展服装市场调查与分析工作。

教学要求： 要求学生了解服装营销环境特点、作用、分析内容及分析方法；了解服装市场调查的概念及作用，掌握服装市场调查的内容与程序；了解一手、二手资料的服装市场调查方法、态度测量法、统计抽样法及原始资料整理方法，重点掌握问卷调查方法、市场调查与分析报告的撰写方法。

第九章　服装市场的调查与分析

服装是人类社会生活中的一个永恒的主题，服装功能的演进，服装主题的变更，体现出消费者心理与个性的变化，也打上了时代的烙印，服装是社会变革中十分活跃的因素。服装的这些特性，决定了服装市场营销将会随市场环境的变化而呈现出多变性与复杂性，如何把握服装市场营销与市场环境之间的联系，是服装市场营销者所需要解决的一个重要的问题。

第一节　服装营销环境的分析

服装营销环境是指影响服装产品的供给与需求的诸种外界客观因素。服装企业的营销环境通常包括企业的内部环境和外部环境。内部环境是指企业可以控制的诸如服装产品、价格、销售渠道、销售促进等方面的因素。外部环境是指企业不可控制的诸如社会文化环境、政治法律环境、经济技术环境、竞争环境等宏观环境和微观环境，服装营销环境分析就是对这些外部的环境因素进行分析。

一、服装市场营销环境的特点

服装市场营销环境特点主要表现在以下几个方面：

1. 客观性

服装市场营销不可能离开特定的社会环境而独立存在，不管企业如何经营，企业的营销活动总会受到社会环境的影响或制约。因此，企业决策者在进入一个新的市场之前，必须认真评估社会环境对市场营销行为产生的影响及应对措施。

2. 差异性

服装市场营销环境的差异性主要表现在不同的企业，在特定的社会环境下，受到的影响，不管是有利的影响还是负面的影响，都是不同的。如不同的国家、民族、地区，在人口、经济、社会文化、政治、法律、自然地理等各方面存在着广泛的差异性，这些差异对部分企业而言可能是市场机会，而对另一部分企业则可能因不适应而导致经营问题。

3. 相关性

服装市场营销环境是一个复杂的系统，系统中的各个影响因素之间可能会产生交互影响。因此在进行环境分析时,应考虑哪些因素是主要影响因素,哪些因素是次要的影响因素,哪些因素之间存在交互影响等。企业开发新产品,可能要考虑到目标市场的经济因素、社会文化因素,从而对产品的风格定位、价格定位产生影响。

4. 动态性

服装营销环境并不是一成不变的,有时甚至会非常活跃。从我国营销环境来看,由于我国处于经济快速发展时期,经济体制改革与政治体制改革也在不断深化,营销环境变化相对更快一些,现在的经营环境与十多年前的环境相比已经发生了质的变化,这也意味着营销观念的变化也十分巨大。如我国产业政策,过去重点放在重工业上,现在已明显向农业、轻工业、服务性行业、高科技产业倾斜,这种产业结构的变化对企业的营销活动将产生深远的影响。当然在人口、社会文化、自然因素等方面变化相对较小。

5. 不可控性

影响服装市场营销环境的因素通常具有不可控性，因为这些因素都具有外部性。如国家的政治法律制度、人口增长、社会文化习俗等,企业不可能随意改变它。

6. 可适应性

有人认为现代企业外部环境的变化远远快于企业内部因素变化,因此,企业发展越来越依赖于其适应外界环境变化的能力。生态营销观念已经很清楚地说明了企业对环境的适应性,并提出了“适者生存”的法则。在现代营销观念中,在强调企业要适应环境的同时,也提出了更积极的营销观念,就是企业应能用自己的营销行为去改变环境。这是一个很大胆的设想,当然,改变环境并不是件容易的事情,需要有雄厚的经济实力。

二、服装营销环境分析的目的

服装营销环境分析的主要目的有以下几个方面：

(1)预测外部环境对本企业营销活动的影响,并制订相应的措施来协调企业与这些外部环境之间的关系。

(2)寻找市场机会。

(3)了解目标市场的特性,如经营的风险、消费结构、消费者的需求。

(4)选择合适的促销方式。

(5)为服装产品设计提供社会素材。

(6)消除企业外部环境的障碍。

(7)改变外部的营销环境。

三、宏观营销环境分析

宏观营销环境分析包括以下六个方面：

1. **人口环境**

消费者是市场中最活跃的因素，人口因素不仅决定了市场的潜在容量，也会影响市场的结构。描述人口因素的变量包括人口数量、人口年龄结构、地理分布、婚姻状况、人口密度、人口流动性、文化教育等绝对指标及由此而产生的一些相对指标。从我国人口环境来看，服装企业面临的人口因素有以下几个方面的特点：

(1)我国人口数量以较低水平增长，但由人口因素形成的服装市场空间十分庞大，而且还存在较大的增长空间。

(2)随着我国经济水平和生活水平的提高，人口老龄化现象日趋严重，针对老龄化现象的市场营销将是今后的一个营销方向。

(3)我国女性对服装市场的影响较大。

(4)我国家庭规模不断缩小，越是经济发达地区，家庭规模就越小，这对家庭性的消费产品将产生直接影响。

(5)我国农村人口约占总人口的80%左右，但随着城市化进程加快，我国的市场空间将会呈现稳定的增长。

(6)我国是一个多民族的国家，有50多个民族，从服装营销的角度看，少数民族市场及其文化都极具市场开发价值。

(7)我国人口主要集中在东南沿海，而西北地区人口较少，大城市人口密度很大，而农村人口密度较小。我国人口流动性较大，导致某些地区的消费结构具有不稳定性。

2. **经济环境**

经济环境是指一个国家或地区的经济结构、国民收入水平及个人可支配的收入水平。经济环境对市场规模、消费者购买力、市场竞争及企业的交易成本等方面有较大的影响。国民收入水平的高低及个人可支配收入水平的高低直接决定了消费品市场空间的大小。能源、交通、通信、商业、金融等基础行业的规模和水平，直接影响到资源、信息的流动和交换，从而影响企业的市场交易成本。在进行服装市场空间的估计时，往往使用国民收入、社会商品零售总额等宏观经济指标。在选择服装目标市场时，基础行业的规模和水平往往是决策过程中的一个重要因素。企业在进行资源配置时，应充分考虑目标市场经济环境的优势与本企业

资源优势之间的相互匹配性,才可能做出最优的决策。目前,我国经济环境呈现以下几个方面的特点:

(1)我国经济发展水平已步入小康阶段,消费能力大大增强。

(2)随着我国住房、医疗、交通等方面福利制度的改革深入,居民消费结构正在发生深刻变化,主要表现在恩格尔系数显著下降,住宅消费支出比重、劳务消费支出比重、消费开支占国民生产总值比重等不断上升,衣着类消费比重上升较慢,但市场规模在扩大。

(3)我国居民储蓄额和储蓄增长率均较大,企业如果能加大市场开发力度,调动消费者的潜在需求,可能获得意想不到的结果,这是一个机会与风险并存的市场。

(4)消费者信贷正在步入高档消费市场,这将是企业今后面对的一个重要的市场。

(5)我国目前正处于经济快速发展时期,市场规模不断扩大是长期趋势,服装企业应把握时机,发展市场。

(6)我国地区经济发展呈现东高西低的非均衡格局,服装企业应能注意到这一特点,充分比较利用优势,开发市场。

(7)目前我国城市化进程在加快,市场规模将会不断增长。

3. 政治法律环境

(1)政治环境。政治环境是指一个国家或地区所推行的方针和政策,如重大的政治事件或政局变动、国家的改革开放政策、经济发展目标、对外贸易政策、产业发展政策等,对服装市场营销活动都会产生较大的影响。目前,世界各国都加强了国家对经济的干预能力,企业的营销行为更容易受到政府行为的影响。企业监视政治环境的变化,一方面可以保证企业的经营不会与国家的方针政策抵触;另一方面也可充分利用国家的各种经济优惠政策。在对外贸易中,选择政治稳定的国家,对降低贸易风险更具有重要的意义。另外,一个国家在政策方面进行区域性的倾斜时,会导致经济不平衡地发展,消费能力、消费观念也会呈现区域性的变化。我国沿海地区是改革开放的前沿,经济比较发达,其服装款式更加开放、灵活,服装消费观念也更加自由化、个性化,对内地的服装消费产生了较强的导向作用。在人类社会发展过程中,服装消费观念的变化与政治的变革往往会有千丝万缕的联系。

(2)法律环境因素。法律环境指国家制定的各项法律及规章制度。对企业来说,法律是企业在市场开展经营活动的基本规则,只有依法进行的各种营销活动,才能受到国家法律的保护。因此,企业开展市场营销活动,必须知法守法,自觉用法律维护自己的合法权益。

4. 自然地理环境

自然地理环境是指由气候、地形、人口分布等自然地理因素构成的自然地理环境圈。自然地理环境的区域性分布规律在人们的服装衣着上明显地体现出来。如我国从南到北,从沿海到内陆,气温及湿度的年度分布有明显的差异,南方沿海气温较高,湿度较大,在服装面料的选择上偏重于轻薄的棉麻织物,服装的色彩偏重轻淡,对服装产品的包装、功能等方面也有差异。因此,在进行服装产品设计时,自然地理环境是一个必须考虑的重要因素。

5. 科技环境

技术是最活跃的生产力,它既是建设性的,又是破坏性的。新的技术是对原有技术的否定,不可避免地导致企业从制度到生产方式全面的革新。服装工业高科技的生产设备,不仅提高了服装加工的效率,而且对服装的传统工艺及服装高等教育都带来了直接的冲击,服装CAD的运用,更为服装工业生产时装化创造了有利的条件。科技环境对企业营销的影响主要表现在以下几个方面:

(1)科学技术会带来新设备、新生产工艺、新生产流程,提高了生产要素的利用率,同时也对企业的管理程序和市场营销活动产生影响。

(2)科学技术加速新品种、新款式、新功能、新材料的商品在市场上推出,加速产品的更新换代,从而导致消费结构发生变化。

(3)科学技术会导致新行业、新市场的崛起,又会使一些老行业与老市场衰落。

(4)科学技术将会使人们的生活方式、消费模式发生变化,从而形成新的市场。

(5)科学技术将会大大提高营销效率,如高效的交通运输工具、信息通讯设备、多媒体信息传媒手段等,都会大大降低营销周期,提高企业与消费者沟通的时效。

(6)互联网作为跨时空的超级媒体,与传统的营销观念结合起来,对企业营销观念将产生深刻影响。

6. 社会文化环境

社会文化环境是一个国家或地区长期形成的、相对稳定的语言文化、教育水平、宗教、态度与价值观念、消费习俗等社会环境圈。社会文化环境是孕育服装文化的河床。服装产品的开发必须符合现实社会文化环境及其变化。

(1)语言对服装营销的影响。语言是人类的交流工具,它是一面社会镜子,能反映出使用该种语言的国家或地区的思想、价值观念甚至社会偏见,也能反映出社会的稳定性及经济实力。服装的发展大大丰富了服装语言文化,而语言本身也成为服装产品的一个组成部分。如服装的品牌、服装的文字图案、服装的使用说明等。语言本身具有极强的民族性、社会性，不同的国家或地区对语言使用的习惯、忌讳的用语都不相同。因此，在服装市场营销过程中，必须充分了解目标市场的语言特点，避免在语言方面发生冲突或不适应。

(2)教育水平。教育水平的高低，反映一个国家或地区的经济实力，同时也直接影响消费者对服装产品的理解。接受教育水平高的消费者，思想开放，容易接受高科技产品及新的消费观念，从而成为引导消费潮流的主力军。在服装消费中，往往能成为服装消费文化的引导或示范性消费群体。因此，高雅服装产品的消费对象首选接受教育水平较高的消费者。

(3)个人价值观念。消费行为实际上是个人价值观念的重现。服装消费的个性化正是个人价值观念在个人消费行为中得到充分体现的最好证明。服装市场营销与其说是服装产品的推销，还不如说是服装消费观念的推销，而作为一名成功的服装设计师，首先要能抓住消费者的心理。著名服装设计师保罗·波烈认为他的成功“仅仅是首先看到妇女需求的秘密而后满足之”。实际上无论是服装产品的开发，还是服装产品的促销都必须围绕“消费观念”这一主题展开，而消费观念与个人价值观念的一致是成功推销消费观念的前提。服装企业在推行服装名牌战略时，必须考虑消费者的个人价值观念，才能尽可能发挥名牌服装的心理价值效应，从而使消费者能从名牌产品的消费中产生强烈的消费高峰体验，使之成为本企业服装产品的忠诚消费者。社会文化环境因素很多，如个人地位、消费习俗、家庭规模的变化、社会时尚的变迁等都会对服装市场营销产生重大影响。

(4)宗教信仰。宗教信仰对人们认识事物的方式、价值观念和行为产生影响，进而影响人们的消费行为或产生特殊的市场需求。许多宗教信仰及其禁忌限制了教徒的消费行为，宗教组织对企业产品进入市场也会产生影响。因此，企业在进入一些宗教比较发达的地区市场时，应充分了解他们的宗教信仰，提供适合其需要的产品。

(5)审美观。审美观代表消费者对产品的好坏、美丑的评价标准，也代表了消费者的个人偏好，应该受到尊重。在零售的过程中，营业员必须明确这一点，不能用自己的审美观向消费者推销产品。

(6)风俗习惯。风俗习惯是人们在长期的生活中逐渐形成的并世代相袭的一种风尚或生活方式。风俗习惯在饮食、服饰、居住、婚丧、信仰、节日、人际关系等方面，表现比较突出。

四、微观营销环境分析

微观营销环境分析主要包括供应商、中间商、顾客、竞争对手、社会公众等几个方面。

1. 供应商

供应商是提供原材料、设备、能源、劳务、资金等生产要素的经济实体，对供应商应从供货能力、价格水平、质量水平等方面进行分析。

2. 经销商

经销商是协助企业促销、销售产品给最终购买者的经济实体，包括批发商、零售商，它们是市场营销不可缺少的环节。因此，企业在市场营销过程中，应做好经销商的分析工作，处理好与经销商的关系。

3. 社会公众

服装企业的社会公众主要包括金融公众，如银行、投资公司、证券公司、保险公司等；媒介公众，如报纸、杂志、电视台、电台等；政府公众，如政府机构和企业的主管部门；社会团体，如消费者协会、保护环境团体等。

4. 顾客

顾客是企业服务的对象，根据企业顾客的购买特点，顾客可以分为个人消费者、工业品消费者、中间商、社会或政府集团消费者、国际市场的消费者等类型。不同类型的顾客，其购买的习惯、决策类型等都有差异，营销策略也不相同。

5. 竞争者

竞争者是服装企业研究的重要对象，一方面，竞争者可能是企业经营的标杆，企业经营战略调整的信号源于竞争对手。另一方面，竞争对手可能是企业最主要的威胁，只有关注竞争对手的经营行为，才能保证企业的经营不会受到竞争对手致命的打击。对竞争对手的分析可从以下几个方面进行：

(1)竞争力分析。主要从同行业竞争者数量、进入退出市场的障碍、替代产品数量、购买者价格谈判能力、供应商价格谈判能力等五个方面。

(2)识别企业的竞争者。对企业现有的竞争者识别是比较容易的，但许多企业并不是被老的竞争对手所击败，而是被一些后起的新秀所击败。因此，在识别企业竞争者时，必须用发展的眼光。根据竞争者不同的层次，竞争者可分为品牌竞争者、行业竞争者、一般竞争者和潜在的竞争者。通过竞争对手的识别与分类，应能明确竞争者的强弱、竞争者的远近、竞争者的好坏，从而明确哪些竞争者需要攻击、哪些竞争者需要回避、哪些竞争者不需要回应。

(3)了解竞争对手经营特点。主要从竞争者的战略、目标、优势与劣势、对竞争行为的反应等方面进行分析。为了获取这些信息，企业必须建立一个竞争情报系统。

(4)行业竞争模式的分析。对于一些大的企业，从行业的角度来界定竞争者是通常的做法。在每个行业都集聚着一群相互密切的、生产相互替代产品的企业。对行业竞争的分析可从销售商的数量、产品差异化的程度、进入退出障碍、流动性、成本结构、一体化程度、国际化程度等方面进行分析。

五、市场营销环境的分析方法

对市场营销环境分析常用的方法为SWOT法，即从优势（Strength）、劣势（Weak）、机会（Opportunity）、威胁（Threaten）四个方面进行组合分析。

1. 机会与威胁分析

主要分析外部环境。机会分析实际上是找出市场上“未被满足的需求”，来源于对宏观环境和微观环境分析的结果。威胁分析实际上是找出企业营销活动不利或限制企业营销活动发展的因素。在营销实践中，机会与威胁可能相互转化，企业必须清楚地认识到这一点。

2. 优势与劣势分析

主要分析内部环境。企业能否把握市场机会或避开市场威胁，不仅要能正确识别市场中的机会与威胁，同时也要善于分析企业的优势与劣势。企业的优势与劣势是相对而言的，在经营的过程中会随着环境的变化而变化。企业不仅要抓住核心竞争力，培养和提升企业的核心竞争力，而且要重视企业内部基础竞争力的建设，如管理的程序化、规范化等。

第二节　服装市场调查的内容与程序

市场总是在不断变化，服装企业要能满足目标市场的需要，提高市场的反应能力，就必须重视市场调查，并制订科学的调查程序。

一、市场调查的含义与作用

1. 服装市场调查的含义

服装市场调查是运用科学的方法，搜集、整理和分析有关市场营销的信息资料，为服装企业的市场营销决策提供信息咨询的过程。简单讲，市场调查就是收集、整理、分析与营销决策相关的数据，并将分析结果报告给管理者的过程。很显然，市场调查的基本功能是将市场情报反馈给管理当局，向决策者提供营销战略的调整信息。

2. 服装市场调查的作用

通过服装市场调查，可以了解服装企业目标市场的现状，诊断服装企业在目标市场营销中存在的问题，并对服装市场发展趋势进行预测。服装市场调查的作用可以从以下几个方面表现出来：

(1)可以探究市场波动原因,制订相应的改进措施。如当服装企业的销量、产品价格、产品在消费者心目中的形象发生较大波动时,可启动市场调查程序。

(2)可以发现新的市场机会。如当服装企业需要进行服装产品开发或市场开发时,通过市场调查,可以了解消费者需求的特征或市场空间的大小,从而保证企业的产品开发符合市场的需要。

(3)可以监控营销环境的变化。如当服装企业在平稳发展的时候,需要特别重视环境变化对企业产生的影响,通过市场调查,可以帮助企业更好地适应环境的变动。

(4)可以不断提高质量和顾客满意度。质量和顾客满意是现代市场营销的重要竞争武器。企业要实施质量改进和顾客满意计划,就必须通过市场调查,确定哪些质量对目标市场是重要的,哪些是顾客投诉最多的,才能制订切实有效的质量改进计划。

(5)可以创造忠诚顾客。忠诚的顾客不仅可以提高企业的收入和市场份额,从而给企业带来丰厚的回报,而且更容易提高顾客服务水平和满意度,并创造更高的员工士气,从而提高生产效率。要创造忠诚的顾客,就必须通过市场调查,详细了解顾客。

二、服装市场调查的内容

服装市场调查的内容包括以下几个方面:

1. 市场环境的调查

其目的是为服装企业寻找市场机会或者为服装企业监控外部环境的变化,为服装企业的营销决策提供咨询。调查的内容包括政治法律环境、社会文化环境和经济地理环境等宏观环境。

2. 竞争调查

其目的是了解竞争对手的实力,在制订市场营销方案时,能避实就虚,尽量不与竞争对手正面交锋。调查的内容包括竞争者经营的规模、品种、质量、价格和服务等方面。

3. 服装产品调查

其目的是了解消费者对本企业产品质量、性能、款式、包装、服务等方面的态度,为服装企业提高产品竞争实力,对产品整体形象的正确定位提供参考依据。

4. 销售渠道的调查

其目的是了解本企业产品的销售渠道的业绩及工作效率,同时也可了解中间商对本企业的意见和要求,改进企业产品及服务,提高产品分销渠道的工作效率。

5. 促销调查

促销调查是对服装企业采用的人员推销、营业推广、公共关系等促销组合的实际效果进行调查，为服装企业制订最优的促销组合提供依据。

6. 消费者调查

消费者调查的内容包括消费者的需求及偏好、消费结构、消费者购买力、购买动机、购买方式或习惯等方面。通过消费者调查，为服装企业确定目标顾客、选择分销点和产品开发提供有关消费者特征的咨询。

服装企业要根据自身的经营特点和需要，确定市场调查的内容，在此基础上选择适当的市场调查方法和技术。

三、市场调查程序

1. 市场调查主题的界定

界定市场调查主题，就是要确定管理当局需要什么信息，可以是很具体的内容，也可以是调查的方向，如消费者意向调查、服装产品调查、销售活动调查和经营环境调查等。在这一阶段，需要解决以下几个问题：

(1)选择调查主题的理由充分。

(2)调查主题所需要的信息可以通过调查获得。

(3)调查主题涉及的范围适当，切忌多多益善，影响调查质量和调查成本。

(4)将调查主题转化为系列的调查问题

(5)清楚调查主题的背景和假设。

对市场调查主题的界定，有时候管理当局并不能很清楚地描述出来，这时就需要调查人员根据企业提供的调查方向，通过试探调查来获得调查主题。

2. 设计调查方案

设计调查方案就是根据市场调查目标或调查提出的假设，设计调查问题的概念框架，制订详细的调查计划。市场调查计划的内容包括市场调查目的、市场调查项目、市场调查方法、市场调查对象、经费估计、调查日程安排等。

3. 确定市场调查的具体对象

确定市场调查的具体对象实际上是确定市场调查样本的过程。市场调查的对象较多，不可能采取全面调查，只能抽取一部分个体作为样本进行调查。调查样本的确定可以采用随机抽样或非随机抽样的方式。非随机抽样是最简单的抽样方法，由调查者根据方便或主观随意的原则从调查总体中抽取样本，各个样本被抽取的机会不是等可能性的，其误差不能估计和控制，从样本中调查的结果不能进行有关统计分析。随机抽样则是一种等可能性抽样，每个样本被抽取的机会是相等的，其调查的结果可运用统计原理进行可靠性及误差分析。不论采用何种方式抽样，抽取的样本应具备调查对象的总体特征，保证样本的代表性。

4. 收集数据

企业的市场调查工作通常是委托市场咨询公司完成的，复杂的市场调查往往需要在多个地区或城市展开调查，为确保数据收集工作的有效性和统一性，必须制订详细数据收集程序，指导数据的收集工作。市场调查数据收集完毕之后，通常需要抽查被访者，确认是否进行了调查以及是否按规定的程序进行调查，抽查比例可视情况而定。

5. 调查资料的回收与整理

调查资料的回收与整理的主要内容包括：清除错误及无效的问卷；对调查数据进行分类编码；进行统计计算，如绘制分布图表，计算百分比、平均值和差异等。

6. 资料分析

资料分析的内容包括调查结论、原因及建议。

7. 编写市场调查报告

一份简单的市场调查报告的内容包括调查目的和范围、使用的方法、调查的结果、提出的建议、必要的附件。本节后面将详细介绍如何撰写规范的调查报告。

8. 跟踪

主要是跟踪调查结果是否客观反映了市场现象及规律、市场调查报告付诸实施后的效果、市场调查报告使用者的建议等。通过跟踪反馈，不仅提高了市场调查的服务质量，也可评价市场调查报告的水平，并为今后的市场调查提供更多的经验。

四、市场调查报告的撰写

市场调查报告是调查工作的最终成果，也是市场调查水平的最终检验，因此市场调查报告是整个市场调查过程中最重要的环节。

1. 市场调查报告写作的基本要求

市场调查报告是为企业所用，不是学术文章，必须能让报告的使用者清楚地了解报告的内容。因此在编写报告时，最好能了解报告使用者的背景、兴趣、知识、所处的环境以及他们将如何使用报告等。如果调查报告为多个决策者使用，要满足每个使用者的需要是很难的，最好的办法是多准备几份报告。一份好的调查报告，应具有可理解性、可读性和可操作性等特点，内容完整、准确、简洁，尽可能避免烦琐的计算与说明。

(1)完整性。一份完整的报告应当能解释每个被调查的问题，但是过简或过繁的报告都可能不被管理当局所接受。对调查过程中的一些细节问题和数据挖掘的程序，应能灵活取舍。

(2)准确性。起草调查报告前应能保证所得到的信息的可信性和有效性,对数据的粗心大意、不合逻辑的推理、不合语法和习惯的表述,都会降低报告使用者对报告的评价。因为,报告使用者通常会快速浏览报告,然后就报告的组织方式、书写规范等进行大概的判断。要保证报告的准确性,首先要注意用词准确;其次是资料准确性和逻辑正确性;其三是在时间的表达上使用绝对表示法,不用或少用相对表示法;其四是使用数字的精度与要求一致,对引用数据应与原文精度一致。

(3)明确性。明确性是指报告观点清楚、结构有逻辑、内容表达准确。如果逻辑混乱、表达不准确,报告使用者就很难理解。

(4)简洁性。要求在报告完整的前提下有选择地采用信息和分析信息,应尽量避免将大量的原始信息摆在报告使用者的前面, 因为报告使用者更喜欢看到的是综合性的、结论性的数据,与主题无直接关系的数据或分析坚决舍弃。

2. **市场调查报告的结构**

一份完整的调查报告一般可分为三大部分:前文、正文和结尾。

(1)前文。前文包括标题页和标题扉页、授权信、提交信、目录、图表目录、摘要等内容。

标题页包括题目、报告使用者、撰写者、发布或提供日期。扉页是在标题页之前单独安排的一页,只写调研报告标题。

授权信是市场调查委托人给市场调查执行人的授权书,一般情况下,只会在报告中提及,但如果报告使用者不清楚时,需要提供授权信。

提交信是报告人向报告使用人提交报告的意思表示, 其内容通常是简单介绍调研的情况和一般成果,该项内容只有在正规的调查报告中使用。

调查报告的目录一般以两个层次为宜,报告中的表格和统计图应单列目录。

摘要是在报告正文完成之后撰写的,其长度一般不超过2000字。摘要通常自成一体,要能概括调研成果的主要内容,简明,重点突出。调查报告摘要的内容一般包括开展此项调研的原因、背景、具体目的、调查的内容、关键的调查结果及结论、调查建议等。一些报告的使用者通常只阅读报告的摘要,因此摘要是十分重要的,可能会决定调查报告是否被决策者所利用。因此,要仔细斟酌哪些东西是足够重要的,需要在摘要中反映的。

(2)正文。正文包括引言、研究目的、调研方法、结果、局限性、结论和建议。

引言主要包括调查原因、宗旨或意义、授权、背景等内容,其目的是告诉报告使用者该项工作的意义。

调研方法主要包括调研方案设计、资料采集方法、抽样方法、实地工作、分析方法等,对这一部分的一些技术性问题不要太多,详细材料可在附录中说明。

调查结果是调查报告的主要部分，通常以图文并茂的形式，按一定的层次或逻辑组织全部的调查内容及相应的调查结果。

调查的局限性，主要是说明调查结果适用的条件以及调查过程中存在的一些问题或不足，这是报告使用者在使用调查报告的结果之前必须清楚的一个问题。

结论和建议是调查报告正文的最后部分，结论是根据调研结果得到的观点，而建议是根据调查结论提出的行动措施。这部分内容应按一定的逻辑顺序、紧扣调研主题。

(3)附录。其内容一般包括调查提纲、调查问卷和观察记录表、被访问人(机构单位)名单、复杂的抽样调查技术说明、关键数据的计算、复杂的统计图表和参考文献等。对于技术性很强或原始的材料都应编入附录。

3. 图表的格式要求

在市场调查报告中，适当使用一些图表，可以更加直观、形象地显示分析变量所具有的规模、速度、趋势、分布态势、变量间的对比关系等，最大限度地发挥调查所得资料的论据和论证作用。附录中所编写的统计图表，也能对正文数据、推理和论证做出补充。为了更好地使用统计图表，调查报告中统计图表格式应遵循以下几点要求：统计图表应有图表编号、图表标题、横标题、纵标题、指标数值、必要的注释(如数据之间的相关关系)、资料来源等。在目录中，统计图表应单独列出清单，排在章节目录之后。

第三节　服装市场调查方法

市场调查是取得市场信息的基本途径，市场调查可以由本企业组织实施，也可委托市场信息咨询公司进行。市场信息包括第一手资料和第二手资料两种，第一手资料是指本企业为了特定的需要而搜集的市场信息，第二手资料是指对现存的资料搜集整理所获得的市场信息。

一、二手资料的调查方法

1. 二手资料的特点

二手资料的主要特点是快速、成本低、容易获得、能佐证现有的原始资料。通过查阅二手资料，有助于调查者了解企业状态，确定概念、术语和数据，这对原始资料研究是很有用的。调查者在使用二手资料时必须注意到，二手资料的可信度不能得到保证。

2. 二手资料的评价

为了确定二手资料的可靠性，调查人员必须对所获得的二手资料进行综合评价，对二手资料可靠性的评价，可从以下几个方面进行：

(1)二手资料提供者的研究目的及其局限性。

(2)信息发布者的权威性。

(3)信息的实质内容。

(4)二手资料提供者获取信息的途径与方法。

(5)二手资料与其他关联资料之间的一致性。

3. 二手资料调查程序

二手资料只是调查工作的第一步，因此在收集二手资料时，要保证二手资料的真实性、及时性、同质性、完整性和经济性，为了达到这些要求，二手资料的收集应按照一定的程序展开：

(1)确定调查主题，并列出查阅文献时可能用到的关键检索词。

(2)查阅文献资料。

(3)评价与编辑二手资料。

(4)通过专家学者获得二手资料或信息源。

4. 二手资料的调查方法

文案调查是取得第二手资料的主要方法，通常是对现存的信息资料如各种专业杂志、统计资料等进行搜集整理，取得所需要的市场信息。

(1)企业内部的二手资料。企业内部的二手资料是指企业在经营过程中积累的数据信息，如会计资料、销售记录、其他报表等。企业内部二手资料最大的特点是容易获得、成本低、可靠程度高。

(2)企业外部的二手资料。企业外部的二手资料主要包括年鉴、报纸、杂志、专业数据服务等。

在年鉴类资料中，权威性较高的有：《世界经济年鉴》、《中国经济年鉴》、《中国对外经济贸易年鉴》、《中国统计年鉴》、《欧洲金融年鉴》、《世界年鉴》、《国际金融统计年鉴》、《国际贸易统计年鉴》、《美国统计摘要》等。

在报纸类资料中，权威性较高的有：《经济日报》、《国际商报》、《中华工商时报》、《纽约时报索引》、《华尔街日报索引》等。

在杂志类资料中，权威性较高的有：《经济研究》、《国际贸易》、《世界经济》、《管理世界》、《商业期刊索引》、《英国市场情报来源》等。

二、一手资料的调查方法

一手资料是研究者基于特定的市场调查项目而亲自收集的资料，没有经过他人的过滤或解释，具有详细、具体、零碎等特点。一手资料的收集是市场调查中一项最基础性的工作，对整个市场调查质量起着基础性的作用。为了获得一手资料，可根据市场的内容，选择访问法、实地观察法、小组座谈法以及实验调查法等。

1. 访问法

访问法是指调查者与被调查者通过个别沟通，取得有关消费者信息的第一手资料的方法。访问法可以进行双向沟通，对问题的调查不受深度和广度的限制，但受到个人兴趣爱好、访问技巧及访问范围的限制。采用访问法进行调查时，如果将所要调查的问题以表格形式罗列出来，作为访问大纲，这种访问称为结构性访问。访问法的形式很多，常用的访问方式包括面谈、电话、邮寄和网络等。

(1)人员访问。人员访问是调查者与被调查者以面对面交谈方式，获取一手资料的调查方法。可采用结构化的访问和非结构化的自由交谈方式。人员访问具有灵活性高、回答问题完整、数据可靠度高、调查对象适应性高等优点，但也有调查费用较高、获取访问对象的难度大、对调查者的要求较高、匿名性较差、访问调查周期较长等缺点。

(2)电话访问。电话访问是通过电话与被调查者交谈，获取一手资料的一种调查方法。由于彼此不直接接触，不存在人际关系上的难度。电话访问通常采用结构化的问题设计，对调查员要进行特别挑选和培训，为了减少不应答的现象，要合理确定调查样本及访问时间。电话访问具有信息反馈快、费用低、范围广的优点，但也有问题较简单、缺乏面对面沟通的灵活性、信息的可靠程度相对较低。

(3)邮寄访问。邮寄访问是将事先设计好的调查问卷邮寄给被调查者，然后由被调查者填写后寄回的一种调查方法。具有调查空间范围广、费用低、较长的时间作答、匿名性较好等优点，但也有问卷回收率低、可靠程度难保证、问卷回收期长、时效性差等缺点。提高问卷的回收率和提高问卷的可靠程度是邮寄调查需要克服的主要问题。

(4)网上访问。网上访问是基于网络的调查方式，具有辐射范围广、速度快、信息反馈及时、匿名性好、费用低、数据易整理等优点，但也有调查对象局限于网民、准确性和真实性程度难以判断、网页设计要求较高等缺点。网上访问的方法包括E-mail、交互式问卷等。

2. 实地观察方法

实地观察法是指调查者亲自到调查现场，运用一定的观测手段，对被调查者的消费行为进行观察与记录，取得有关消费者消费行为特征的第一手资料的方法。该方法不受被调查者的影响，但只能观测到被调查者的外部行为，无法了解内在的动机，因此调查的资料有较大的主观性。在市场调查中，观察法常用于消费者购买行为的调查以及对商品的花色、品种、规格、质量、服务等方面的调查。与其他方法相比，其优点是获得的资料更加真实、客观，但也有资料内容表面化、需要调查员较强的洞察能力与记忆力、费用高、时间长等缺点。

在组织观察调查时，要根据调查的主题灵活选用适当的调查方法，常用的观察方法有四种类型：一是按观察时间周期不同，有连续性观察和非连续性观察；二是按观察者身份是否公开，有隐蔽性观察和非隐蔽性观察；三是按调查者扮演的角色不同，有参与性观察和非参与性观察；四是按调查过程的组织不同，有结构性观察和非结构性观察。

3. 小组座谈法

小组座谈法是一种定性研究的调查方法，这种方法是选定较小的样本对象进行深度的、非正规性的访谈，确定调查问题，为正规调查做准备。小组座谈法有很多调查技巧，如会议组织、深度访谈、案例研究和投影法等。

4. 实验调查法

实验调查法是通过设计实验方案、测验实验组在不同实验参数水平下的结果，并将实验组的结果与对照组的结果进行比较，来研究实验参数对实验结果的影响程度，主要用于测量营销因素变化对营销结果产生影响的程度。实验法能有效地进行因素分析，但实验法需要严格科学的实验设计，以保证实验组与对照组结果的可比性，费用高，适用范围有限。在实验调查中，最关键的一环是进行实验设计，实验设计有以下几种方法：

(1)非正规设计。其实验对象的选择缺乏随机性，但由于成本低，容易操作，在市场调研中应用较广。非正规设计有两种基本的设计方法：一是无对照组的设计，实验结果与历史数据对比；二是有对照组的设计，实验结果与对照组的结果进行对比。

(2)正规设计。要求实验对象的选择具有随机性，在实验设计中确定一个控制变量，并消除其他外生的、非试验变量的影响。

实验完成以后，在对数据分析的过程中，要检测实验的有效性，包括检测实验内部有效性(指实验结果的变化完全是由控制变量引起的，外生变量的影响不显著)与实验外部有效性(指实验结果在推广过程中，产生了实验预期的效果)，只有当内部和外部同时有效时，实验结果推广到总体才具有统计意义。

三、态度测量方法

在市场营销实践中，营销人员需要了解消费者对产品、品牌和企业的态度，但要准确测量消费者的态度，前面的调查方法不太适用，而必须采用测量态度的特定方法和技术。

1. 态度与测量

态度主要反映消费者对某事物的了解程度、偏好、行为倾向。态度的测量就是根据预先确定的规则，用数字或符号来代表某个事物的特征或属性。一般来讲，直接询问很难获得被调查者的真正态度，因为消费者有时并不知道他们的态度，或无法用语言文字表达出来，这时就需要借助态度量表进行测量。设计态度量表，首先要确定规则，并根据这些规则为不同的态度特性分配不同的数字，然后将这些数字排列成一组数字序列，每个数字对应着消费者的一种态度。很显然，用数字代表态度，有利于统计分析，但这些数字往往只具有等级的含义。

2. 态度测量的量表

根据测量尺度的不同，态度测量的量表有类别量表、顺序量表、等距量表和等比量表等四种基本形式。

(1)类别量表。表中的数字分配，只能用于识别不同对象或对这些对象进行分类，同一对象有相同的数字。对类别量表中的数字，只能计算频数、频率，并进行有关的统计分析，如百分比、众数、卡方检验、二次检验等，计算平均数是没有任何意义的。

(2)顺序量表。顺序量表是一种排序量表，分配给对象的数字具有等级含义，即一个对象是否比另一个对象具有较强或较弱的某种特征，但并不能确定强多少或弱多少。对顺序量表中的数字，除了计算频数，还可用来计算百分位数、四分位数、中位数、秩次数等。

(3)等距量表。等距量表包含顺序量表提供的全部信息，同时还可以比较对象间的差别，等距量表中原点不是固定的，如对产品评分时，可能有一个人为的起点。

(4)等比量表。等比量表具有类别量表、顺序量表、等距量表的一切特性，并有固定的原点，因此，在等比量表中，我们可以进行对象的标志分类、排序、比较等，数据的比值也是有意义的。

3. 常用的态度测量表

(1)评价量表。调查者将各种可能的选择标注在一个评价量表上，然后要求应答者在测量表上指出其态度。评价量表具有省时、适用广、可以处理大量变量等优点，因此在市场营销研究中被广泛采用。评价量表有以下两种形式：

一是图示评价量表，要求应答者在一个有两个固定端点的图示连续体上进行选择，如："最喜欢——最不喜欢"。

二是列举评价量表，将各种可能的态度按照等级顺序全部列举出来，让消费者进行选择。

列举评价量表比图示评价量表容易构造和操作，可靠性也更高一些。评价量表获得的数据通常作为等距数据使用和处理。但这种方法也可能会产生以下几种误差：一是好人效应，二是中间效应，三是晕轮效应。

(2)等级量表。这是一种顺序量表，将许多研究对象同时列示给被试者，并要求他们根据某个标准对这些对象进行排序或分等级，每个序号只能分配给一个对象。等级量表具有易设计、易理解等特点，因此在市场调查中被广泛使用。但等级量表具有强制性，只能得到顺序数据，同时卡片上列举对象的顺序可能带来误差，而且排序的对象不能太多，否则容易出现遗漏。

(3)配对比较量表。在配对比较量表中，受测者根据某个标准在两个被比较的对象中做出选择，实际上是一种特殊的、两两排序的等级量表，这种测量假定数据具有"可传递性"。

(4)沙氏通量表。这种量表用来测量消费者对某一主题的态度，其做法是列出若干(一般9~15条)与态度相关的语句，要求被试者对每条语句进行是否同意的判断，从而获得应答者关于主题的看法。沙氏通量表的实地测试和统计汇总都很简单，但量表中的语句是在上百条语句中预选出来的，制作比较麻烦，因此在市场调查中较少采用。

(5)李克特量表。李克特量表形式与沙氏通量表相似，其区别是沙氏通量表只要求被试者做出是否同意的判断，而李克特量表要求被试者对每一个陈述语句表明他同意或不同意的程度，因此最后的数据处理也不完全相同。

(6)语意差异量表。用来测量消费者对商品、品牌、商店的印象。在设计语意差异量表时，首先要确定测量对象的一系列属性，并给每个属性选择一对有意义的、相对的形容词，分别放在量表的两端，中间分为7个连续的等级，被试者根据自己的态度，评价每个属性，并在合适的等级位置上做标记。

四、统计抽样方法

根据市场调查对象覆盖的范围不同，市场调查可划分全面市场调查与部分市场调查。在市场调查实践中，由于市场调查对象较多，通常根据调查目标与要求及调查成本，采用部分市场调查。部分市场调查根据选择调查对象的方法及调查目标的不同，又有重点调查、典型调查、抽样调查等不同形式。重点调查与典型调查都属于局部调查，而抽样调查通常期望根据调查样本的情况来分析市场总体情况，调查样本的确定可以采用非随机抽样或随机抽样的方式。

1. 非随机抽样

非随机抽样是最简单的抽样方法，由调查者根据方便或主观随意的原则从调查总体中抽取样本，各个样本被抽取的机会不是等可能性的，其误差不能估计和控制，从样本中调查的结果不能进行有关统计分析。非随机抽样有以下几种方法：

(1)任意抽样法。又称方便抽样法,是一种随意取样的方法,它假定总体中的各个样本单位是同质的,因此随意抽样不会影响推断结果。在市场调查中应用比较多的形式如街头拦人调查、销售点顾客调查等,取样比较方便。

(2)判断抽样法。这是对任意抽样法的改进,如果调查者事先设定了被调查者的一些特征,如年龄、性别等,并将这些特征作为选择样本的判断依据。在街头拦人调查中,通常会根据目标市场的特征,选择调查样本。

(3)配额抽样法。配额抽样是对判断抽样的量化,调查者根据事先设定的被调查者的一些特征,对不同的特征,给予相应的配额数量或比例,要求最终的样本结构符合这一预先设定的配额或比例。配额抽样在非随机抽样中应用最为广泛。通常是根据目标市场的几个人口特征,制订样本配额分配表。对多个特征的样本配额分配表,可采用独立的分配表和交叉的分配表,交叉分配表的取样难度大一些。

2. 随机抽样

随机抽样是一种等可能性抽样,每个样本被抽取的机会是相等的,其调查的结果可运用统计原理进行可靠性及误差分析。随机抽样又分为以下四大类:

(1)简单随机抽样。运用乱数表或抽签法确定调查样本,这是确定调查样本最基本的方法。对于总体数量较小时,通常采用这种方法。

(2) 分层随机抽样。先将调查的总体按一定的属性或特征分为几个层次,然后给每一个层次确定抽取样本大小的配额,据此对每一个层次采用简单抽样法确定该层所抽取的样本,各个层次抽取的样本之和为市场调查的样本。当总体数量太大或个体差异大时,使用这种方法就能减少抽样的工作及增加样本的代表性。

(3)整群抽样。先将调查的总体划分为若干群,然后以群为单位进行抽样。当群内差异大,而群与群之间的差异小时,整群抽样可简化抽样工作,同时又能保证抽样的代表性。

(4)系统抽样。又称等距抽样,先确定总体的抽样框,然后采用简单随机抽样的方法确定第一个被抽取的个体,以第一个为基准,每隔相等的距离抽取样本中所需要的其余个体,构成调查样本。这种方法只是将简单随机抽样抽取样本的过程进行了简化,没有实质性的差别。随机抽样的主要优点是节省人力和费用,其调查的结果又具有较好的代表性。

3. 样本容量

抽样方法决定了样本代表性的大小,但样本推断总体的精确度则由样本的容量决定。确定样本容量有大小通常受研究目标、数据用途、报告时间期限、市场调查预算等影响。从理论上讲,确定样本容量的大小需要事先确定以下参数:总体标准差δ(如果总体标准差不知,可先抽取30个样本单位的小样,以此小样的均方差代表总体均方差)、调查者可接受的误差范围Δ、可信度α(一般取95%),根据以上参数计算样本大小的公式如下:

$$n=1.96^2\times\delta^2\div\Delta^2$$

式中:1.96是可信度为95%时所对应的T值,δ^2可以用小样的方差代替。

在市场调查实践中,由于调查总体的在数量上、地域上的不确定性,样本容量也很难用量化的方法进行计算。一般是根据费用预算确定样本容量,并根据样本容量选择适当的抽样方法,来保证样本的代表性。

4. *调查误差与偏差*

调查误差分为抽样误差与非抽样误差两类。抽样误差是由抽样产生的误差,是由偶然因素造成的随机误差,是不可避免的。在统计分析过程中,抽样误差是可以计算和控制的。非抽样误差是除抽样误差以外的其他因素造成的误差,如问卷设计不当、调查者倾向、计算错误或登录错误、抽样框不好、没有遵守随机抽样原则等。针对非抽样误差产生的途径,可以采取措施减少或消除。

五、原始资料的整理与分析

调查过程中收集的全部原始资料需要经过进一步的整理或加工之后，才能为分析所利用。对原始资料的整理与分析包括以下几个过程:

1. *原始资料的验收*

原始资料的验收内容包括被调查者是否符合抽样设定的标准、资料是否完整清楚、资料是否真实可靠、资料是否存在重大遗漏或错误、资料数量是否达到设定水平等。在原始资料的验收中,如果发现作废的资料太多,影响样本容量时,需要补调查。在原始资料检查的过程中常见的问题包括:

(1)回答错误。表现在代码填错或内容填错。

(2)漏答重要问题,影响资料的分析,资料将被作废。对于一般性的漏答,如果不影响资料的有效性,在数据录入时,对漏答问题要进行特殊编码,以便在后面的数据分析中进行标识。

(3)答案标注不清楚,无法确定其答案。要避免这种问题,最好的办法是,在调查的过程中,调查人员配合作答,对不规范的选择及时进行纠正。

(4)回答逻辑错误。通常是由理解错误或没认真作答造成的。

(5)全部答案相同,通常是被调查者并没认真作答,随便作了完全相同的答案。

2. *原始数据的归集与整理*

采用问卷调查收集原始数据时，所调查的问题有开放式的问题和封闭式的问题两大类。对于开放式的问题,数据的归集整理难度较大,往往要将被调查者所有的回答罗列在一起,进行分析、提炼得到一些共性的答案。对于封闭式的问题,答案的归集整理比较容易,只要对调查问题及其答案进行合理编码,运用一张二维表格就可以将被调查者的所有答案记录下来,如表9-1所示。

表9－1 问卷调查答案归集表

被试者	1	2	3	…
1	1	2	4	…
2	3	2	3	…
3	2	1	1	…
⋮				…

3. ***原始资料的分析***

(1)原始资料的初步分析。主要是对类别变量或等级变量的频数分析。数据的初步分析一般采用单一变量的分析方法,对归集整理好的原始数据进行初步的统计分析,了解原始数据的内部结构或分布规律,为进一步的统计分析做准备。原始资料的分析过程一般是借助数据分析软件,通过计算机完成的。频数分析的方法是将各个问题的答案进行分类统计,计算频数及百分比,然后绘制频数分布表格或百分比分布图,如表9-2所示,可以直接反映出被调查者在选择问题答案时的倾向性。

表9－2 问题A频数及百分比统计表

问题答案	频数	百分比
1	15	15%
2	30	30%
3	35	35%
4	20	20%
合计	100	100%

(2)平均值及差异分析。均值计算过程是将等比变量的数值进行汇总,计算其平均值、方差或极差,以此了解该变量的趋势或分布规律的分析过程。对于一些可以量化的问题,通常可以用平均值来了解被调查者的一般水平或平均情况。平均值的计算方法有算术平均数、加权平均数、众数、中位数等。可根据实际需要

进行选择。在计算平均值时，如果被调查者的差异性较大，平均值的代表性就比较差，为了反映被调查者之间的差异程度，往往要计算差异值。差异值计算方法有极差、平均差、标准差等计算方法。

(3)比较分析。比较分析是对不同特性的被调查者选择各种问题答案所表现出的倾向差异性进行的分析，实际上是一种多变量的交叉频数分析，就是采用多个分类变量，将被调查者分成若干类，然后统计各类被调查者答案的频数分布规律，其目的是确定被调查者的某些特性与消费倾向之间的相关程度，例如，比较分析被调查者的文化程度、年龄、收入、地区等特性与服装消费量之间的关系。通常可采用表9-3进行比较分析。

表9-3　问题A不同消费者比较分析表

问题答案	甲类消费者		乙类消费者	
	频　数	百分比	频　数	百分比
1 2 3 4				
合计				

为了保证比较分析结果的正确性，通常要选用几个不同的比较因素及不同的问题进行对比分析，在相互一致的前提下，所做出结论的正确性就较高。

(4)回归分析与相关分析。在市场研究中，通常要将两个量化的因素通过一定的数学模型联系起来，通过一个因素的变化预测另一个因素的变化趋势，这就需要运用回归分析和相关分析。回归分析是运用数学的原理，建立市场因素之间的数学模型，如一元一次线性回归模型Y=A+BX，该模型反映了两个市场因素X、Y之间简单的线性关系。在建立回归模型时，往往要运用相关分析的方法，分析市场因素之间的相关程度，相关程度越高，建立回归模型对市场因素变化趋势的预测也越准确。

(5)因素分析。在市场研究中，对某一问题的分析往往会涉及多个变量，这时需要确定这些因素对研究问题各自的影响有多大，有没有交互的影响，有没有线性相关性，对这些问题的回答需要较高深的统计理论支持，涉及方差分析、变量或个案的聚类分析、多变量的因子分析等，应用SPSS统计分析软件可以解决这些问题。

第四节　问卷调查法

问卷调查是指通过结构化的问卷向消费者了解有关消费信息的方法。在问卷调查实践中，问卷的组织有邮寄、留置、人员访问、网络调查等不同形式。这种方法调查的对象广泛，可涉及的问题较多，成本也较低，但问卷的回收率不高。问卷设计不好，也容易让被调查者产生误解，取得错误的信息。问卷调查通常包括问卷设计、问卷派发、问卷回收、数据编辑与整理、编写问卷调查报告五个环节。下面从问卷组成、问卷的总体设计、问卷语句设计、问卷答案设计、问卷的修改、编排与测试及问卷的回收与资料整理等方面分析问卷调查的一些技巧。

一、问卷的组成

一份问卷应由标题、开头语、主题三个部分组成。

(1)标题。标题反映问卷调查的主题，要求语言简练，使人一目了然，能够提高被调查者的兴趣。

(2)开头语。问卷的开头语有三个方面的作用：一是让消费者了解调查目的，消除顾虑；二是告诉消费者填写问卷的方法及要求；三是向消费者的合作表示谢意。

(3)主题。主题是调查者所需要向消费者调查的内容，它以问题及选择答案的形式表现出来。

二、问卷的总体设计

问卷的总体设计是指导问卷设计的总体思路，是在对调查主题分解的基础上确定的比较抽象的调查项目，是问卷设计的核心概念，问卷中的每一个问题都必须围绕这些核心概念进行设计。对服装市场进行调查的问卷设计，其总体设计应包括以下几个方面：

(1)个人情况。包括年龄、性别、婚姻、文化程度、职业和收入等。

(2)消费经历。包括对服装消费种类的认识、服装品牌的认识、对所消费服装的态度与意见、服装消费观念、对本企业服装品牌的认识与评价等。

(3)购买行为。包括谁购买、购买的动机、时间、地点、数量、购买偏好和在服装消费方面的开支等。

(4)社会环境及企业促销对个人购买行为的影响等。在选择具体项目时，要结合调查的主题，切忌将一些不必要的问题写入到问卷中去，以免浪费人力和物力。

三、问卷语句设计

问卷的语句是由许多问题组成的。问卷的语句形式有三种：直接问题、间接问题和假设问题。直接问题是正面提问，开门见山；间接问题则采用迂回的方式，旁敲侧击地提问，其目的是消除消费者的顾虑，以较隐蔽的方式调查消费者敏感性的问题或不愿说出的问题；假设问题则是一种强制性的问题，用来判断个人态度的倾向性。对于这类问题往往不易取得消费者的合作。

在进行问题设计时，需要注意的问题有以下几个方面：

(1)使用概念范围要具体、易理解，对专业性太强的词汇尽量不要使用，可以用一些通俗的词汇代替。如有这样一个问题："你经常购买富绅品牌的服装吗？"这个问题消费者很难回答，即使回答了，其信息也难以理解和运用。"经常"这个概念，不同的人理解可能不同，不同的消费者所给出的信息就不可比；另外，富绅品牌是一个服装系列的概念，有裤和衬衣之分，如果你调查的是衬衫的市场消费情况，这个问题就不合适了。如果改为"上半年你购买了几件富绅衬衫？"就比较恰当了。

(2)避免诱导性问题。这类问题容易对消费者产生暗示作用，影响消费者客观回答问题。如有这样一个问题："大家都认为富绅衬衫质量不错，你认为如何？"这是一个典型的诱导性问题，该问题的前面一句话具有强烈的诱导作用，对被调查者产生较强的社会压力，在"一致性"的社会压力下，调查者可能附和大家的意见。

(3)用事实了解个人态度，尽量不使用空泛的问题。如有这样一个问题："你喜欢富绅品牌的服装吗？"该问题中喜欢这个概念十分模糊，不同的消费者，判断标准不同，回答的结果也难以比较。为了改善这一问题，你不妨先作一个市场调查，了解一下目前市场中主要流行的服装品牌，然后将这些品牌罗列在一起，让消费者选择他们选购的品牌，这样就可以从消费者的选择中，比较消费者的服装消费行为对品牌的倾向性及服装品牌的知名度。

(4)避免双重否定或双重含义的问题，这类问题容易让消费者产生误解或难以理解和回答，影响消费者的情绪。

四、问题答案设计

根据对问卷中所提问题回答方式的不同，问卷中的问题可分为两种形式：开放式问题和封闭式问题。开放式问题由消费者自由作答，而封闭式问题是在提出问题之后给出若干可供选择的答案，消费者只需从答案中进行选择。前者资料难于统计分析，后者则省时省力，但答案不全面。根据问卷选择答案个数的不同，问卷中的问题可分为单选题、多选题、排序题、跳转问题(指被访者在回答了某些特定问题之后，才能回答另外一些相关的问题)等。

问卷中的每个问题都是与市场营销有关的因素，这些因素有的只有类别属性之分，无大小优劣之别，如性别、职业，这类因素称为类别变量；有些因素有类别属性及等级之分，如个人态度、文化教育程度，这类因素称为顺序变量；有些因素属性可以用数据描述、识别和比较，如个人收入、年龄大小，这类因素称为定距定比变量。在对不同的变量设计答案时要注意以下几个问题：

(1)对类别变量，设计的答案要相互排斥，如果不能穷尽所有的答案或调查结果只需要详细了解部分答案时，可用“其他”代替没有罗列出的答案。

(2)对顺序变量，各个答案之间应有等级、好坏及多少之分。答案设计时，通常采用语意上的差别进行度量。如对个人态度的调查，其答案可用“同意、基本同意、无所谓、不太同意、不同意”，这种语意上的差别将个人的态度划分为五个等级，对于消费者则可根据自己的主观判断做出选择。

(3)对定距定比变量，答案是用数据来描述的。由于数据具有连续性，通常将数据根据消费者的特点分成若干区域，各个区域之间的间隔要适当，区域之间保持相互衔接，以便消费者做出正确的选择。如对消费者服装消费量的调查，其答案可用“100元以下、100~200元、200~300元、300元以上”，这样消费者就可以根据自己的消费量做出正确的选择。

五、问卷的修改、编排与测试

问卷设计好之后，要对问卷进行修改，修改问卷时要注意以下几个问题：

1. 有没有多余或遗漏的问题

问卷中的每一个问题都应该为调查的主题提供必要的资料和信息，如果达不到这一目的，就应取消这个问题。在所设计的问题中，如果某些调查项目没涉及或者调查的信息还不够，就应补充相应的问题。

2. 问题语句设计是否恰当

问题中要尽量避免太抽象或模糊、带有偏见的问题，问题要为消费者所熟悉和关注，这样才能使问卷具有吸引力。

3. 问题设计能否被消费者理解

问卷设计好以后，首先要进行试调查，选择被试调查的人时，应与将要被调查的消费者的水平相当。

4. 问卷整体编排是否适当

问题编排时要注意问题的顺序。为了增加问卷的吸引力和利用程度，编排问题的顺序应遵循以下几条原则：

(1)先易后难的原则。

(2)相关问题组合在一起。

(3)开放性、敏感性问题放在后面。

(4)相互证实的问题要分开。

在问卷设计时，为了检验被调查者回答问题是否认真，往往将同一调查项目用不同的方式设计几个问题，编排在不同的地方，如果消费者回答这类问题出现前后矛盾时，说明消费者并没有认真填写问卷，该份问卷应视为无效。

5. 问卷的测试与评价

问卷的初稿设计完成之后，需要在小范围内进行测试与评价，检查问卷中可能存在的一些问题。通过测试之后，问卷才能投入使用。

六、问卷的回收与资料的整理

在向消费者派发问卷时，可以要求消费者当面填写并回收，也可交给消费者，在空余的时间填写，然后再回收，后者的回收率往往较低。问卷回收后，就要做好调查资料的编辑整理工作。编辑整理资料，首先要将错误的调查表剔除，如回答不一致和矛盾的问卷，回答不完全的问卷，无法读懂的问卷。其次将问卷的答案编号，制成答案表，以供数据分析。最后对调查的数据进行基本的统计分析，如频数分布、百分比、平均值、差异值、相关程度，绘制有关统计图表。

本章要点

服装营销环境是指影响服装产品的供给与需求的诸种外界客观因素。服装市场营销环境具有客观性、差异性、相关性、动态性、不可控性、可适应性等特点。宏观营销环境分析包括人口环境、经济环境、政治法律环境、自然地理环境、科技环境、社会文化环境等六个方面；微观环境分析包括供应商、中间商、社会公众、顾客、竞争者等五个方面。对市场营销环境分析常用的方法为SWOT法，即从优势、劣势、机会、威胁四个方面进行组合分析。

服装市场调查是运用科学的方法，搜集、整理和分析有关市场营销的信息资料，为服装企业的市场营销决策提供信息咨询的过程。服装市场调查的内容包括市场环境的调查、竞争调查、服装产品调查、销售渠道的调查、促销调查、消费者调查等六个方面。市场调查程序包括市场调查主题的界定、设计调查方案、确定市场调查的具体对象并实施调查计划、收集数据、调查资料的回收与整理、资料分析、编写市场调查报告、跟踪调查等八个阶段。一份好的调查报告，应具有可理解性、可读性、可操作性等特点，内容完整、准确、简洁，尽可能避免烦琐的计算与说明。

市场信息包括第一手资料和第二手资料两种。二手资料的主要特点是快速、成本低、容易获得、能佐证现有的原始资料。文案调查是取得第二手资料的主要方法,通常是对现存的信息资料如各种专业杂志、统计资料等进行搜集整理,取得所需要的市场信息。一手资料是研究者基于特定的市场调查项目而亲自收集的资料,没有经过他人的过滤或解释,具有详细、具体、零碎等特点。为了获得一手资料,可根据市场的内容,选择访问法、实地观察法、小组座谈法以及实验调查法等。

态度主要反映消费者对某事物的了解程度、偏好、行为倾向,态度的测量就是根据预先确定的规则,用数字或符号代表某个事物的特征或属性。根据测量尺度的不同,态度测量的量表有类别量表、顺序量表、等距量表和等比量表等四种基本形式。

根据市场调查对象覆盖的范围不同，市场调查可划分全面市场调查与部分市场调查。部分市场调查根据选择调查对象的方法及调查目标的不同,又有重点调查、典型调查、抽样调查等不同形式。调查样本的确定可以采用随机抽样或非随机抽样的方式。调查过程中收集的全部原始资料需要经过进一步的整理或加工之后,才能为分析所利用。对原始资料的整理与分析包括原始资料的验收、原始数据的归集与整理、原始资料的分析等过程。

问卷调查是指通过结构化的问卷向消费者了解有关消费信息的方法。在问卷调查实践中,问卷的组织有邮寄、留置、人员访问、网络调查等不同形式。问卷调查具有调查对象广、调查问题多、调查成本低等优点,但问卷的回收率及质量可能不高,问卷设计不好,也容易让被调查者产生误解,取得错误的信息。问卷调查通常包括问卷设计、问卷派发、问卷回收、数据编辑与整理、编写问卷调查报告五个环节。

思考题

1. 举例说明外部经营环境对服装营销的影响。

2. 服装市场调查的内容有哪些?

3. 试述市场调查的步骤。

4. 获得一手资料和二手资料的调查方法有哪些?

5. 如果要求你抽样调查大家对本课程的教学意见，调查样本为10名同学，如何确定具体的调查对象?

6. 为某企业作一次产品消费意向调查,制订调查计划,编写调查表格,并根据调查结果编写调查报告。

销售预测理论与应用——

服装销售分析与预测

本章内容: 1.服装市场需求分析
2.服装销售预测
3.服装销售分析

教学时间: 8课时

学习目的: 让学生了解服装市场需求分析、销售预测、销售分析的内容,并能应用销售分析与预测的方法,为服装企业开展销售分析与预测工作。

教学要求: 了解市场需求的决定因素,掌握市场需求估计的方法;了解销售预测的含义、种类及预测步骤,掌握服装销售趋势预测及季节预测方法;了解服装销售分析的内容,掌握销售分析的思路与方法。

第十章 服装销售分析与预测

市场信息的搜集、整理与分析是企业进行市场营销的基础工作。企业既可以利用本企业的历史销售资料进行销售业绩的跟踪分析，为修正或调整企业的营销方案提供依据,也可以综合利用内部和外部信息源提供的信息进行销售预测,为企业制订未来的营销计划提供决策依据。前者是销售分析,侧重于目前问题的分析与解决,经验的总结和推广,是企业营销过程的反馈系统,后者则侧重于远景规划和市场销量的预测,是企业营销过程的前馈系统。本章要解决的主要问题是销售分析的方法和销售预测的方法。

第一节 服装市场需求分析

当服装企业完成了市场调研工作，明确了市场机会和可能进入的目标市场之后,需要对目标市场的需求进行量化分析,预测目标市场的潜在规模、成长和利润空间。服装市场需求分析是进行销售预测、编制营销计划的基础。

一、市场需求的决定因素

1. 潜在市场的决定因素

在研究某一产品市场的需求模型时，首先要考虑的因素就是该产品市场中全部消费者的数量,包括实际购买者和潜在的购买者。因为,消费者是构成产品需求的客观基础,也是决定市场需求规模的第一约束条件,从这个角度来看,某一产品市场的实际需求规模是由该产品市场购买者人数决定的，而潜在的市场规模是由那些对该产品感兴趣、可能购买的顾客人数决定的。

2. 有效市场的决定因素

明确产品的潜在市场之后，接下来需要考虑的是这些顾客的购买能力及购买产品的通路。如果缺乏有效的产品销售通道,顾客的需求是无法实现的。因此,确定有效市场需求的条件应该包括三个方面：一是对某一产品有兴趣的潜在顾客群体,二是潜在的顾客群体有能力购买该产品,三是建立了该产品有效的销售通路。

3. 目标市场的决定因素

企业在进入市场时，通常要对产品市场中潜在顾客的特征属性进行划分，并选择其中几个属性来界定企业可能服务的顾客群体，经过特征属性过滤之后的顾客群体就构成了企业目标市场的顾客群体，企业目标市场的规模由这部分顾客群体决定。

二、市场总需求的一般表达式

在市场机会分析中，对市场总需求的分析是第一步。市场总需求是某一个产品在一定的地理区域和一定的时期内，潜在的顾客群体可能购买的总数量。由于市场营销外部环境的变化和内部环境的调整，从长期来看，市场总需求会存在趋势的变化；从短期来看，市场总需求在市场中并不能全部表达出来，而只是其中的一部分，取决于企业的营销行为。因此，市场总需求并不是一个不变的常数，而是一个函数，而且构成长期需求函数与短期需求函数的变量不完全相同。

从短期来看，一个行业的市场总需求水平取决于行业营销费用水平，可以用一个简单的线性模型表示为：

$$Y=a+bX$$

式中：Y为市场总需求水平，a为自发消费量（指即使没有促销也存在的消费水平，也可认为是最悲观的市场需求估计水平），X为市场需求影响因素，b为促销弹性系数，其值越大，促销效果越强，bX为引致消费量，由企业的营销水平决定。

该线性模型只适合于一定的营销水平，根据经济学中投资报酬率递减的原理，随着营销费用的增加，也会导致报酬率先增后减，最后达到一个市场总需求的极限水平，这就是最大的市场潜量，也可认为是最乐观的市场需求估计水平或简称为市场潜量。

市场自发需求量与市场潜量之间的差距表示市场总需求水平的敏感性，构成了企业营销行为可能产生的最大市场收益。如果总需求水平的敏感性较低，这种市场的扩展性就较差，反之，市场的扩展性较好，这就是不同的产品市场其营销行为存在巨大差别的根本原因。因此，对企业现有市场份额与潜在消费量的差额分析，可以帮助企业确定促销活动的潜在收益，是企业制订促销措施的主要依据。

三、市场需求估计的方法

1. 人口细分法

用人口细分法对市场需求估计的模型如下：

$$Q=nqP$$

式中：Q表示市场潜量，n 表示一定条件下的购买者数量，q表示每个购买者的平均购买数量，P表示平均购买单价。

在该模型中，消费者的平均购买量与平均购买单价通常可在市场调查中确定，而消费者人数一般从二手资料中获得。对消费者人数的估计，一般根据总人口数量，按照消费者的特征属性，对人口进行细分，采取分层比例进行估计。消费者特征变量通常包括年龄、性别、家庭数量、婚姻状况、人口地域分布、个人收入与消费结构、家庭收入与消费结构、个人或家庭的消费计划和购买力指数等。这些消费者特征变量有的可以从国家每年发布的统计资料中得到，有的则需要通过市场调查取得。根据已知的各种消费者特征变量在总人口中所占的比例，可以估计消费者的人数。下面是真维斯国际连锁企业进入上海服装市场之前进行的市场潜量估计的方法：

(1)真维斯服装连锁店准备开辟国内市场，其产品形象定位是休闲服装。其目标顾客是16~40岁的消费者。

(2)1993年上海常住总人口为1293万人，流动人口估计为280万人。

(3)1993年上海人口分布：1~15岁为19.1%；16~40岁为46.4%；40~60岁为21.4%；60岁以上为13.1%。

(4)1993年上海个人消费结构见表10-1。

表10－1　1993年上海个人消费结构　　单位：元/年・人

消费结构	食品	衣着	日用品	其他
消费水平	1834	358	639	444

(5)上海服装目标市场的总空间估计：

$$(1293+280)\times46.4\%\times358=261294(万元)$$

(6)目标市场占有率为0.2%，目标市场预测销量为：

$$261294\times0.2\%\approx523(万元)$$

2. 销售百分比法

这种方法主要用于工业品市场潜量的估计，其估计过程如下：

(1)确定特定市场中所有的潜在购买者。由于工业品市场中的顾客数量较少，且相对集中，要确定特定市场中所有的潜在顾客是可能的，这是使用该种方法进行市场需求估计最重要的一步，获取潜在顾客数据的方法有以下两种：

一是可以查阅该地区的标准产业分类体系的统计资料，取得这些企业所在的地区、员工人数、年销售额和净资本额等相关分析数据。

二是通过销售代表上门的访问,这种方法称为飞鸟觅食法,但这种访问成本太高。企业可以先取得顾客名单,并进行资格审查,然后用直接邮寄或电话访问以得到最有希望的顾客。

(2)根据潜在顾客的产品的销售额对这些顾客进行分类,并估计单位销售额可能需要的本企业产品的数量,这是销售百分比法估计市场需求量模型的基础。

(3)根据潜在顾客销售额的水平,估计他们的市场需求量。在估计企业的市场需求量时,应注意考虑其他因素,如市场饱和度、竞争者的数目、市场成长率和产品更新速度等,对市场需求量进行修订。

3. 市场占有率法

企业的需求水平是市场总需求水平的一部分，企业营销所做的任何努力都是希望从市场总需求水平中切分更大的一块。市场占有率法就是在了解市场总需求水平的基础上,根据企业的市场占有率估计企业市场需求的方法。应用市场占有率对企业需求水平估计的数学模型如下：

$$Q_i = S_iQ$$

式中:Q_i表示某一个企业的市场需求水平,S_i表示该企业的市场占有率,Q表示市场的总需求水平。

企业产品市场占有率的计算方法有两种:一种是绝对市场占有率,另一种是相对市场占有率。企业产品的绝对市场占有率是指企业的销售量占市场总销售量的百分比，企业产品的相对市场占有率是指企业的销售量与主要竞争对手销售量的比值。企业市场占有率的预测,可以根据本企业历史销售资料及同类产品销售总额的历史资料进行预测。

企业的市场占有率反映了企业市场竞争实力,取决于该公司的产品、服务、价格和沟通等方面的竞争能力。根据市场均衡的原理,在短期内,市场中各个竞争者的市场占有率会达到一个暂时的均衡水平,也就是说,各个竞争者的市场占有率维持在一个相对稳定的水平上,顾客在竞争对手之间的转移达到均衡。这是该模型的假设前提,随着时间推移,竞争环境发生变化,市场占有率水平也会发生变化,要能正确分析市场份额,就必须对市场占有率进行分析与及时调整,因此对市场占有率水平的选择,将决定企业可能选择的营销水平。

4. 定性的市场需求估计方法

定性的市场需求估计方法主要有销售人员意见综合法和专家意见法等。

(1)销售人员意见综合法。如果企业不能访问购买者时,对市场需求的估计就只能利用企业的销售代表进行估计。通常要求每个销售代表给出市场最乐观的估计、最悲观的估计和一般水平的估计，采用一定的计算方法确定市场需求量，如加权计算法、概率统计法、悲观估计法、乐观估计法等。这种市场需求估计的方法称为销售人员意见综合法。

由于销售代表的偏见、对市场的态度、对市场认识的局限性、知识和时间的局限性等，会影响到其对市场的估计，因此企业在利用他们的估计数据时，需要进行谨慎的调整。不过让销售人员进行市场需求估计有很多优点，如销售代表在市场的发展趋势上可能比其他任何一个人更具敏锐性，销售代表在市场的需求预测中使他们更加了解市场而增加他们完成销售定额的信心，从而达到激励作用，而且组织销售代表进行市场分析时，可能会找到新的市场机会。

(2)专家意见法。专家意见法是对销售人员意见法的一种改进，其参加人员不仅包括企业的经销商、分销商、供应商，还包括一些专业的营销顾问、贸易协会及市场研究专家。这种方法组织起来比较复杂，在短期的市场需求估计中较少采用，只有当企业需要进行重大的战略决策，对市场进行长期趋势的预测时才会采用。

四、市场需求估计的应用

根据不同的方法所估计出来的企业市场需求水平，是企业选择营销水平、制订营销方案的基本依据，但它并不一定是企业将要执行的销售计划。在完成了市场需求估计之后，企业可能会根据市场需求估计数据，编制以下几种用途不同的销售预测数据：

1. 企业销售预测

企业根据已经确定的营销水平与假设的营销环境，预测企业今后的销售水平，是企业预期的销售目标。显然，企业的销售预测水平与企业可能选择的营销水平有关，而营销水平是构成营销计划的重要内容，从这个角度来看，销售预测与营销计划之间是一种互为函数的关系。

2. 企业销售定额

企业根据销售预测水平确定销售目标，进行分解，作为企业的销售机构如产品事业部或销售代表的销售目标。因此，销售定额是销售目标管理的一种手段，也是销售激励的管理工具。一般来说，销售定额比预期的销售额要高，这样有助于市场的扩展，但也不能过高，否则会打击大部分销售人员的积极性。

3. 企业销售预算

企业根据销售预测水平确定一种较保守销售预测，它是企业制订采购、生产和现金流量预算的基础。企业出于稳健经营的考虑，销售预算一般低于企业对市场的预测水平。

第二节 服装销售预测

销售预测是制订企业年度预算的基础。企业生产计划、采购计划、人事计划、库存水平管理都是在销售预测的基础上进行的。企业在实施产品更新换代、制订改扩建计划、增加新的投资项目计划之前,只有掌握了准确的市场信息,才有可能在市场中立于不败之地。市场预测就是根据第一手资料或第二手资料,运用数学方法进行分析,对影响服装销售量变化的因素进行分析和研究,对服装未来销售量的发展趋势做出估计和判断的过程。市场预测的内容很广泛,它既可以是反映整个市场供求变化的总量预测,也可以是反映某企业市场份额变化的个量预测。

一、服装销售预测的种类

市场预测包括宏观经济预测、行业技术预测和产品市场预测等,服装销售预测的外延比较小,根据其预测的时间、范围、目的不同,可以划分为以下几类:

1. 按销售预测时间的长短划分

(1)长期销售预测。其主要目的是对服装销售的长期趋势进行分析和预测,指导服装企业进行长远规划,制订营销战略目标。预测期限通常超过5年,时间越长,准确性越差。

(2)中期销售预测。它是对长远规划的近景分析,期限一般在1~5年之间,是制订企业市场营销的中期目标,是确定未来一定时间市场变化趋势的依据。

(3)短期销售预测。主要是确定服装企业的年度业务计划,贯穿于生产、销售和供应的全过程,要求预测数据准确。

2. 按销售预测的范围分类

(1)服装行业销售预测。行业销售预测是针对服装行业整体市场而言的,如服装行业的总产值、进出口总额、服装分类商品的总产值、区域性市场的零售总额、服装市场的总供给与总需求等。一般是根据政府部门提供的统计资料进行预测,它是影响服装企业经营目标的非常重要的外部因素。

(2)服装企业销售预测。它是企业针对某一细分市场经营环境的变化而进行的企业未来市场销售量的预测,如对产品的数量、品种、花色、质量、价格和产品寿命等进行的预测,通过预测,指导企业制订短期营销计划。

3. 按预测方法的特征分类

(1)定量预测法。它是运用数学方法建立反映预测变量与相关变量之间规律性联系的预测模型,应用历史数据对预测变量进行预测的方法体系。定量预测强调对事物发展变化的数量进行预测,需借助数学方法对所得数据进行分析,它能够比较精确的描述预测变量。在销售预测中,较常用的定理预测模型有趋势预测法、季节预测法、多因素回归预测法等。

(2)定性预测法。它是管理者凭借个人的经验和综合分析能力,对未来的发展方向和趋势做出推断。与定量预测法相比,该方法直观简单、适应性强,不需要翔实的历史数据,但应用直觉或经验数据所获得的预测数据不能满足精度与误差要求,比较适合于中长期市场预测。在销售预测中,较常用的定性预测方法有领导评判法、销售人员意见法、用户订单法、德尔菲法等。

在市场预测实践中,通常将定量与定性方法结合起来,采用综合预测方法,发挥各种预测方法的长处,克服相应的短处,因而预测结果更为可靠。

二、市场预测步骤

1. 确定市场预测目标

根据市场预测的目的,选择市场预测的变量。例如,在选择销售地域时,需要对该地域的市场空间进行估计以确定该市场的销售机会。

2. 收集整理资料

针对市场预测目标,搜集主题资料。例如,对市场空间进行估计时,可能需要地域的人口数量、人口的年龄结构、消费者的消费结构等资料。这些资料可从统计资料中取得,但有些需要进行消费者抽样调查,确定消费者的某些消费特性。当然在选定不同的预测方法时,选用的资料也会有所不同。

3. 选定预测方法

市场预测的方法很多,下面介绍四种常用的预测方法。

(1)经验判断预测的方法。这种方法是利用个人经验和综合判断能力进行预测,主要有领导评判法、销售人员意见法、用户订单法和专家意见法等。

(2)市场细分法。这种方法是运用市场细分的原理,将市场总量按消费者的特征,划分成若干个子市场,确定企业的目标市场及目标市场占市场总量的份额,从而确定目标市场潜在消费量或者通过预测各个子市场的潜在消费量,将各个子市场的潜在消费量汇总得到市场总量的预测方法。

(3)时间序列分析法。又称趋势外推法,这种方法是假定过去的市场变化趋势会延续到将来,利用过去的资料,运用数学的方法来预测未来市场趋势的方法,主要有移动平均法、线性回归分析法和季节性变动预测法。

(4)回归分析法。这种方法是运用数学的方法,建立市场销量与影响市场消费量因素之间的回归分析模型,通过确定影响市场消费量因素的水平来预测市场销量的方法。

4. **根据市场预测模型,测定预测误差**

5. **检验预测成果,修订预测值**

三、服装销售趋势预测法

服装销售趋势预测法,就是将企业历史的销售趋势外推,预测其今后的销售水平。这种预测方法只考虑销售数据的趋势变化,而不考虑销售数据的季节性变化,主要有移动平均法、指数平滑预测法、平均发展速度预测法和时间序列线性预测法等基本方法。

1. **移动平均法**

移动平均法是利用前期的历史数据,计算其算术平均值或加权平均值,作为下一期的预测数值。用公式可表示为:

$$Q_{t+1}=\frac{Q_t+Q_{t-1}+\cdots+Q_{t-n+1}}{n}$$

或

$$Q_{t+1}=S_t\times Q_t+S_{t-1}\times Q_{t-1}+\cdots+S_{t-n+1}\times Q_{t-n+1}$$

式中:Q_{t+1}为第t+1期的预测值;Q_t为第t期的历史数据;n为利用历史数据的期数;S_t为第t期历史数据的加权值,$\sum S_t=1$。S_t由预测人员确定,S_t越大,则该期数据对预测值的影响就越大。

例:根据《中国统计年鉴》,中国从1996年至2004年城镇居民家庭收支数据资料如表10–2所示。

表 10 – 2　1996 ~ 2004 年城镇居民收入支出情况　　单位:亿元

项　目	1996	1997	1998	1999	2000	2001	2002	2003	2004
可支配收入	4839	5160	5425	5854	6280	6860	7703	8472	9422
人均消费性支出	3919	4186	4332	4616	4998	5309	6030	6511	7182
食　品	1905	1943	1927	1932	1958	2014	2272	2417	2710
服　装	528	521	481	482	500	534	591	638	687
其　他	1487	1722	1924	2201	2539	2761	3167	3456	3786

若选择n=3,则2005年中国城镇居民人均服装消费金额的预测值为:

$$Q_{2005}=(591+638+687)/3=639\text{(元)}$$

由于移动平均法采用前n期历史数据的算术平均值,因此预测的数据往往有一定的滞后性,为了扩大近期数据对预测值的影响,可使用加权平均法。

若选择$n=3$,$S_{2004}=0.6$,$S_{2003}=0.3$,$S_{2002}=0.1$,则:

$$Q_{1994}=0.6\times687+0.3\times638+0.1\times591=663（元）$$

用移动平均法预测的数据往往具有滞后性的特点，而且如果销售数据存在明显的线性趋势时，这种预测就会产生很大误差。该方法一般适应销售比较平稳的市场预测，在选择n值时，可选择几个水平试算，从中选择误差最小时对应的n值。

2. 指数平滑预测法

指数平滑法是一种特殊的加权移动平均法，它是将各期观测值进行加权平均，所有观测值的权数由近及远按等比级数减小，首项为α，公比为$1-\alpha$，且$0\leqslant\alpha\leqslant1$，$\alpha$越大，观测值对预测值的影响由近及远迅速减弱。用公式表示为：

$$S_{t+1}=\alpha Y_t+\alpha(1-\alpha)Y_{t-1}+\alpha(1-\alpha)^2Y_{t-2}+\cdots\cdots$$

或

$$S_{t+1}=S_t+\alpha(Y_t-S_t)$$

显然，在指数平滑法中，不同时期数据对数据预测的影响是不同的，一般认为近期数据影响大一些。α取值可采用试算的方法，取预测误差水平最小时对应的α值。

3. 平均发展速度预测法

该方法假定市场需求量按一定的速度增长，通过计算平均增长速度，来预测下一期的市场需求量。该方法比较适用于有明显趋势变动，且环比发展速度大致相同，随机因素影响小的市场需求分析。其模型如下：

$$Y_t=aY_{t-1}$$

式中：Y_t为预测值，Y_{t-1}为上一期的实际值，a为平均环比发展速度，即为各期环比发展速度的几何平均数。假定有n+1个数据，环比发展速度有n个，其计算公式如下：

$$a=[(Y_2/Y_1)(Y_3/Y_2)\cdots(Y_{n+1}/Y_n)]^{1/n}=(Y_{n+1}/Y_1)^{1/n}$$

例：根据表9提供的城镇居民收支资料，计算城镇居民人均可支配收入及人均服装消费金额的年均增长速度。

城镇居民人均可支配收入平均环比发展速度$a=(9422/4839)^{\frac{1}{8}}=1.09$

城镇居民人均可支配收入年均增长速度为：$1-a=9\%$。

城镇居民人均服装消费平均环比发展速度$b=(687/528)^{\frac{1}{8}}=1.03$

城镇居民人均服装消费年均增长速度为：$1-b=3\%$。

4. 时间序列线性预测法

时间序列线性预测法是假定服装市场潜在消费量随时间呈线性变化，其预测模型为：

$$y=a+bt$$

式中：y为预测值，a、b为系数，t为时间序数运用最小二乘法的原理，列出计算a、b两个系数的方程如下：

$$\sum y = na + b\sum t$$

$$\sum yt = a\sum t + b\sum t^2$$

根据上面的两个方程，求得a、b两个系数的计算公式为：

$$a = \frac{\sum y - b\sum t}{n}$$

$$b = \frac{n\sum yt - \sum t\sum y}{n\sum t^2 - (\sum t)^2}$$

如果将时间序数t用离中差表示，$\sum t=0$，则上述公式可简化为：

$$a = \frac{\sum y}{n}$$

$$b = \frac{\sum yt}{\sum t^2}$$

例：根据表10–2给定的资料，运用时间序列线性预测法，预测2005年中国服装市场潜在的消费量：

首先，将n个预测期的时间序数用离中差表示。

若n=5，则从1989年至1993年各年份离中差为：–2、–1、0、1、2

若n=6，则从1988年至1993年各年份离中差为：–5、–3、–1、1、3、5

其次，计算$\sum yt$、$\sum y$、$\sum t^2$，计算过程如表10–3所示。

表10–3　时间序列分析法

年份	年份离中差t	服装消费量y	y^t	t^2
2000	–2	500	–1000	4
2001	–1	534	–534	1
2002	0	591	0	0
2003	1	638	638	1
2004	2	687	1374	4
Σ	0	2950	478	10

由上表计算得：

$$b=47.8$$

$$a=590$$

$$y=590+47.8\times t$$

最后预测2005年中国城镇居民人均服装消费金额为：

$$Y_{2005}=590+47.8\times 3=733.4\text{（元）}$$

采用时间序列线性预测法，要求预测变量与时间呈线性关系。如果两者之间没有明显的线性关系，这种预测将导致错误的结论。如果预测变量与其他的市场环境因素具有因果关系，则我们可以通过相关分析建立预测变量与市场环境因素之间的相关模型进行预测。

四、服装销售季节预测法

长期来看，服装企业的销售通常存在一定的趋势变化，如呈现增长、下降或比较平稳等，但从一年的销售情况来看，通常呈现季节性变化。因此，服装企业在预测下一年度的服装销售量时，选择季节性变动法进行预测较恰当。季节性变动法是选用历史销售资料，确定销售的季节变动周期，计算每一个变动周期的季节变动指数，以此为依据计算下一个预测期的销售量。运用季节性变动法进行销售量预测的过程如下：

(1)根据前n期的历史销售资料，分析服装销售量季节性变化的规律，确定服装销量的变化周期。服装销量的变化周期通常是一个月或一个季度。

(2)计算前n期各个变动周期(按月或按季)的销量平均数。

(3)计算前n个年度的销量平均数。

(4)计算季节变动指数。某一个变动周期(按月或按季)的季节变动指数是指该变动周期(按月或按季)的销量平均数与前n个年度的销量平均数之比。

(5)用时间序列分析法预测下一个年度的销量。

(6)根据预测的下一个年度的销量，计算各个变动周期(按月或按季)的销量预测值。

例：分析某服装企业前五年的销售资料得知，该企业的服装销售量按季度呈现明显的周期性波动，其五年的销售资料的统计结果如表10-4所示。

表 10－4　服装销售资料　　单位：千打

季度	2002 年	2003 年	2004 年	2005 年	2006 年
1	521	561	699	791	878
2	382	613	673	765	860
3	513	687	789	860	1120
4	414	658	680	780	870
Σ	1830	2519	2841	3196	3728

根据上述资料，运用时间序列分析法，预测2007年的销量为4095千打。

根据上述资料，计算各个季度平均销量、五年的平均销量、季节变量指数及

1988年各个季度销量的预测值，计算结果如表10-5所示。

表10－5　季节预测法　　单位：千打

季度	2002年	2003年	2004年	2005年	2006年	季度平均值	季节变动指数	季度预测值
1	521	561	699	791	878	690	0.244	1000
2	382	613	673	765	860	659	0.233	956
3	513	687	789	860	1120	794	0.281	1152
4	414	658	680	780	870	680	0.242	987
Σ	1830	2519	2841	3196	3728	2823	1.000	4095

计算说明：季度平均值＝各年度季度销售额的平均值

季节变动指数＝各季度的平均值/年度平均值

各季度的预测值＝年度预测值×季节变动指数

五、多因素回归分析预测法

对于大型的跨地区、跨国的公司，如何将其资源在不同地区进行合理配置，是一个非常重要的决策问题，要解决这一问题，就必须正确估计不同地区的市场需求。回归分析预测就是根据一个国家或地区宏观环境因素的变量，建立预测变量和宏观环境变量之间的相关模型进行预测。如果在市场分析的过程中，微观的市场数据难以得到时，就需要利用一个国家或地区的宏观数据进行预测分析。多因素回归模型可以帮助企业进行地区需求量预测，这种方法主要用于消费品市场需求量的估计。建立回归模型常用因素包括人口数量、消费者收入、地区发展水平、品牌发展水平和每个消费者的产品拥有量等。

例：根据表10-2的资料，采用线性回归分析模型，建立城镇居民人均服装消费金额与人均可支配收入、人均食品支出两个变量之间的相关分析模型，并计算2004年服装消费金额的预测值。

1. 建立回归分析模型

$$y=a+b_1x_1+b_2x_2$$

式中：y为服装消费金额，a、b_1、b_2分别为待估参数，x_1、x_2分别为社会零售商品总额、食品支出。

2. 计算

利用最小二乘法原理，列出计算待估参数的方程如下：

$$\sum y=na+b_1\sum x_1+b_2\sum x_2$$

$$\sum x_1y=a\sum x_1+b_1\sum x_1^2+b_2\sum x_1x_2$$

$$\sum x_2y=a\sum x_2+b_1\sum x_1x_2+b_2\sum x_2^2$$

有关数据的计算如表10–6所示：

表10－6　回归分析数据计算表

年度	y	x_1	x_2	x_1y	x_2y	x_1x_2	x_1^2	x_2^2
1996	528	4839	1905	2554992	1005840	9218295	23415921	3629025
1997	521	5160	1943	2688360	1012303	10025880	26625600	3775249
1998	481	5425	1927	2609425	926887	10453975	29430625	3713329
1999	482	5854	1932	2821628	931224	11309928	34269316	3732624
2000	500	6280	1958	3140000	979000	12296240	39438400	3833764
2001	534	6860	2014	3663240	1075476	13816040	47059600	4056196
2002	591	7703	2272	4552473	1342752	17501216	59336209	5161984
2003	638	8472	2417	5405136	1542046	20476824	71774784	5841889
2004	687	9422	2710	6472914	1861770	25533620	88774084	7344100
Σ	4962	60015	19078	33908168	10677298	130632018	420124539	41088160

根据表中数据可计算出回归方程的待估参数：

$$a=-13.56 \quad b_1=-0.00977 \quad b_2=-0.297$$

(3)建立回归方程并进行预测：$y=-13.56-0.00977x_1+0.297x_2$

将2004年的人均可支配收入及食品支出代入方程，得到2004年城镇居民人均服装消费金额的预测值为670元，与实际值687元相差很小，表明预测效果好。

一般来讲，在利用回归模型进行市场需求预测时，单一因素的分析模型是很难建立有效的预测模型的。在实际分析中，由于多元回归方程人工计算非常烦琐，通常借助现存的数据分析软件，如SPSS统计分析软件计算，并进行显著性检验。

六、市场预测中应注意的问题

市场预测是制订营销方案的起点，市场预测的准确程度也将直接影响到所制订的营销方案及实施营销方案所取得的经济效益。为了保证市场预测的准确性，在进行市场预测时应注意以下几个问题：

(1)资料的准确性和可靠性。为了保证预测过程中，拥有本企业经营过程的第一手资料，必须加强本企业历史销售资料的记录、整理和保存。通过抽样调查取得的有关消费者特征的资料，要注意分析抽样的误差，判断其结果是否具有代表性。对第二手资料，要注意资料的来源及权威性。

(2)选用预测方法时，要注意预测方法本身的适用范围，同时还要分析预测模型的预测效果,一般需要进行模型的显著性检验,以判断模型的预测效果。在实际预测中,最好能使用多种不同的方法进行预测以保证预测数据的准确性。如采用销售人员意见法与定量分析方法结合起来进行预测。

(3)对预测期较长的预测,误差较大。对预测值要根据经营环境的变化进行适当调整,采取滚动预测的方式,以保证预测值的精确程度。

(4)对预测值要进行灵敏度分析。一方面要对预测值影响较大的因素进行灵敏度分析,以确定不同的预测水平。另一方面,在制订营销方案时,要根据不同的预测误差水平,对整体的营销方案进行灵敏度分析。

第三节　服装销售分析

服装销售分析是指服装企业对本企业一定时期的服装销售的结果进行分析,它是利用企业内部历史销售资料进行分析的一种方法。其主要内容包括服装销售的区域性分析、服装品种与系列的销售分析、目标顾客分析等。其目的是通过对历史的销售资料进行分析,确定企业在市场竞争中的优势、劣势及其形成原因,在此基础上形成对原有市场营销方案的修正或调整意见,为决策者提供市场决策的依据,同时也是对企业市场营销部门工作业绩评估的重要依据。

一、服装销售的区域性分析

对于一个已经在不同地区建立了销售网络的服装企业，对各个区域性市场进行评价和分析，制订和调整相应的营销策略是进行区域性市场规划与管理的基本要求。在进行区域性市场分析时,要注意以下几个问题:

1. 区域性市场划分的标准

通常选用一个国家和地区的行政区划或战略区划为划分依据。一个国家或地区的经济发展水平及经济结构布局通常以战略区划分异，而统计部门发送的统计资料通常以行政区划为标准,后者划分不仅具备细分市场的特征,也有利于结合统计资料进行分析，同时这种划分也有利于进行区域性的市场销售管理。

2. 区域性市场分析的内容

区域性市场分析的目的是对企业区域性销售网络进行评价，确定企业销售资源的区域性配置方案,同时也可为企业进行区域性市场目标决策提供依据。因此,其分析的内容侧重于市场销量与市场销售目标及市场潜量的对比分析,市场销售利润率分析,市场前景分析。

3. 区域性市场分析的资料来源

区域性市场分析的资料主要是通过对企业销售资料按市场区域分类汇总，取得不同市场区域有关销售数量、品种、规格、单价、销售毛利、推广费用等第一手资料，另外还要从企业外部取得有关市场潜量及前景等有关资料，如市场容量、市场的增长速度等。

表10–7是某服装企业对其4个服装销售区的销售情况对比分析资料。

表 10－7　2006 年服装销售情况分析　单位:元

区　域	品种数量	销售金额	完成计划的百分比	同期环比
A	10	1100000	91.5%	90.5%
B	8	1200000	82.0%	110.0%
C	12	1200000	120.0%	120.0%
D	6	500000	81.5%	86.5%

注　计划完成程度 = 考核期实际销售金额/考核期计划销售金额
　　同期环比 = 考核期实际销售金额/上年同期实际销售金额

从表中可以看出,C地销售金额超过预计的销售目标,A、B、D均没完成预计目标,但与去年同期相比,B、C两地均有较大增长,而A、D两地销量则有所降低。A、B、C三地销售额占87.5%,是本企业产品的主要销售市场。总体来看,C地市场销售任务完成良好,对其市场营销的经验应进行总结和推广;B市场的成长性较高,应予重视;A市场作为该企业的一个重头市场,出现了销售滑坡,应分析其中原因,采取必要的措施;如果要加强D市场的竞争力,可以考虑增加投放市场的品种数量。

在进行市场区域分析时,还可以从销售利润率、市场占有率、销售份额等方面对不同市场区域的赢利水平、竞争实力及在本企业销售中的地位进行对比分析。

二、服装品种与系列的销售分析

1. 品种系列的交叉统计分析

服装企业营销的基本特点是品种多、批量少、变化快。加强服装企业服装品种系列的管理,保证赢利多、销路好的品种的生产和销售力量,是服装企业增强适应能力、提高市场竞争能力的重要方法。为了对企业经营的品种系列进行分析,首先要结合本企业的营销特点将产品进行科学的分类,以便对企业的销售资料进行交叉统计分析。品种系列的交叉统计分析的方法是:按照产品的若干属性进行交叉分类,对产品的销售额按交叉分类进行分类汇总,对各类产品的销售份额进行对比分析，以便找到产品畅销或滞销的因素。分析结果如表10-8~表10-10所示。

表 10-8 不同尺码的销售情况 单位：打

产品系列	小 码	中 码	大 码
纯 棉	5200	9100	7200
棉 麻	5800	12000	10500
T/C 混纺	2900	4200	4000

表 10-9 不同颜色的销售情况 单位：打

产品系列	蓝 色	黑 色	灰 色	墨绿色
纯 棉	9400	6300	6300	16000
棉 麻	13000	8600	8400	30000
T/C 混纺	4800	3200	3000	6100

表 10-10 成衣不同处理方法的销售情况 单位：打

产品系列	水洗处理	柔软整理	免烫整理
纯 棉	7600	11500	12400
棉 麻	9300	16000	18000
T/C 混纺	4100	5500	6500

从表中数据可以看出，棉麻系列销量最好，其次是纯棉系列。在规格上看，销量主要集中于中码和大码，而颜色以蓝色和墨绿色见长。纯棉和棉麻系列中，经过柔软整理和免烫整理后，其销路明显好于普通水洗处理。在调整经营策略时企业应把营销重点放在纯棉和棉麻两个系列的产品上。

值得注意的是，在我们对企业的销售资料按照不同的划分标准进行品种系列的汇总整理时，数据可能有差别，但不会影响最终的分析结果。

2. 销售—赢利顺序分析法

销售—赢利顺序分析法是一种产品组合的分析方法，它是将各类产品的销售金额及毛利水平进行排序，分析各类产品的市场份额及赢利能力情况，其具体的分析过程如下：

(1)将销售额按产品货号汇总，并将销售额按降序排列，给每类产品一个名次，销售额最大的为第一名，代码为1，依此类推，如果销售额相同，名次相同，给较小的名次代码。

(2)将销售毛利按产品货号汇总，并将销售毛利按降序排列，给每类产品一个名次，毛利最大的为第一名，代码为1，依此类推，如果毛利相同，名次相同，给较小的名次代码。

(3)将各个产品的销售额名次与毛利名次绘制在二维坐标系中，分析各个产品的销售位置与赢利位置是否一致，如表10-11和下图所示。

表10－11 销售—赢利顺序表

货号	销售金额	销售毛利	销售排名	毛利排名
1700	3149366	2792002	1	1
1760	2668524	2399285	2	2
1900	773754	652749	6	3
1160	732754	644116	7	4
1960	662076	598926	8	5
2160	579287	513941	9	6
2100	816634	448069	3	7
2300	805674	420787	4	8
1750	407856	296189	10	9
1850	345603	276609	11	10
1100	791903	268234	5	11

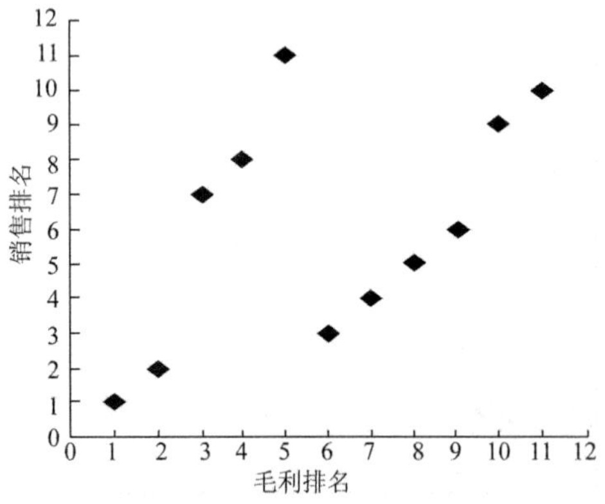

销售—赢利顺序图

从销售—赢利图表中可以看出，1700、1760两个品种是企业的拳头产品，其销售额与销售毛利的位次相同，分别排在第1位和第2位。1900、1160、1960、2160几个产品赢利能力较强，但销售名次偏后，如果加强这些产品的销售，企业的赢利水平可能会进一步提高。2100、1100销售份额较高，但赢利能力较差，可能需要对其成本构成进行分析，寻找提高这些产品赢利能力的对策。

三、目标顾客分析

顾客分析包括对中间商分析和最终消费者的分析。对中间商进行分析的主要目的是分析中间商购买的数量、频度及信用等顾客资料，通常利用本企业的销售资料进行分析。通过分析，对企业的中间商进行分类管理，为制订销售网络的促销措施提供依据。对最终消费者分析的主要目的是分析消费者的需求特征，如对服装款式、面料、价格和工艺质量等方面的评价，从而采取相应的改进措施，通常采用市场调查分析的方法。

表10-12是某企业一年内主要客户有关赊购情况分析资料。

表 10－12　主要客户赊购情况　　单位：万元

客户名称	赊购金额	平均占用资金	占用资金天数（天）
A	360	15	15
B	144	20	50
C	432	30	25
D	400	20	18

注　平均占用资金＝年初年末应收赊销款金额之和/2
　　占用资金天数＝360×平均占用资金/本年赊销总金额

从表中数据可以看出，A、C、D是企业三个主要的客户。A客户的平均占用资金及资金占用时间最少，信用最好；C客户占用资金量大；B客户占用资金时间长。对B、C两客户的财政信用状况要重视。

本章要点

服装市场需求分析是进行销售预测、编制营销计划的基础。市场总需求是某一个产品在一定的地理区域和一定的时期内，潜在的顾客群体可能购买的总数量。市场需求估计的方法有人口细分法、销售百分比法、市场占有率法、定性的市场需求估计方法等。市场需求估计可应用于企业销售预测、企业销售定额、企业销售预算等。

销售预测是制订企业年度预算的基础。企业生产计划、采购计划、人事计划、库存水平管理都是在销售预测的基础上进行的。市场预测包括宏观经济预测、行业技术预测和产品市场预测等。按销售预测时间的长短划分为长期销售预测、中期销售预测、短期销售预测；按销售预测的范围可分为服装行业销售预测、服装企业销售预测；按预测方法的特征可分为定量预测法、定性预测法。市场预测步骤包括确定市场预测目标、收集整理资料、选定预测方法并建立预测模型、根据市场预测模型确定预测值并测定预测误差、检验预测成果，修正预测值。

服装销售趋势预测法，就是将企业历史的销售趋势外推，预测其今后的销售水平，主要方法有移动平均法、指数平滑预测法、平均发展速度预测法和时间序列线性预测法等基本方法。服装销售季节预测法是选用历史销售资料，确定销售的季节变动周期，计算每一个变动周期的季节变动指数，以此为依据计算下一个预测期的销售量。回归分析预测就是根据一个国家或地区宏观环境因素的变量，建立预测变量和宏观环境变量之间的相关模型进行预测。建立回归模型常用因素包括人口数量、消费者收入、地区发展水平、品牌发展水平和每个消费者的产品拥有量等。

服装销售分析是指服装企业对本企业一定时期的服装销售的结果进行分析，它是利用企业内部历史销售资料进行分析的一种方法。其主要内容包括区域性市场销售分析、服装品种与系列的销售分析、目标顾客的分析等。

思考题

1. 试述服装销售分析的内容与方法。
2. 市场预测有哪几个步骤？

参考文献

[1]哈佛企业管理丛书编纂委员会.企业管理百科全书[M].北京:中国对外翻译出版公司,1984.

[2]李当岐.服装学概论[M].北京:高等教育出版社,1990.

[3]日本纤维机械学会纤维工学出版委员会.纺织最终产品——衣着用\铺饰用\产业用[M].钱尧年,张文彬,倪生龙,译.北京:纺织工业出版社,1985.

[4]李世谦.连锁店经营管理实务[M].北京:经济管理出版社,1996.

[5]所罗门,斯图加特.市场营销学[M].王宝,来婷研,译.桂林:广西师范大学出版社,2003.

[6]科兰,等.营销渠道[M].蒋青云,等译.北京:电子工业出版社,2003.

[7]宁俊,李晓慧,等.服装营销实务与案例分析[M].北京:中国纺织出版社,2000.

[8]谭颖,李文安.市场营销学[M].北京:中国纺织出版社,1994.

[9]曹亚克,王亚超,马翠华.服装市场营销教程[M].北京:中国纺织出版社,2000.

[10]菲利普·科特勒.营销管理[M].梅汝和,等译.北京:中国人民大学出版社, 2001.

[11]郭国庆.市场营销学通论[M].北京:中国人民大学出版社, 1999.

[12]江明华.市场营销案例 [M].北京:北京大学出版社, 2001.

书目：服装类

	书　　名	作　　者	定价(元)
工具书	现代英汉服装词汇	王传铭	50.00
	汉英英汉服装分类词汇	周叔安	23.00
	日汉服装服饰词汇	刘德章　王树林	80.00
	仙童英汉双解纺织词典	[美]托托拉　默克尔	98.00
	中国服装服饰业总览	徐晋昶	150.00
	中国服饰文化参考文献目录	李之檀	120.00
	服装工艺师手册	史林	60.00
	男西服技术手册	[日]杉山等	38.00
	西服加工实战技法	王树林	38.00
	中国服装企业大全(2004~2005)	中国服装企业大全编辑部编	300.00
	服装缝制图解大全	[英]杰弗莉	198.00
	中国服装辅料大全	孔繁薏等	38.00
	中国衬衫内衣大全	邢宝安	30.00
	高等学校毕业设计/论文指导手册艺术设计卷	北京服装学院编	26.00
	仙童英汉双解服饰词典	[美]夏洛特·曼基·卡拉希帕塔	98.00
	服装标准应用	吴卫刚	90.00
	服装号型标准及其应用(第二版)	戴鸿	28.00
服饰文化书	**【服饰文化学丛书】**		
	服饰民俗学	华梅	26.00
	服饰社会学	华梅	28.00
	服饰心理学	华梅	26.00
	服饰生理学	华梅	28.00
高等教材	**【普通高等教育“十一五”国家级规划教材】**		
	服装美学教程(附盘)	徐宏力等	42.00
	中国服装史(附盘)	华梅	32.00
	【服装高等教育“十一五”部委级规划教材】		
	服装电子商务(附盘)	张晓倩等	32.00
	成衣立体构成(附盘)	朱秀丽等	29.80
	服装英语(第三版)(附盘)	郭平建等	34.00
	【服装高等教育“十五”部委级规划教材】		
	服装商品企划学	李俊	28.00
	针织服装设计与工艺	沈雷	28.00
	服装整理学	滑钧凯	29.80
	服装舒适性与功能	张渭源	22.00
	服装设计表达——时装画艺术	陈闻	39.80
	服装营销学	赵平	39.80

书目：服装类

书名	作者	定价(元)
服饰配件艺术	许星	32.00
展示设计	张立	38.00
服饰图案设计与应用	陈建辉	36.00
【普通高等教育“十五”国家级规划教材】		
服装 CAD 原理与应用	张鸿志	40.00
服装色彩学	王蕴强	32.00
服装艺术设计	刘元风等	40.00
中国服装史	袁仄	28.00
服装结构设计	张文斌	36.00
服装材料学	王革辉	24.00
数字化服装设计与管理	徐青青	34.00
【服装高等教育教材】		
服装学概论	李正	36.00
服饰零售学	王晓云等	36.00
服装大批量定制	杨青海等	26.00
服装纸样放缩	李晓久等	22.00
【高等服装专业教材】		
服装流行学	张星	38.00
服装色彩学(第四版)	黄元庆	24.00
服饰图案设计(第三版)	孙世圃	22.00
服装设计学(第三版)	袁仄等	16.00
服装材料学(第三版)	朱松文等	25.00
服装工艺学(结构设计分册)(第三版)	张文斌	25.00
服装工艺学(成衣工艺分册)(第三版)	张文斌	20.00
服装机械原理(第三版)	孙金阶	16.00
服装生产管理与质量控制(第二版)	冯翼等	18.00
服装美学	吴卫刚	25.00
服装心理学(第二版)	苗莉等	20.00
服装卫生学	陈东生	22.00
西方染织纹样史	[日]城一夫	30.00
服装英语(第二版)	吕逸华	18.00
服装专业日语	袁观洛	25.00
西方服装史	华梅	32.00
服装美学	华梅	26.00
服装外贸学	范福军	25.00
【服装专业双语教材】		
英国经典服装板型	[英]威尼弗雷德·奥尔德里奇	35.00
服装设计师完全素质手册	[英]格里·库克林	34.00

高等教材

书目：服装类

高等教材

书　　名	作　　者	定价(元)
时装设计：过程、创新与实践	［英］凯瑟琳·麦凯维等	45.00
图解服装概论	张玲	38.00
服装生产概论(第二版)	［英］格里·库克林	36.00
【新编服装院校系列教材】		
现代服装材料学	周璐瑛	24.00
成衣纸样与服装缝制工艺	孙兆全	30.00
服装生产工艺与设备	姜蕾	22.00
服装工业制板	潘波	18.00
服饰图案	徐雯	24.00
【高等服装实用技术教材】		
服装企业督导管理	刘小红	13.00
服装生产筹划与组织	宋惠景等	18.00
服装品质管理	万志琴等	14.00
服装纸样设计(上册)	刘东等	18.00
服装纸样设计(下册)	李秀英等	22.00
成衣工艺学	吴铭等	35.00
服装国际贸易概论	陈学军	18.00
【北京市高等教育精品教材立项项目】		
毛皮与毛皮服装创新设计	刁梅	58.00
服装纸样设计原理与技术(男装篇)	刘瑞璞	28.00
服装纸样设计原理与技术(女装篇)	刘瑞璞	46.00
【上海市教育委员会高校重点教材建设项目】		
针织服装设计	宋晓霞	39.80
【浙江省重点教材】		
服装设计教程	杨威	32.00

高职教材

书　　名	作　　者	定价(元)
【普通高等教育“十一五”国家级规划教材(高职高专)】		
服装连锁经营管理(附盘)	邓汝春等	34.00
模特造型与训练(附盘)	张春燕	36.00
出口服装商检实务(附盘)	陈学军	36.00
【服装高职高专“十一五”部委级规划教材】		
服装生产现场管理(附盘)	姜旺生等	30.00
实用化妆造型(附盘)	李采姣	38.00
【服装高等职业教育教材】		
服装生产管理(第二版)	宋惠景等	30.00
服装市场营销(第二版)	刘东等	32.00
服装美学(第二版)(附盘)	吴卫刚	36.00
服装生产管理(第二版)	万志琴等	36.00

书目：服装类

类别	书　　名	作　　者	定价(元)
高职教材	服装专业英语(第二版)	严国英等	32.00
	服装制图与样板制作(第二版)	徐雅琴	45.00
	服装专业日语	袁观洛等	25.00
	服装面料及其服用性能	于湖生	25.00
	服装面料应用原理与实例精解	齐德金	28.00
	服装学概论	包昌法	15.00
	【服装专业高职高专推荐教材】		
	应用服装画技法	王家馨	38.00
	服装企业理单跟单	毛益挺	28.00
	服装营销	宁俊	28.00
	【全国纺织高职高专规划教材】		
	服装制作工艺——实训手册	许涛	36.00
	针织服装结构与工艺设计	毛莉莉	38.00
	服装贸易理论与实务	张芝萍	30.00
	服装企业理单跟单	毛益挺	28.00
	服装表演编导与组织	朱焕良等	25.00
	服装表演基础	朱焕良	25.00
参考教材	**【巴黎·时装·教育】**		
	打破思维的界限——服装设计的创新与表现	袁利　赵明东	68.00
	一本纯粹的设计师手稿	袁利	42.00
	【邹游话时装画】		
	邹游·创意与灵感·时装画	邹游	36.00
	解读时装画艺术	邹游	36.00
	数码时装画	邹游	42.00
	【国际服装丛书】		
	时装设计:过程,创新与实践	[英]凯瑟林·麦凯维等	30.00
	服装设计实务	[韩]李好定	48.00
	服饰零售采购——买手实务(第七版)	[美]杰·戴梦德等	38.00
	视觉·服装——终端卖场陈列规划	[韩]金顺久等	48.00
	色彩预测与服装流行	[英]特蕾西·黛安等	34.00
	【成衣产业时代】		
	成衣缝制工艺与管理	陆鑫	45.00
	成衣设计	林松涛	29.80
	工业化成衣结构原理与制板　女装篇	杨新华等	32.00
	【服装产业与市场】		
	服装会展策划	赵洪珊等	32.00
	现代服装产业运营	赵洪珊等	28.00

书目：服装类

类别	书名	作者	定价(元)
参考教材	**【其他】**		
	形象设计	[韩]李京姬等	45.00
	职业装设计	邹游	42.00
	图解针织服装 CAD 应用设计	杜和	55.00
	服装生产经营管理(第三版)	宁俊	36.00
	中西服装史发展教程	冯泽民等	38.00
	服装市场调研分析——SPSS 的应用	张莉等	28.00
	时装画风格六人行	王羿等	58.00
	Illustrator&Photoshop 实用服饰图案	贺景卫等	48.00
培训教材	**【日本文化女子大学服装讲座】**		
	服装造型学　理论篇 I	[日]三吉满智子	48.00
	服装造型学　技术篇 I	[日]中屋 典子等	45.00
	服装造型学　技术篇 Ⅱ	[日]中屋 典子等	48.00
	服装造型学　技术篇 Ⅲ(礼服篇)	[日]中屋 典子等	36.00
	服装造型学　技术篇 Ⅲ(特殊材质篇)	[日]中屋 典子等	30.00
生产技术书	**【时装厂纸样师讲座】**		
	女装精确打板推板(上)	袁良	32.00
	女装精确打板推板(下)	袁良	32.00
	男装精确打板推板	袁良	28.00
	服装纸样放码	李秀英等	22.00
	服装创意结构设计与制板	向东	32.00
	品牌女装结构设计原理与制板	刘玉宝等	38.00
	【时装厂技术培训教材】		
	香港高级女装技术教程	袁良	28.00
	【纺织服装跟单手册】		
	织造跟单	吴俊等	24.00
	成衣跟单	吴俊等	26.00
	染整印花跟单	吴俊等	28.00
	【现代服装工业制板技术】		
	经典童装工业制板	吴清萍	36.00
	经典男装工业制板	吴清萍	36.00
	经典女装工业制板	吴清萍	36.00
	【其他】		
	服装衬布与应用技术大全	王树林	36.00
	西服工业化量体定制技术	王树林	38.00
	成衣跟单实务(附盘)	冯麟	34.00

书目：服装类

类别	书名	作者	定价(元)
生产技术书	意大利立体裁剪	尤珈	38.00
	鞋楦设计与制作	丘理	39.80
	服装装饰技法	李立新	26.00
	现代首饰工艺与设计	邹宁馨	35.00
	针织服装设计与生产工艺	李津	38.00
	图解针织服装 CAD 应用设计	杜和	55.00
	服装面料应用原理与实例详解	齐德金	28.00
	服装面料及其服用性能	于湖生	25.00
	旗袍传统工艺与现代设计	郑嵘等	68.00
	男装纸样设计原理与技巧(第二版)	刘瑞璞	31.00
	女装纸样设计原理与技巧(第二版)	刘瑞璞等	28.00
	服装样板设计与应用技巧	阎玉秀等	22.00